ARKANA

Buch

365 Botschaften der Hoffnung haben Terry Lynn Taylor und Mary Beth Crain gesammelt. Für jeden Tag des Jahres hält das Buch eine Engel-Weisheit bereit. Jede erinnert uns daran, dass Engel immer um uns sind, um unsere verdunkelten Wege zu erleuchten und uns über Hindernisse hinwegzuhelfen. Die Lösung unserer Lebensprobleme tragen wir alle in uns. Es bedarf nur des Blitzstrahls zur Erleuchtung unserer inneren Weisheit. Der Leser kann das Buch als Quelle täglicher Inspiration nützen, es zur Hilfestellung bei einer bestimmten Aufgabe anwenden oder als Leitfaden für den Tag gebrauchen. An welcher Stelle er es auch öffnet, es wird sein Bewusstsein stärken, auf göttlichem Grund zu stehen und ihn lehren, das Leben als ein nie endendes Mysterium zu begreifen.

Autorinnen

Terry Lynn Taylor lebt als Schriftstellerin in den Vereinigten Staaten. Der Schwerpunkt ihrer Arbeit liegt auf spirituellen Themen. Mit der Profilierung als Engel-Spezialistin hat ihr Leben entschieden an Tiefe und Freude gewonnen. Mary Beth Crain ist Mitautorin des Buches »Das Tao der Bewältigung« und trug zur Entstehung von Taylors Buch »Boten des Lichts« bei.

Bei Goldmann sind von Terry Lynn Taylor bereits erschienen:

Lichtvolle Wege zu deinem Engel (12201)
Warum Engel fliegen können (12117)

TERRY LYNN TAYLOR
MARY BETH CRAIN

Engel-Weisheit

365 Einsichten und Meditationen
aus höheren Sphären

Aus dem Amerikanischen
von Rita Höner

ARKANA
GOLDMANN

Die amerikanische Originalausgabe erschien 1994 unter dem Titel
»Angel Wisdom: 365 Meditations and Insights from the Heavens«
bei HarperCollins Publishers, New York

Deutsche Erstausgabe August 2001
© 2001 der deutschsprachigen Ausgabe
Wilhelm Goldmann Verlag, München
in der Verlagsgruppe Random House GmbH
© 1994 der Originalausgabe Terry Lynn Taylor und Mary Beth Crain
Published by arrangement with HarperCollins Publishers, Inc.
Umschlaggestaltung: Design Team München
Umschlagabbildung: Artothek / Melozzo da Forli
Satz: Uhl + Massopust, Aalen
Druck: Elsnerdruck, Berlin
Verlagsnummer: 21584
Redaktion: Peter Issing
WL · Herstellung: WM
Made in Germany
ISBN 3-442-21584-6
www.goldmann-verlag.de

1. Auflage

Engel gelten oft als Mittler, die Veränderungen, liebevolle Anteilnahme, Ermutigung, Humor, Intelligenz und natürlich Licht weitergeben.

Dieses Buch ist unserer Vermittlerin gewidmet, unserer Agentin Loretta Barrett, die all diese Eigenschaften verkörpert. Dank ihrer Anleitung, ihres Talents und ihres überwältigenden Vertrauens in dieses Projekt wurde Engel-Weisheit Realität.

Inhalt

Einführung

Wir haben dieses Buch geschrieben, weil es Zeit dafür war. Bei nahezu jedem Workshop oder Vortrag von Terry bat immer irgendjemand sie, eine zerlesene Kopie ihrer Bücher *Messengers of Light, Guardians of Hope* (dt.: *Lichtvolle Wege zu deinem Engel*) oder *Creating with the Angels* zu signieren. Immer hatten die Seiten Eselsohren, und immer wieder sagte der Besitzer des Buchs, er würde es als Orakel verwenden und es aufs Geratewohl aufschlagen, um von den Engeln eine »Botschaft« für ein Problem zu bekommen. Natürlich kommt diese Botschaft und erweist sich als ausgesprochen nützlich.

Für uns war das so faszinierend, dass wir ein entsprechendes Buch schreiben wollten. Aber wir gingen die Sache erst richtig an, als Carlos Santana Terry erzählte, er hätte *Messengers of Light* mit in die Badewanne genommen, als er in Deutschland krank wurde, und wäre beim zufälligen Öffnen prompt beim Abschnitt über das Heilen gelandet. »Die Engel antworten uns besser und schneller als Röntgenstrahlen«, meinte er nachdenklich. Also beschlossen wir, ein paar dieser Antworten als *Engel-Weisheit* zusammenzustellen.

Jeder von uns hat einen Schutzengel. Ihr Schutzengel wacht nicht nur über Sie, sondern auch über Ihre grenzenlose Fähigkeit zum Glücklichsein und positiven Denken.

Engel – göttliche Boten des Lichts – sind seit jeher unter uns; sie schenken uns Hoffnung und gute Gedanken, damit unser Weg klarer wird, unsere Schritte leichter werden und wir nicht vergessen, dass da, wo Leben ist, auch Freude ist. Daran müssen wir immer wieder erinnert werden. Leben kann verwirrend sein. Wenn wir auf Hindernisse oder Schwierigkeiten stoßen, wenn die Schatten ungelebter Träume und unerfüllter Wünsche unseren Weg verdunkeln, brauchen wir einen Lichtstrahl und einen Schubs in die richtige Richtung.

Dazu dient dieses Buch. Wir alle haben die »Antworten« auf die Probleme und Kapriolen des Lebens in uns. *Engel-Weisheit* ist der Lichtstrahl, der unsere Intuition weckt und unsere innere Weisheit an den Tag bringt. Die Engel-inspirierten Meditationen helfen Ihnen, besser zu verstehen, warum bestimmte Dinge in Ihrem Leben geschehen, und Ihre kreative Energie so einzuspannen, dass all Ihre Erfahrungen Wachstum und Veränderung bewirken.

Engel-Weisheit soll Ihnen helfen, sich auf Ihr »Engelbewusstsein« einzustellen – das Bewusstsein, dass wir göttlich sind, eine höhere Weisheit haben, die immer im Sinn des Guten wirkt, und dass wir das Leben gut gelaunt genießen, nicht verdrossen ertragen sollen. Wenn Sie dieses Bewusstsein haben, sehen Sie die Welt anders. Wenn Sie Ihr Engelbewusstsein entwickeln, umgeben Sie sich mit Dingen, die zur Erleuchtung beitragen. Dieses Buch erfüllt diesen Zweck. Seine Botschaften bescheren Hoffnung, Leichtigkeit und einen neuen, ermutigenden Blick auf das Leben.

Schlechte Laune hält nicht lange, denn wir bekommen ständig Botschaften, die uns daran erinnern, wie dumm sie ist. »Du brauchst nicht schlecht gelaunt zu sein«, sagen die Engel uns.

»Wenn ich aber schlecht gelaunt sein will?«, entgegnen wir trotzig.

»Wenn du unbedingt willst, kannst du natürlich vor dich hinschmollen, aber nötig ist es nicht«, erklären die Himmlischen freundlich. Dann haben wir keine Wahl: Wir müssen darauf hören. Denn sobald Sie engelbewusst werden, können Sie nicht mehr mürrisch in der Ecke hocken. Sie erlauben es sich einfach nicht mehr, weil die Engel es Ihnen nicht erlauben.

Das Leben hält immer einen Sinn und viel Freude für uns bereit, egal wie deprimiert wir sind oder wie viel wir durchgemacht haben. Wir müssen nur Sinn und Freude finden wollen.

Wir hoffen, dass dieses Buch Ihnen hilft, Ihr Engelbewusstsein anzuzapfen und verstärkt wahrzunehmen, wie amüsant die Dinge sein können, das Glas als halb voll und nicht als halb leer zu sehen, das Leben als nie endendes Geheimnis und wahren Genuss zu betrachten. Sie können es jederzeit noch geheimnisvoller und noch genussvoller machen.

MARY BETH CRAIN und TERRY LYNN TAYLOR

Wie Sie dieses Buch benutzen können

Machen Sie mit diesem Buch, was Sie wollen. Nehmen Sie es als Meditationshilfe für den entsprechenden Tag. Oder lesen Sie es so wie jedes andere Buch – von vorne nach hinten. Oder, wie ein skurriler Onkel von Mary Beth, von hinten nach vorn. (Spannung jeder Art war ihm zuwider.) Sie können es ungelesen ins Bücherregal stellen und sich die Lektüre für später vornehmen, und wir garantieren Ihnen, dass sich genau der richtige Zeitpunkt ergeben wird, es in die Hand zu nehmen. Wenn Sie das Buch verleihen, kommt es zu Ihnen zurück – zur rechten Zeit. Engel sind so.

Für den Fall, dass Sie das Buch als Meditationshilfe, Arbeitsbuch oder Orakel verwenden möchten, haben wir ein paar Anregungen für Sie.

Meditationshilfe: Lassen Sie sich von der täglichen Engelbotschaft inspirieren oder greifen Sie ein Sprichwort heraus und konzentrieren Sie sich darauf, verwenden Sie es als eine Art Mantra. Verinnerlichen Sie das Wort – als Teil Ihres Atems, Ihres Bluts, Ihres Bewusstseins, Ihres Unbewussten. Beobachten Sie, welche Gedanken und Verbindungen auftauchen, während Sie über dieses Wort nachdenken.

Nach Ihrer Meditation können Sie unsere Gedanken zu diesem Thema lesen. Dabei stellen Sie vielleicht fest, dass Ihnen Ihr Unbewusstes durch die Meditation schon viele hilfreiche Anregungen gegeben hat, um die Bedeutung dieses Wortes für Ihr Leben zu entschlüsseln.

Arbeitsbuch bei Problemen: Suchen Sie ein Stichwort, das mit einem bestimmten Problem in Ihrem Leben zu tun hat. Wenn Sie sich zum Beispiel wohlhabender fühlen wollen, können Sie das

Stichwort »Wohlstand« aufschlagen und meditieren. Oder Sie suchen jeden Tag ein Stichwort für einen anderen Bereich Ihres Lebens, den Sie gern verbessern möchten. Verwenden Sie es als Meditationsleitfaden für diesen Tag.

Orakel: Ob von Menschen mit der Kraft eines Sehers, ob aus Weissagungsschriften wie dem chinesischen I Ging oder den nordischen Runen – Orakel gibt es seit jeher. Sie werden konsultiert, um in die Zukunft zu »sehen« und das Leben entsprechend zu planen. Dieses Buch sagt Ihnen nicht die Zukunft voraus; es soll lediglich dazu anregen, mehr Klarheit in Probleme zu bringen. Sie können es als Orakel benutzen, wenn Sie es an einer beliebigen Stelle öffnen und sich von dem, was Sie als »Antwort« auf Ihre Frage bekommen, leiten lassen.

Egal wie Sie dieses Buch benutzen, wir hoffen, dass es Ihnen Spaß macht und Sie davon profitieren.

Wert

Engelbotschaft: **Jeder von uns ist es wert, dass die Engel ihn beachten.**

Manche Menschen möchten eine enge Verbindung zu den Engeln herstellen, bleiben aber auf Distanz, weil sie meinen, sie würden die Aufmerksamkeit dieser heiligen Wesen nicht verdienen. Aber wenn wir uns für unwürdig halten, etwas zu bekommen, das uns auf Grund unseres Menschseins zusteht, ist das sehr begrenzend und egoistisch. Denn schließlich haben wir nicht nur einen Geist und einen Körper, sondern auch eine Seele, und die steht in ständigem Kontakt mit den Engeln. Diese himmlischen Wesen beurteilen uns nicht, sie suchen weder nach Fehlern noch messen sie unsere Heiligkeit, und sie würden uns nie auffordern, ihnen oder der Welt unseren Wert zu beweisen. Wir sind wertvoll, egal ob wir es wissen oder nicht.

Was könnten Sie gegen das zeitweilige Gefühl der Wertlosigkeit tun? Die Frage ist eigentlich Unsinn, denn im Grunde können wir nichts tun, um unseren Wert zu beweisen oder wertvoll zu werden. Wir brauchen uns nicht zu ändern oder irgendetwas anders zu machen. Wir müssen nur erkennen und akzeptieren, dass wir schon wertvoll sind, und wir können beschließen, uns nützlich zu machen. Bestrafen Sie sich nicht für etwas, das es nicht gibt. Halten Sie inne und erkennen Sie in Ihrem Herzen, dass Sie die Aufmerksamkeit Gottes mehr als verdienen.

Engelmeditation: **Ich weiß, dass ich auf heiligem Boden stehe und immer der Aufmerksamkeit der Engel wert bin.**

Stille danach

Engelbotschaft:
>»Fertig sein und heimkommen
Zu der Stille danach...
Der Stille, die im Gras
Auf der Unterseite jeden Halms lebt
Und in dem blauen Raum
Zwischen den Steinen...«

Rolf Jacobsen, Die Stille danach

Wie gut kennen wir wahre Stille? Die »Stille danach«, die der norwegische Dichter Rolf Jacobsen beschreibt, ist vielleicht eine Metapher für die Stille einer Seele, die mit Gott in tiefster Kontemplation vereint ist. Wenn wir die Stille in unser Leben holen, können wir die Anforderungen und Begrenzungen unseres physischen und mentalen Selbst wieder herstellen. Wir können im Alltag immer ein paar Augenblicke finden, um still zu werden und zu schweigen, das Denken zur Ruhe zu bringen und stattdessen dem Rascheln der Blätter, dem Zwitschern der Vögel oder dem Flüstern des Windes nachzuspüren. Wenn wir wollen, können wir auch noch tiefer in die Stille danach hineingehen, in die geheimnisvolle Ruhe im Zentrum unseres Wesens, die sich am lautlosen Klang des universellen Herzschlags erfreut, der tief in uns widerhallt.

Gehen Sie spielerisch an die Stille heran! Werden Sie still und achten Sie auf die Geräusche in Ihrer Umgebung! Lauschen Sie auf Ihren Atem! Können Sie Ihren Herzschlag hören? Versuchen Sie, noch stiller zu werden! Werden Sie zu Ihrem Atem, Ihren Herzschlag! Hören Sie, wie die Geräusche um Sie herum verebben, und gehen Sie noch tiefer, in die Stille danach!

Engelmeditation: In der Stille danach erlebe ich die Glückseligkeit göttlicher Vollkommenheit.

Anfang

Engelbotschaft: **Es gibt keine Enden, nur neue Anfänge.**

Aller Anfang ist schwer. Aber ohne ihn gäbe es kein Leben. Manchmal würden wir den Anfang am liebsten umgehen – die Verwirrtheit, die Rückschläge, die immer kommen, wenn wir aufbrechen, den Weg nicht genau kennen und wissen, dass noch einiges vor uns liegt. Aber wenn wir daran denken, dass alles einen Anfang hat – oder, besser, ein Anfang *ist* –, können wir ruhig in unserem Tempo weiter vorwärts gehen. Wir können den Prozess als solchen genießen und begreifen, dass ein erreichtes Ziel uns direkt zu einer neuen Herausforderung führen muss. Und dann fangen wir wieder an zu lernen, zu erschaffen und zu leben. Die Engel wissen, dass wir uns vielleicht wünschen, fertig zu werden und am Ziel anzukommen, dass uns vor allem aber ein aufregendes Leben interessiert, in dem jeder Tag ein neuer Anfang ist.

Was fängt in Ihrem Leben gerade an? Ein Job? Eine Beziehung? Das Leben in einer neuen Wohnung? Ein Projekt, um in irgendeinem persönlichen Bereich besser zu werden? Haben Sie das Gefühl, dass die Ungewissheiten Ihnen über den Kopf wachsen? Oder können Sie es kaum erwarten, die vielen aufregenden Möglichkeiten zu erkunden, die jeder Anfang birgt?

Engelmeditation: **Ich akzeptiere jeden Neuanfang als ein freudiges Ereignis, das darauf wartet, gelebt zu werden.**

Einstellung

Engelbotschaft: **Wir können uns leicht auf die Frequenz der Engel einstellen.**

Wenn wir uns auf etwas einstellen, bedeutet das, dass wir uns damit in Einklang und Harmonie bringen und seine Frequenz übernehmen, sodass wir uns mit einem reinen Ton verbinden und Störgeräusche wegfallen. Wenn wir uns auf die Frequenz der Engel einstellen, entdecken wir, dass wir vielen Engeln zuhören können. Jeder von uns hat seinen persönlichen Schutzengel. Es gibt einen speziellen Engel für das Land, in dem Sie leben, einen für Ihre Stadt, einen für Ihre Straße und sogar einen für die Bäume in Ihrer Umgebung. Manche Engel betreuen bestimmte Gruppen, andere verkörpern und übermitteln spezielle Eigenschaften wie Schutz, Mut und Weisheit. Die Einstellung auf die Ätherwellen eines Engels ist leichter als vermutet. Manchmal genügt der Gedanke an einen Engel oder der Wunsch, mit ihm zu kommunizieren, damit die Verbindung hergestellt wird. Denken Sie vor allem daran, dass der Kontakt zu den Engeln umso deutlicher und subtiler wird, je klarer und reiner unsere Motive und Wünsche sind.

Suchen Sie sich einen Engel aus, auf den Sie sich einstellen wollen. Halten Sie Papier und Stift für den Fall bereit, dass er eine Botschaft für Sie hat, die Sie aufschreiben wollen. Schließen Sie die Augen und stimmen Sie sich mental auf den gewählten Engel ein. Lassen Sie sich Zeit und achten Sie auf die Gedanken, die Ihnen allmählich zufließen. Vielleicht meinen Sie, das wäre nur Ihre Fantasie, aber was ist Fantasie anderes als der Ort, an dem Sie die Wahrheiten des Universums entdecken und durchspielen?

Engelmeditation: **Ich kann mich auf einen Engel einstellen, und Botschaften und Anleitung sind mir gewiss.**

Grazie

Engelbotschaft: **Ohne Anmut ist alle Mühe vergebens.**

Altgriechische Weisheit

In der griechischen Mythologie waren die Grazien die Göttinnen, die die Lieblichkeit und Schönheit der Natur darstellten. Sie waren unberührte junge Mädchen, die Anmut, Liebreiz, Schönheit, guten Willen und Freude verkörperten. Sie sollten Lebensfreude und Dankbarkeit verbreiten. Bildliche Darstellungen zeigen sie glücklich und frei, singend und tanzend, auf Feldern oder an Quellen. Durch ihre Wesensart inspirierten sie Dichtung, Musik, Kunst und andere feine Ausdrucksformen der Seele. Bei Bedarf halfen sie der mächtigen Athene, der Göttin der Stürme und Schlachten, Probleme im Dasein der Sterblichen und der Unsterblichen zu lösen. Mit anderen Worten: Die Grazien verstanden es, sich gut zu amüsieren, und das war für die Griechen eine Voraussetzung für ein angenehmes Leben.

Denken Sie über die Wörter nach, die aus dem lateinischen gratia *entstanden sind: Das englische* Grace, *das auch* Gnade *bedeutet, das heißt ein Zustand, in dem wir auf das Göttliche eingestimmt sind und von ihm begünstigt werden; das italienische* grazie, *mit dem man sich bedankt, zum Beispiel bei Gott; und* Grazie *im Sinn von Anmut, Freundlichkeit, Zartheit, Eleganz und harmonischer Bewegung. Was können Sie tun, damit mehr Gnade, Dankbarkeit und Anmut Ihr Leben bestimmen?*

Engelmeditation: **Alles, was ich tue, tue ich mit Grazie.**

Teilen

Engelbotschaft: **Die Engel teilen immerfort Gottes Liebe mit uns.**

Wodurch unterscheiden sich Teilen und Geben? Beim Geben schenken wir jemandem etwas oder einen Teil von uns, ohne etwas zurückzuerwarten. Der Empfänger kann unsere Gabe so verwenden, wie er will. Beim Teilen dagegen schließen wir mit ihm einen Pakt: Wir tragen zum Energieaustausch genauso viel bei wie er. Von einem Paar heißt es oft, es würde sein Leben miteinander teilen. Wir teilen die Erde mit allem Lebendigen. Im Teilen ist natürlich auch das Geben enthalten: Wenn wir das, was wir haben, dankbar teilen, geben wir das Entbehrliche reinen Herzens weg, das heißt ohne etwas zu erwarten, zum Wohle des Ganzen. Wenn Sie etwas mit anderen teilen, um sie zu manipulieren oder ein Bedürfnis in ihnen zu wecken, tun Sie keinem etwas Gutes. Die Engel teilen bedingungslos. Und wenn wir darauf reagieren, indem wir unsere Energie, unsere Liebe und unsere Dankbarkeit teilen, stärken wir die Verbindung zwischen Erde und Himmel.

Denken Sie über die Dinge nach, die wir nicht besitzen können und mit anderen teilen – die Vögel, die Sonne, den Mond, die Sterne, die Luft, die Liebe Gottes. Das Universum teilt also mit Ihnen. Teilen Sie auch?

Engelmeditation: **Das ganze Leben ist ein einziges Teilen. Sogar das Atmen ist ein Austausch zwischen der Erde und mir. Ich achte bewusster darauf, was mit mir geteilt wird, und werde offener dafür, mit anderen zu teilen.**

Lesezeichen

Engelbotschaft: **Keine Kraft ist stärker als die Stille, keine Macht größer als der Friede.**

Die Engel haben ein Lieblingsgedicht, das von der heiligen Teresa von Avila stammt und das sie an uns weitergeben. Es heißt »Lesezeichen« und ist wirklich ein Anhaltspunkt, eine Seite, auf die wir jedes Mal zurückkommen können, wenn die Angst unsere Gelassenheit beeinträchtigt.

Nichts soll dich verstören,

Nichts dich erschrecken,

Alles vergeht,

Gott ändert sich nicht.

Geduld erlangt alles;

Wer Gott hat,

Dem fehlt nichts;

Gott nur genügt.

Denken Sie daran, dass es einen von Natur aus ruhigen Ort in Ihnen gibt, an dem Sie stets die friedvolle Energie Gottes und der Engel finden können. Jedes Mal, wenn Sie Sorgen oder Ängste haben, können Sie auf dieses Lesezeichen in den Seiten Ihres Lebens zurückkommen.

Engelmeditation: **Ich nehme die Ruhe der Engel zu Hilfe, um meine Ausgeglichenheit zu bewahren.**

Wer bin ich?

Engelbotschaft: Sich selbst erkennen ist ein größerer Auftrag, als Sie vielleicht denken.

Was würden Sie antworten, wenn jemand Sie fragen würde: »Wer sind Sie?« Würden Sie Ihren Namen, Ihre Adresse und Ihre Sozialversicherungsnummer nennen? Würden Sie Ihren Beruf oder Ihre beste Seite angeben? Für die Engel hat die Frage »Wer bin ich?« zahllose Antworten und eine einzige. Einerseits sind wir ständig sich ändernde Wesen, die auf die verschiedensten Einflüsse unserer Umgebung reagieren. Von einem Augenblick zum anderen sind wir schon nicht mehr dieselben. Unsere Persönlichkeit hat zahllose Stimmungen und Facetten; unsere Überzeugungen ändern sich mit unseren Erfahrungen; und wir können jederzeit neue Fähigkeiten in uns entdecken, die unsere Selbstwahrnehmung völlig auf den Kopf stellen. Andererseits sind wir gar kein eigenes Selbst, sondern Teil des göttlichen Selbst, der universellen Einheit, in der jedes Ich verschwindet. Deshalb meinen die Engel, dass Sie sich nicht auf eine wie immer geartete Vorstellung von sich selbst fixieren sollten. Gestehen Sie Ihrem Ich gelegentlich eine Pause zu, in der es die Last der Identität ablegen kann.

Bedenken Sie die folgende Sufi-Meditation über das Wesen der menschlichen Natur:

Ich bin nicht der Körper; ich bin nicht die Sinne

Ich bin nicht der Geist

Ich bin nicht dies; ich bin nicht das

Was bin ich dann? Was ist das Selbst?

Es ist im Körper; es ist in jedem

Es ist überall; es ist Alles

Es ist das Selbst. Ich bin es. Absolute Einheit.

Engelmeditation: Ich bin mehr als die Summe meiner Teile.

Vermächtnis

Engelbotschaft: **Wir nehmen das mit, was wir zurücklassen.**

Nach dem Krebstod ihres geliebten zweiunddreißigjährigen Mannes stellte eine Frau fest, dass ihre schrecklichen Verlustgefühle nachließen, wenn die Leute, die sie traf, von ihrem Mann sprachen. Jeder, der ihn gekannt hatte, konnte offenbar eine wunderschöne Geschichte über seine Freundlichkeit und sein Mitgefühl erzählen. Menschen, von deren Schwierigkeiten er wusste, hatte er Geld gegeben, ohne dass sie ihn darum bitten mussten. Anderen hatte er unentgeltlich seine Dienste als Mechaniker zur Verfügung gestellt. Viele dieser Geschichten waren für die Frau völlig neu – ihr Mann war so bescheiden gewesen, dass er sie nie erwähnt hatte. Mit je mehr Menschen sie sprach, desto präsenter schien ihr Mann zu werden, und sie erkannte, dass Teile von ihm für immer im Leben und in der Erinnerung anderer weiterlebten.

Welche Geschichten von sich möchten Sie hinterlassen, wenn Sie die Erde verlassen? Fangen Sie an, das »Vermächtnis Ihres Lebens« zu planen. Registrieren Sie bewusst, welche Wirkung Sie auf andere haben, und wie das, was Sie tun, den Augenblick überdauert und das Leben von mehr Menschen berührt, als Sie wissen können.

Engelmeditation: **Die Samen meines Tuns schlagen Wurzeln im Herzen und im Leben aller Menschen, mit denen ich in Kontakt komme.**

Ebbe und Flut

Engelbotschaft: »**Ein jegliches hat seine Zeit, und alles Vorhaben unter dem Himmel hat seine Stunde.**« *Prediger 3;1*

Wir wollen, dass alles reibungslos läuft. Wäre das Leben nicht schön, wenn wir immer auf der Gewinnerseite wären und nichts unseren Fortschritt behindern würde? Aber die Engel wissen, dass das Geheimnis des Fortschritts darin besteht, den natürlichen Rhythmus des Universums zu akzeptieren, und der besteht aus Ebbe und Flut. Wenn Flut herrscht, sind wir aktiv und bringen etwas zu Wege; die Ebbe zeigt an, dass die aktive Energie abnimmt und wir uns zurückziehen und im Stillen die Dinge heranreifen lassen sollten. Für Ebbe und Flut steht auch das chinesische Symbol für die zwei sich ergänzenden Energien im Universum: Yin und Yang, passives und aktives Prinzip. Es ist nicht so, dass das eine negativ und das andere positiv ist; sie *sind* einfach, und beide haben ihre Zeit unter dem Himmel. Wenn wir keine Energie haben und nichts Sichtbares hervorbringen, kann es so aussehen, als wären wir nicht produktiv; in Wirklichkeit geschieht auf einer anderen Ebene etwas. Wenn wir uns Ruhe- und Regenerationspausen erlauben, festigt das unsere Verbindung zu den Engeln, denn sie sprechen in diesen Phasen oft deutlicher zu uns.

Denken Sie über Situationen nach, in denen in Ihrem Leben Ebbe oder Flut dominiert haben. Wenn Sie an manchen Tagen einfach nichts zu Stande bringen, dann lassen Sie es sein. Entspannen Sie sich, wenn Sie die Möglichkeit dazu haben, ruhen Sie sich aus und lassen Sie Gedanken und Ideen auf sich zukommen! Machen Sie sich klar, dass die »Ebbe« genauso wertvoll ist wie die »Flut«, und stürzen Sie sich in sie hinein!

Engelmeditation: **Ich arbeite mit dem natürlichen Rhythmus des Universums zusammen, nicht gegen ihn.**

Vollenden

Engelbotschaft: **Ein Vorhaben zu vollenden bringt Freiheit und persönliche Macht.**

Oft gerät das Leben außer Kontrolle, weil Dinge unerledigt liegen bleiben. Wir fangen ein Projekt an, und dann schiebt sich ein anderes dazwischen. Wir wollen irgendetwas erledigen, werden aber ständig durch anderes, Wichtigeres abgelenkt. Bevor wir uns versehen, ist der Stapel mit den unfertigen Angelegenheiten zu einer Lawine geworden. Die Engel glauben von ganzem Herzen an das Vollenden, denn nur wenn wir die fallen gelassenen Maschen im Strickmuster unseres Lebens wieder auf die Nadel nehmen, fasert das Leben nicht immer weiter aus, und etwas Konstruktives kann beginnen. Sobald wir uns vornehmen, Unfertiges zu vollenden, sind die Engel überglücklich und helfen uns, disziplinierter, geduldiger und optimistischer zu werden und uns und der natürlichen Ordnung der Dinge mehr zu vertrauen.

Haben Sie Dinge, die abgeschlossen werden müssten? Listen Sie sie der Dringlichkeit nach auf. Lassen Sie sich nicht entmutigen oder lähmen; beschließen Sie stattdessen, jeden Tag etwas zu tun, das Sie Ihrem Ziel näher bringt. Bitten Sie die Engel um ein paar gute Ideen und darum, Sie von Angst und Sorgen zu befreien. Gewiss wird dann alles erledigt.

Engelmeditation: **Wenn ich lerne, Dinge zum Abschluss zu bringen, kann ich all meine Wünsche und Ziele verwirklichen.**

Tratsch

Engelbotschaft: »**Sei freundlich, denn jeder, dem du begegnest, steht vor einer schweren Schlacht.**« *Platon*

Es gibt keine Möglichkeit, Tratsch zu entkommen. Menschen interessieren sich für andere, und egal was Sie tun, bestehen immer gute Chancen, dass irgendwo ordentlich über Sie hergezogen wird. Auch wenn Sie Menschen aus dem Weg gehen und zu Hause bleiben, kann gerade das Wasser auf die Tratschmühlen Ihrer Nachbarn sein. Gerede erzeugt alle möglichen Probleme. Es kann andere verletzen und ihrem Ruf schaden, wenn es negativen Gerüchten Vorschub leistet. Die Fernsehnachrichten bestehen heutzutage weitgehend aus Klatsch und Tratsch, und es ist gut, das zu wissen. Menschen, die gern über andere lästern, könnte es sehr viel besser gehen, wenn sie diese Zeit nutzen würden, um selbst irgendwie besser zu werden oder sich zumindest zu überlegen, warum sie sich so für das Leben anderer Leute interessieren. Kümmern Sie sich nicht um Tratsch; nichts ist so schlimm, wie es scheint, und kein Mensch so schrecklich, wie die Klatschmäuler behaupten.

Die Engel würden nie tratschen; aber was würden sie über Sie erzählen, wenn sie es täten? Lassen Sie Ihre Fantasie spielen und tun Sie so, als würden Sie mithören, wie zwei Engel über Sie herziehen. Die Fallstricke des Tratsches vermeiden Sie am ehesten, wenn Sie Informationen weise weitergeben. Denken Sie auch daran, dass Ihre Mit-Lästerer Ihnen nie wirklich trauen werden, denn es besteht immer die Chance, dass Sie auch über sie herziehen.

Engelmeditation: **Ich achte und respektiere die Menschen, mit denen ich zu tun habe, indem ich ihre positiven Eigenschaften breittrete.**

Abkürzungen

Engelbotschaft: **Der schnellste und billigste Weg ist am Ende vielleicht der teuerste.**

Abkürzungen sollen uns in kürzerer Zeit ans Ziel bringen. Hier fragen die Engel uns, was wir dadurch gewinnen – oder verlieren? Manchmal erspart eine Abkürzung uns tatsächlich Zeit und Mühe, sodass wir die nicht verbrauchte Energie für etwas Besseres einsetzen können. Aber manchmal kommen Abkürzungen uns auch teuer zu stehen. Wenn wir eine Abkürzung nehmen, um notwendige Aufwendungen zu vermeiden – wenn wir zwar Zeit und Geld sparen, hinterher aber ein minderwertiges Ergebnis haben –, kann es gut sein, dass wir am Schluss wieder von vorn anfangen. Und in punkto Zeit, Energie, Geld und Glaubwürdigkeit stehen wir dann schlechter da als beim ersten Anlauf. Die Engel haben nichts gegen Effizienz und Wirtschaftlichkeit, aber sie warnen uns davor, sie zum Goldenen Kalb zu machen und ihnen auf Kosten von Qualität und Substanz zu huldigen.

Welche Abkürzungen haben Ihnen weitergeholfen? Welche haben Sie bedauert? Überlegen Sie, wann und warum Sie Abkürzungen genommen haben, und was Sie daraus gelernt haben.

Engelmeditation: **Ich erkenne den Unterschied zwischen einer Abkürzung und einem Holzweg.**

Talent

Engelbotschaft: **Wir alle haben von Geburt an Talent.**

Glauben Sie, dass Gott Talent selektiv zuteilt, es manchen Menschen gibt, anderen aber nicht? Tatsache ist, dass die Engel und Gott nicht einige von uns den anderen vorziehen. Jeder von uns hat ein Talent, eine besondere Begabung in irgendeinem Bereich. Mag sein, dass die Gesellschaft bestimmte Fähigkeiten und Fertigkeiten höher bewertet, aber für die Engel sind alle Talente gleich wertvoll. Für sie zählen Mitgefühl, Fröhlichkeit, Achtsamkeit, Aufrichtigkeit und Humor oder andere engelhafte Eigenschaften, die das Leben lebenswerter machen, genauso viel – wenn nicht mehr – wie die hervorragendsten künstlerischen, sportlichen oder wirtschaftlichen Erfolge. Und solange wir uns nicht von Schubladendenken oder Kritik den Wind aus den Segeln nehmen lassen, können wir immer ein Talent entwickeln. Auch wenn bestimmte Menschen uns heruntergemacht oder unser Potenzial bezweifelt haben, applaudieren die Engel all unseren Bemühungen und stärken unseren Mut, die besten Seiten in uns zu entdecken und noch besser zu machen.

Was sind Ihre größten Talente? Glauben Sie, dass Sie sie von Geburt an hatten? Oder haben einige Ihrer Begabungen sich mit der Zeit und durch Übung entwickelt? Hätten Sie gern in manchen Bereichen mehr Talent? Denken Sie daran, dass wir sind, was wir denken, und machen Sie die Engel zu Ihren Talentmanagern; bitten Sie sie, Ihnen zu sagen, wie Sie Ihre Fähigkeiten in jedem Bereich Ihrer Wahl verbessern können.

Engelmeditation: **Ich schätze meine Fähigkeiten in allen Bereichen und bin offen, die ganze Palette meiner Talente zu erkunden.**

Unvorhersehbarkeit

Engelbotschaft: **»Der wissenschaftliche Fortschritt hängt weitgehend vom ungeplanten Zusammentreffen von Ideen ab.«**
Eli Sercarz, Immunologe an der University of California in Los Angeles

Vielen von uns ist die Vorstellung unangenehm, dass sich nichts
vorhersehen lässt. Wir wollen unser Leben planen; wenn wir
nicht wissen, was vor uns liegt, fühlen wir uns hilflos, verloren
und verletzlich. Die Engel indes schätzen Unvorhersehbarkeit als
Quelle neuer Visionen und Einsichten – und Ordnung. In der
Wissenschaft etwa ebnet das »ungeplante Zusammentreffen von
Ideen« den geplanten Rezepten zur Verbesserung des menschlichen Daseins den Weg. Die Engel arbeiten oft am besten, wenn
Unvorhersehbares im Spiel ist; die Ideen und Antworten, die wir
suchen, finden wir dann an den unwahrscheinlichsten Orten.
Deshalb ermuntern die Engel uns, die aufregende Energie des
Unvorhersehbaren in unser Leben einzuladen und offen zu blei-
ben für ungeplante Inspirationen und Lösungen. Vielleicht liegen
sie direkt hinter der nächsten Ecke – wir müssen nur hinsehen
und uns nicht von unserer Angst lähmen lassen.

*Denken Sie über die Rolle nach, die das Unvor-
hersehbare in Ihrem Leben gespielt hat. Welche wunderbaren, ungeplanten Erfahrungen hatten Sie? Wie
viel von Ihrer Zukunft können Sie Ihrer Meinung nach
realistisch vorhersehen – und damit steuern?*

**Engelmeditation: Ich will nicht vorhersehen,
sondern durch Erfahrung wissen.**

Reparatur

Engelbotschaft: **Aus der Sicht der Engel ist jeder Schaden reparabel.**

Mit dem Wort *geschädigt* werden oft Menschen beschrieben, die eine schwierige Kindheit hatten oder als Erwachsene von anderen betrogen wurden und über den seelischen Schmerz nicht hinweggekommen sind. Aber die Engel meinen, dass das Wort *Schaden* nicht auf Menschen angewandt werden sollte. Wenn etwas beschädigt wird, verliert es seinen Wert und seinen Nutzen. Das ist bei Menschen nie der Fall, denn wir alle sind wertvoll und nützlich. Wer sich für geschädigt hält, versucht möglicherweise nie, sein Leben wieder in Ordnung zu bringen, es zu reparieren und wieder in einen guten, gesunden Zustand zu versetzen. Aber jeder von uns ist in der Lage, jeden erlittenen Schaden zu reparieren; dazu können wir als Erstes die Engel zu Rate ziehen, die Meister im Reparieren sind. Sie wissen, wie sie unseren Verlust spirituell kompensieren, uns heilen und regenerieren können; aber wir müssen bereit sein, nicht mehr an den Schaden, sondern an die Ganzheit zu glauben. Denken Sie auch daran, dass das schwache Glied nach der Reparatur stärker und nützlicher als vorher ist.

Wenn Sie meinen, die Welt hätte Sie beschädigt und verschlissen, bitten Sie die Engel zu helfen, Ihr individuelles Reparatur-Set zusammenzustellen. Es kann aus Meditation, Zwölf-Schritte-Programmen, einem kreativen Projekt, ehrenamtlichen Tätigkeiten oder Ähnlichem bestehen. Ersetzen Sie als Erstes den Glauben an die Beschädigung durch den Glauben an die Reparatur, und verpflichten Sie sich zweitens zu einer Zukunft in Kraft und Ganzheit.

Engelmeditation: **Jeder Schritt auf dem Weg der spirituellen Wiederherstellung macht mich nicht nur ganz, sondern auch neu.**

Nächste Welt

Engelbotschaft: **Wir können erst dann dort sein, wenn wir ganz hier sind.**

Manche Leute verbringen viel Zeit mit dem Gedanken an die Reise zu jenem letzten Ziel, zu dem es nur eine Hinfahrkarte gibt: der nächsten Welt. Für sie ist das Jenseits ein Ort ewiger Freude, wogegen die Erde verblasst. Deshalb versuchen sie, auf irdische »Vergnügen« zu verzichten, oder freuen sich sogar über Leid, das für sie so etwas wie eine Erlösungspolice ist. Oder sie meinen, sie müssten dieses irdische Jammertal einfach aussitzen; sie haben die Koffer gepackt und sind jederzeit bereit zu gehen. Aber wenn wir das Leben nicht intensiv gelebt haben, erwartet uns unter Umständen eine ziemliche Überraschung; es könnte nämlich sein, dass wir am Ziel ankommen und entdecken, dass wir wieder in der Schule sind und die Klassen wiederholen, in denen wir auf der irdischen Gesamtschule unwissentlich durchgerasselt sind. Erst wenn wir begreifen, dass das Himmelreich tatsächlich in uns ist – in unserer Fähigkeit, auf Erden Liebe, Freude, Frieden und Bewusstheit herzustellen –, können wir unsren Platz im Paradies einnehmen.

Nehmen wir an, das Universum würde Ihnen ein Zeugnis ausstellen – welche Noten hätten Sie bis jetzt in den Fächern Freude, Humor, Liebe, Leichtigkeit, Freundlichkeit und Dankbarkeit? Haben Sie keine Angst, die Engel anzurufen, wenn Sie ein bisschen Nachhilfe brauchen.

Engelmeditation: **Ich will den irdischen Schulabschluss mit einer glatten Eins schaffen – mit höchstem Lob.**

Philosophen

Engelbotschaft: **Wenn wir mit den Engeln nach Wahrheit suchen, geht uns ein zusätzliches Licht auf, und wir verstehen vieles neu.**

Jeder von uns ist auf seine Weise ein Philosoph. Die Philosophie ist vom Wortsinn her der Versuch, die elementaren Wahrheiten und Prinzipien des Universums, des Lebens, der Moral und der menschlichen Wahrnehmung zu verstehen. *Philosophie* stammt von den griechischen Wörtern *philein* (lieben) und *sophia* (Weisheit). Wenn Sie die Weisheit lieben, wenn die Wahrheit und ein gründliches Verständnis des Universums Ihr Ziel sind, dann sind Sie ein Philosoph. Für die Engel sind wir alle Philosophen, und es gefällt ihnen, wenn wir nach höheren Wahrheiten streben. Fangen Sie an, andere als Philosophen zu sehen. So respektieren Sie jeden Menschen als großen und originellen Denker und lernen viel Neues über liebevolle Weisheit.

Nehmen Sie sich einen Augenblick Zeit, um mit den Engeln zu philosophieren. Stellen Sie sich vor, wie Ihnen ein zusätzliches Licht aufgeht, mit dem Sie die Dinge neu und gründlicher sehen. Wenn wir mit den Engeln nach Verständnis suchen, lernen wir uns als wahre Philosophen kennen. Akzeptieren Sie Ihre Rolle als Philosoph und nehmen Sie sich die Zeit, mindestens zwei Mal täglich zu philosophieren. Suchen Sie nach anderen Menschen mit interessanten Philosophien.

Engelmeditation: **Auf der Suche nach meinem eigenen Verständnis von Wahrheit und Weisheit vergesse ich nie, dass andere auf ihre Weise suchen und wir uns wechselseitig respektieren können.**

Geschenke

Engelbotschaft: **Der Herr gibt; der Herr nimmt; der Herr gibt etwas anderes zurück.**

Die indianische Geschenkzeremonie ist eine gute Übung in Dankbarkeit und Glauben. Dabei gibt eine Familie ihren gesamten Besitz dem übrigen Clan und dem Großen Geist. Der Clan füllt dann den lebensnotwendigen, von der Familie so großzügig weggegebenen Bedarf wieder auf. Das Ganze ist ein symbolischer Ausdruck für das Eingeständnis, dass Besitz einem nie wirklich gehört. Alles gehört dem Schöpfer, und es ist an ihm zu entscheiden, wann wir etwas bekommen und wann wir es dem Universum zurückgeben müssen. Allerdings wird Gott nie wollen, dass es uns an etwas mangelt, denn wenn Er uns etwas nimmt, gibt Er uns dafür immer etwas anderes.

Versuchen Sie, den Geist der indianischen Geschenkzeremonie in Ihrem Leben zu praktizieren. Wenn jemand etwas bewundert, das Ihnen gehört, etwa ein Kleidungs- oder Schmuckstück, dann geben Sie es ihm. Wenn jemand etwas von Ihnen braucht, geben Sie es ihm großzügig. Versuchen Sie bei diesem von Dankbarkeit bestimmten Weggeben zu verstehen, dass das, was Sie haben, in Wirklichkeit allen gehört, und seien Sie nicht darauf aus, etwas zurückzubekommen. Beobachten Sie nur, was Ihnen zurückgegeben wird, und in welcher Form.

Engelmeditation: **Ich bin glücklich, dem Universum etwas zurückgeben zu können, auch wenn es nur ein winziges Stückchen von dem ist, was ich bekommen habe.**

Ist das Leben nicht schön?

Engelbotschaft: **Die Wahrheit, die wir suchen, finden wir in den hochherzigen Taten anderer.**

Die meisten von uns werden den wahrscheinlich populärsten Weihnachtsfilm aller Zeiten kennen: *Ist das Leben nicht schön?* Dieser inspirierende Klassiker beschreibt den Weg George Baileys, der sein ganzes Leben lang eigene Wünsche aufgegeben hat, damit es anderen besser geht. Als er wegen geschäftlicher Fehler seines dilettantischen Onkels vor einer Inhaftierung und dem finanziellen Ruin steht, beschließt er, als letztes und höchstes Opfer seinem Leben ein Ende zu setzen, damit seiner Familie die Schande erspart bleibt und sie das Geld aus seiner Lebensversicherung bekommt. Aber Gott, der die Gebete der vielen Menschen hört, die George lieben, schickt einen Engel, der ihn am Selbstmord hindert und ihm zeigt, wie viel ärmer die Welt wäre, wenn er nie geboren worden wäre. Der Film spricht mehrere ewige Wahrheiten an. Eine davon ist, dass unsere bloße Anwesenheit enormen Einfluss auf die Welt hat. Die zweite Wahrheit ist, dass wir die Reichtümer des Himmels auf Erden erhalten, wenn wir nicht nach Vermögen und Macht, sondern nach Liebe und Mitgefühl streben. Und die dritte Wahrheit ist, dass die Engel immer die drängendsten Bitten unserer Seele erhören.

Tun Sie so, als wären Sie der Hauptdarsteller in Ist das Leben nicht schön? *Wie haben Sie das Leben anderer Menschen beeinflusst? Wie viel ärmer wäre die Welt, wenn Sie nie geboren wären? Welche Wirkung hätten Sie gern von jetzt an auf die Welt?*

Engelmeditation: **Ich schätze und respektiere meine unverwechselbare Anwesenheit hier auf Erden.**

Positiv denken

Engelbotschaft: **Positives Denken setzt voraus, dass wir unser Leben klar sehen, ohne Lügen oder Verstellung.**

Norman Vincent Peale schrieb 1951 ein wegweisendes Buch mit dem Titel *Die Kraft des positiven Denkens*, und in den vergangenen vierzig Jahren haben wir viel über dieses Thema gehört. Wer positiv denkt, muss kreativ und intelligent sein. Auf der Suche nach kreativen Lösungen geht der Blick über die Schwierigkeiten hinaus; aber sie werden klar gesehen, sodass auch klare Lösungen auftauchen. Menschen dagegen, die negativ denken, sehen die Probleme in den düsteren Farben hoffnungsloser Verzweiflung, lassen sich von ihnen vollkommen lähmen und streichen die Segel. Wir können jederzeit beschließen, das Licht anzumachen und uns genau anzusehen, womit wir es zu tun haben, und vom Besten ausgehen.

Leute, die positiv denken, lügen sich nichts vor. Wenn jemand mit dem positiven Denken anfängt, kann es sein, dass er Schwierigkeiten leugnet, Schmerzen missachtet und ein bombastisches Wunschdenken praktiziert. Aber all das sind nur Formen eines positiven Sich-Anlügens. Überlegen Sie, wie positiv Ihr Denken ist und wie Sie dem Negativen entschiedener entgegentreten könnten, ohne zu schwindeln oder sich etwas vorzumachen. Die Engel helfen Ihnen dabei.

Engelmeditation: **Ich sehe meine Umgebung im hellen Widerschein der Hoffnung und des Engellichts. Ich habe die Kraft zu erkennen, was am besten ist.**

Wahrsagerei

Engelbotschaft: **Es ist nicht unsere Aufgabe, die Zukunft vorauszusehen, sondern sie zu erschaffen.**

In den Zeitungen finden wir heutzutage viele Anzeigen von so genannten Medien. In einer unsicheren Welt mag es beruhigen, wenn jemand Ihnen die Zukunft voraussagt, aber die Engel sehen das anders. Sie wissen, dass wahrer Seelenfrieden durch Fantasie, Kreativität und Vertrauen entsteht. Wenn wir sie praktizieren und den Rest dem Himmel überlassen, haben wir in der Gegenwart so viel zu tun, dass wir für Sorgen um die Zukunft keine Zeit mehr haben. Wenn wir die Informationen über unsere Zukunft bei jemand anders suchen, kann das bedeuten, dass wir selbst die Verantwortung für Entscheidungen vermeiden. Die Engel teilen Ihnen vielleicht nichts über frühere Leben oder zukünftige Ereignisse mit, aber sie leiten und inspirieren Sie so, dass für Sie immer nur die Gegenwart zählt.

Wenn Sie ein Problem verstehen oder einen Blick in die Zukunft werfen wollen, können Sie eine mediale Sitzung mit sich selbst veranstalten. Schreiben Sie Ihre Fragen auf und beantworten Sie sie so, wie Sie die Zukunft gerne hätten. Legen Sie den Zettel ein paar Monate oder auch ein Jahr lang weg. Wenn Sie ihn wieder vorholen, werden Sie feststellen, dass Sie mit den Engeln einiges zu lachen haben, denn ein paar der Dinge, die Sie sich damals gewünscht haben, interessieren Sie gar nicht mehr. Sie erkennen dann auch, dass wir mit Vertrauen, Geduld, Fantasie und Entschlossenheit am Ende immer das bekommen, was wir wirklich wollen.

Engelmeditation: **Wenn ich nach besten Kräften in der Gegenwart lebe, erschaffe ich die Zukunft, die mir bestimmt ist.**

Wiedervereinigung

Engelbotschaft: **Es ist ein großes Geschenk, mit den Engeln wieder vereint zu sein.**

Wenn wir das Gefühl haben, von der Natur und dem Himmel getrennt zu sein, wird unser Leben zur Suche nach Wiedervereinigung mit ihnen, denn wir wissen, dass wir zu ihnen gehören. Die Liebe ist die Brücke, die uns das Gefühl der Einheit zurückgibt. Wenn wir uns verlieben, ist es, als würden wir diesen Menschen schon lange kennen, als wäre unsere Verbindung etwas Heiliges. Wenn wir mit dem Himmel und der Natur wieder eins sein wollen, müssen wir lernen, sie wieder zu lieben. Das Gefühl, dass wir von ihnen getrennt sind, ist eine Illusion; wir waren nie von der Natur getrennt, denn das ist unmöglich. Und auch der Himmel ist in unserem Herzen immer präsent.

Denken Sie an einen Bereich Ihres Lebens, von dem Sie sich abgespalten fühlen, mit dem Sie aber gern wieder vereint wären. Vielleicht sehnen Sie sich nach den einfachen, unschuldigen Gedanken, die Sie als Kind hatten, oder nach der Wiedervereinigung mit Ihrer wahren Liebe. Denken Sie daran, dass das, mit dem Sie wieder eins sein wollen, immer noch in Ihnen ist. Auch wenn Sie Ihrer wahren Liebe auf Erden noch nicht begegnet sind, sind Sie trotzdem ein Teil von ihr. Die Engel helfen Ihnen, sich mit Ihrem wahren Selbst und Ihrem wahren Weg wieder zu vereinen, und alle anderen Teile Ihres Lebens schließen sich freudig an.

Engelmeditation: **Mein Wesen wird eins mit den Engeln, und ich denke an die Glücksgefühle, die ich als Kind hatte, als die Engel meine liebsten Spielkameraden waren.**

Zen-Therapie

Engelbotschaft: **Je weniger ich mich um mich drehe, desto näher bin ich dem Zentrum.**

Paul Reps erzählt in seinem Buch *Ohne Worte – ohne Schweigen* die folgende Geschichte: Ein arroganter Universitätsprofessor nimmt bei dem japanischen Zenmeister Nan-In den Tee ein; dieser füllt ihm die Tasse und gießt auch dann weiter, als der Tee überläuft. Als der entsetzte Professor darauf hinweist, dass die Tasse schon lange voll ist, erwidert Nan-In: »Diese Tasse ist voll Tee. Genauso sind Sie voll von Meinungen und Mutmaßungen. Wie soll ich Ihnen Zen beibringen, wenn Sie nicht erst Ihre Tasse ausleeren?«

Heute machen viele Leute eine Therapie. Wer wirklich sein Verhalten verstehen will, profitiert von einer solchen Erfahrung. Andere benutzen die Therapie als Entschuldigung, um noch mehr um sich selbst zu kreisen. Die Zenmeister hatten keine Geduld mit Leuten, die ihnen die Zeit stahlen und nur über sich und ihre Ansichten reden wollten. Wenn jemand wirklich erleuchtet werden wollte, musste er erst das alte Gerümpel aus dem Verstand entfernen – Vorurteile und eine narzisstische Nabelschau. Erst dann konnte das Licht eines neuen Bewusstseins sein Wesen erfüllen.

Wenn Sie eine Therapie oder andere Projekte für mehr Bewusstsein machen oder machen wollen, sollten Sie sich einen Augenblick Zeit nehmen und Ihre Motive und Erwartungen überprüfen. Wollen Sie sich wirklich ändern und Ihre Lebensqualität verbessern? Oder liegt Ihnen mehr daran, den Klang Ihrer eigenen Stimme zu hören? Wären Sie wütend oder dankbar, wenn Ihr Therapeut Ihre Teetasse so voll gießen würde, dass sie überläuft?

Engelmeditation: **Ich versuche, nicht zu voll zu sein von mir selbst.**

Wünsche

Engelbotschaft: **Seien Sie vorsichtig mit dem, was Sie wünschen, wenn Engel in Hörweite sind.**

Das Auftauchen des ersten Abendsterns oder einer Sternschnuppe ist ein guter Zeitpunkt, um sich etwas zu wünschen. An unserem Geburtstag haben wir einen Wunsch frei, wenn wir alle Kerzen auf dem Geburtstagskuchen in einem Zug ausblasen. Und kaum jemand lässt es sich entgehen, eine Münze in einen Wunschbrunnen zu werfen. Bei diesem Ritual opfern wir etwas, nachdem wir uns etwas gewünscht haben. In der Kindheit waren Wünsche für uns sehr wichtig. Auch heute haben wir noch Wünsche, auch wenn unser Verstand uns sagt, dass Wünschen kindisch ist. Wenn wir einen Wunsch äußern, erkennen wir an, dass wir uns für so wertvoll halten, dass wir seine Erfüllung verdienen. Wünsche sind wie magische Gebete, und wir sollten bewusst und vorsichtig mit ihnen umgehen.

Gehen Sie am frühen Abend nach draußen, wenn in der Dämmerung die ersten Sterne erscheinen. Suchen Sie den hellsten Stern und wünschen Sie sich etwas. Sehen Sie das Ergebnis Ihres Wunsches kurze Zeit vor Ihrem geistigen Auge, danken Sie den Sternen und dem Himmel und seien Sie gewiss, dass immer das Beste für Sie geschehen wird.

Engelmeditation: **Ich wünsche mir, dass sich Frieden und guter Wille auf der Welt verbreiten.**

Konkurrenz

Engelbotschaft: **Es ist besser, sich gegenseitig anzufeuern, als sich gegenseitig fertig zu machen.**

Wenn wir andere als Konkurrenten betrachten, ist das eine Beleidigung für unsere kreative Energie; es begrenzt unseren Blick und engt unsere Wahlmöglichkeiten ein. Im Gegensatz zur allgemeinen Überzeugung bringt das Konkurrieren nicht das Beste in uns zum Vorschein. Eher veranlasst es uns dazu, andere Menschen als Hindernisse zu betrachten, die etwas blockieren, das wir erreichen oder gewinnen wollen. Eine solche Denkweise ist inhuman. Wenn unser einziges Ziel das Gewinnen ist, wird der Vorgang als solcher uns wahrscheinlich keinen Spaß machen, denn unser Verstand ist darauf programmiert, es besser zu machen als jemand anderes. Das Leben ist kein Wettstreit, und Menschen, die das denken, finden nie heraus, wer sie wirklich sind; sie lernen nur, sich mit anderen zu vergleichen. Die Engel verstehen nicht, warum Menschen etwas tun, das den einen glücklich und alle anderen traurig und unsicher macht.

Menschliche Größe entsteht dadurch, dass wir in unserem Rhythmus voranschreiten, nicht dadurch, dass wir uns zwingen, besser zu sein als jemand anderes. Denken Sie an das letzte Mal, als Sie in einer Konkurrenzsituation waren. Hatten Sie das Gefühl, besonders kreativ und wertvoll zu sein? Wahrscheinlich nicht. Versuchen Sie, eine aktuelle Konkurrenzsituation aufzugeben. Sie werden überrascht sein, wie viel Spaß Sie dann haben. Und bemitleiden Sie die armen Seelen, die weiter versuchen, mit Ihnen zu konkurrieren; sie haben nichts zu gewinnen.

Engelmeditation: **Ich brauche kein Konkurrenzdenken; ich begrüße Originalität und Kooperation.**

Trennung

Engelbotschaft: **Abwesenheit macht das Herz nicht nur liebevoller, sondern auch stärker.**

Manchmal sind wir gezwungen, von Menschen oder Dingen getrennt zu sein, mit denen wir gerne zusammen wären. In diesen schwierigen Zeiten sind die Engel immer in unserer Nähe, damit wir uns mit ihrer Hilfe in Geduld, Glauben und Selbstvertrauen üben. Wenn wir uns von jemandem oder etwas trennen müssen, an dem wir sehr hängen, kann dies ein Aufruf zur Erneuerung sein. Wie eine Schlange die alte Haut abstreift und mit einem neuen Äußeren wieder zum Vorschein kommt, wie eine Raupe sich von ihrem Kokon befreien muss, um zum Schmetterling zu werden, müssen wir das aufgeben, was uns nicht mehr dienlich ist, damit Platz für Neues entsteht. Wenn die Trennung nur vorübergehend ist, kann sie eine Gelegenheit sein, um innezuhalten und sich anderen Pflichten und Träumen zu widmen, die vielleicht zu kurz gekommen sind. Sie kann, mit anderen Worten, die Chance sein, um wieder mit uns selbst Bekanntschaft zu schließen.

Wenn Sie in Ihrem Leben gerade eine schmerzliche Trennung erleben, können Sie versuchen, auf ihre Botschaft zu hören und sich auf die neuen Anforderungen an Ihre Seele einzustellen. Vielleicht ist es an der Zeit, dass Sie sich ein bisschen zurückziehen, nach innen gehen und darüber nachdenken, warum dies geschehen ist und welche Chancen sich dadurch ergeben könnten. Widerstehen Sie dem Drang, an der Vergangenheit zu kleben, und warten Sie geduldig darauf, dass die Gründe für das Geschehene sich von selbst offenbaren.

Engelmeditation: **Eine Trennung kann für mich die Chance sein, mich selbst neu zu entdecken.**

Hingabe

Engelbotschaft: »**Die Leute meinen, ich wäre diszipliniert. Aber es ist nicht Disziplin – es ist Hingabe. Das ist ein großer Unterschied.**« *Luciano Pavarotti*

Pavarotti sagt, dass man Prioritäten setzen muss, um ein großer Künstler zu sein. »Ich würde oft gern mit Freunden ausgehen, gut zu Abend essen, Wein trinken. Aber wenn ich am nächsten Tag ein Konzert habe, bleibe ich zu Hause. Ich telefoniere nicht lange; ich gebe meiner Stimme eine Ruhepause und bleibe still. Wenn jemand Sänger sein will, braucht er Hingabe. Keine Disziplin, sondern Hingabe.« Diese Unterscheidung ist sehr weise. Disziplin besteht aus allen möglichen Vorschriften; bei der Hingabe widmet man sich jemandem oder etwas, das man liebt, mit aller Kraft. Natürlich kann es sein, dass Hingabe Disziplin erfordert. Weil wir für das Objekt unserer Hingabe Energie aufwenden, können wir es uns nicht leisten, diese Energie mit anderen, weniger wichtigen Aktivitäten zu vergeuden; und wir können auch anderen nicht erlauben, unseren wertvollsten Aktivposten zu ruinieren. Aber Hingabe bedeutet nicht völlige Selbstvergeudung oder Selbstbestrafung. Pavarotti weiß, dass es auch wichtig ist, mit Freunden zusammen zu sein, zu telefonieren, sich zu entspannen – aber nicht vor einem Konzert. Die Engel ermuntern uns, für unser wichtigstes Ziel alles zu tun, denn dann werden wir es irgendwann erreichen.

Gibt es etwas, dem Sie sich hingebungsvoll widmen oder gern widmen würden? Was müssten Sie dafür aufgeben? Was würden Sie dadurch gewinnen?

Engelmeditation: **Ich bin bereit, die Prioritäten zu setzen, die zum Erreichen meiner wichtigsten Ziele notwendig sind.**

Erwartungen

Engelbotschaft: **Von einem Esel erwarte nur einen Tritt.**

Altes irisches Sprichwort

Die Weisheit dieses Sprichworts klingt ziemlich realistisch. Aber das Problem mit den Erwartungen ist, dass sie oft unrealistisch sind. Meist sind sie das Ergebnis unserer Hoffnungen, Wünsche und Projektionen. Wir wollen, dass die Leute so und so sind, also haben wir unsere eigene Vorstellung von ihrem Verhalten, was der sicherste Weg ist, am Schluss enttäuscht zu sein. Wenn Menschen unseren Erwartungen nicht entsprechen, ist das nicht ihr, sondern unser Fehler, denn wir haben etwas in ihnen gesehen, was sie nicht sind. Die Engel meinen, dass wir unsere Erwartungen in der Realität verankern und auf das gründen sollen, was wir sehen, nicht auf das, was wir sehen wollen. Auf diese Weise ersparen wir uns nicht nur Enttäuschungen, wir geben anderen auch die Freiheit und das Recht, sie selbst zu sein – egal ob Esel oder Engel.

Wenn Sie oft von anderen enttäuscht sind, können Sie darüber nachdenken, wie Ihre Erwartungen die Enttäuschungen vorprogrammieren. Wie könnten Sie das ändern? Bitten Sie die Engel, Ihnen zu helfen, realistischere Erwartungen zu haben und weniger an Ihren Vorstellungen über das Verhalten anderer Leute zu kleben.

Engelmeditation: **Ich sehe Menschen so, wie sie sind, und entwerfe für mich und sie positive, nicht enttäuschende Szenarien.**

Glaube

Engelbotschaft: »**Glaube ist das Ergriffensein von dem, was uns unbedingt angeht.**« *Paul Tillich*

Viele von uns verstehen nicht, was Glaube ist; sie verwechseln ihn mit einer Überzeugung oder dem starren Festhalten an religiösen Lehrsätzen. Aber Glaube geht über Vorstellungen oder Definitionen hinaus; er ist eine Erfahrung – im Grunde ein Ruf –, der uns aus dem Reich der Vernunft heraus- und in das Reich des inneren Wissens hineinführt. Das »Ergriffensein«, von dem der Theologe und Philosoph Paul Tillich spricht, gilt dem, was für den Menschen einen alles beherrschenden Wert besitzt, dem Objekt seiner spirituellen Leidenschaft, dem, was »ganze Hingabe erfordert«. In etwas, an das wir glauben, stecken wir unsere Energie. Wenn Sie glauben, dass Sie abnehmen werden, lenken Sie Ihre Energie auf dieses Ziel und wissen, dass Sie es erreichen werden. Wenn die Engel und ein engelgleiches Leben Ihr stärkstes Interesse wecken, lenken Sie Ihre Energie auf dieses Ziel; Sie haben keine Angst vor Enttäuschung, sondern erwarten, dass Sie es erreichen.

Wovon sind Sie ergriffen? In welchen Bereichen hätten Sie gern einen starken Glauben? Machen Sie sich klar, was Sie vom Leben wollen und welche Wünsche Sie haben. Lassen Sie dann Ihrer Fantasie freien Lauf, und stellen Sie sich vor, dass diese Wünsche in Erfüllung gehen; bitten Sie die Engel, Zweifel und Sorgen zu verbannen und Sie immer wieder mit Klarheit, positiver Energie und Hingabe zu erfüllen.

Engelmeditation: Ich glaube an die Liebe und Weisheit Gottes und vertraue darauf, dass die Engel mich mit ihnen in Verbindung bringen.

Freude

Engelbotschaft: **Durch Lebensfreude danken wir Gott am meisten.**

Die Fähigkeit zur Freude ist uns angeboren. Aber wie oft wird dieses Potenzial durch nagende Schuldgefühle erstickt? Wir müssten doch eigentlich arbeiten, uns Sorgen machen, etwas für unsere Fitness tun! Erst wenn wir alles abgehakt haben, was wir tun müssten, dürfen wir uns freuen. Diese Einstellung amüsiert die Engel, die natürlich wissen, dass die Müsste-Knebel nie aus unserem Leben verschwinden, solange wir nach der Devise »Erst die Arbeit, dann das Vergnügen« leben. Aber Freude ist keine Belohnung für abgehakte vermeintliche Pflichten: Sie ist eine notwendige Aktivität, die, wenn wir sie regelmäßig praktizieren, den Kontakt zur göttlichen Liebe aufrechterhält. Die Engel empfehlen, dass wir uns jeden Tag Zeit nehmen für die Freude, bis sie zu einem natürlichen Bestandteil unseres Lebens und unseres Umgangs mit anderen geworden ist. Wer weiß, vielleicht ist das am Ende unser größter Beitrag für die Menschheit.

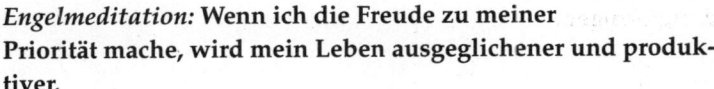

Um emotional und spirituell fit zu bleiben, können Sie jeden Tag Zeit für ein Freude-Training einplanen. Statt erst alle »Ich-müsste-noch«-Verpflichtungen aus dem Weg zu räumen, machen Sie als Erstes das, was Ihnen Spaß macht. Weigern Sie sich, deshalb Schuldgefühle zu haben, und registrieren Sie, wie Ihre Einstellung zum Leben sich zu verändern beginnt.

Engelmeditation: **Wenn ich die Freude zu meiner Priorität mache, wird mein Leben ausgeglichener und produktiver.**

Zufriedenheit

Engelbotschaft: **Es könnte alles noch schlimmer sein.**

Die Engel definieren Zufriedenheit anhand der folgenden kleinen Geschichte: Ein Mann verliert seinen Gehaltsscheck und sagt: »Gott sei Dank habe ich noch meinen Arbeitsplatz.« Er verliert seinen Arbeitsplatz und sagt: »Gott sei Dank habe ich noch mein Haus, das abbezahlt ist.« Er verliert sein Haus und sagt: »Ich danke Gott für meine wunderbare Frau.« Er verliert seine Frau und sagt: »Gott sei Dank bin ich noch am Leben.« Er stirbt im Schlaf und sagt: »Gott sei Dank bin ich friedlich eingeschlafen.« Das ist Zufriedenheit.

Mit welchen Dingen in Ihrem Leben sind Sie zufrieden? Welche positiven Aspekte haben Sie bisher nicht bemerkt? Achten Sie darauf, was passiert, wenn Sie sich jeden Tag ein bisschen Zeit nehmen, um einfach zufrieden zu sein.

Engelmeditation: **Ich kann mehr Freude anstreben und trotzdem mit dem zufrieden sein, was ich schon habe.**

Höflichkeit

Engelbotschaft: **Höflichkeit kann viel bewirken.**

Höflichkeit bedeutet, dass wir uns liebenswürdig, kultiviert und korrekt verhalten. Unangenehme Situationen, in denen wir zum Freundlichsein eigentlich gar keine Lust haben, lassen sich dadurch entschärfen, dass wir bewusst höflich sind. Wenn Sie mit einem Menschen zusammen sind, der Sie nervt oder dessen Lebensweise Sie abstößt, können Sie versuchen, besonders höflich zu sein. Das fällt Ihnen am Anfang vielleicht schwer, aber je mehr Sie es trainieren und sehen, wie verblüffend es wirkt, desto mehr Spaß wird es Ihnen machen. Der Effekt entsteht dadurch, dass die Situation entspannt und moderat bleibt, egal was passiert – und wer könnte Ihnen das vorwerfen? Engel lieben höfliche Gesten und sorgen bei Bedarf immer für eine Extraportion Humor. Wenn Sie Höflichkeit für etwas Verlogenes halten, können Sie daran denken, dass Sie außerdem reichlich Gelegenheit haben, mit lieben Menschen wirklich Sie selbst zu sein. Wenn Sie es mit der Höflichkeit versuchen, sie aber nicht zu wirken scheint, setzen Sie das Nächstbeste ein – Ihre Füße –, und gehen Sie weg.

Probieren Sie es, wenn Sie mit unangenehmen Menschen zusammen sind, einmal mit Höflichkeit. Wenn ein konfliktträchtiges Thema aufkommt, schließen Sie sich der Meinung der anderen an. Wenn jemand Ihnen eine Bosheit hinknallt, registrieren Sie sie, bedanken Sie sich für sie und bieten Sie dann eine Tasse Tee an. Denken Sie daran, dass Sie sich langfristig besser fühlen, wenn Sie jemanden durch Freundlichkeit entwaffnen, als wenn Sie eine sarkastische oder wütende Bemerkung von sich geben, die nur vorübergehend die Wogen glättet. Bitten Sie die Engel, Ihnen zu helfen, sich in allen Situationen wohl zu fühlen.

Engelmeditation: **In Situationen, die wegen des Verhaltens anderer außer Kontrolle geraten, bin ich am ehesten ich selbst, wenn ich negativer Energie durch Höflichkeit die Spitze nehme.**

Ihre Frage bitte

Engelbotschaft: **Mit Fragen suchen wir nach Informationen oder einer Antwort.**

Wir alle haben ganz persönliche Fragen an das Leben und müssen lernen, mit ihnen zurechtzukommen und auf die Informationen zu achten, die Puzzlestücke zu einem Ganzen zusammenfügen. Die Antworten und Informationen, nach denen Sie suchen, kommen auf vielen interessanten Wegen zu Ihnen, vor allem wenn Engel in Ihrem Leben aktiv sind. Jeder Mensch, dem Sie begegnen, jedes Problem, auf das Sie stoßen, und auch Ihre Alltagserfahrungen bringen Ihnen Antworten auf Ihre Suche. Die Engel haben die Antworten auf viele unserer Fragen, und wenn wir sie entdecken, sind wir möglicherweise sehr überrascht.

Es gibt eine Frage, die nur Sie stellen können: die Frage nach dem Sinn Ihres Lebens hier auf Erden. Haben Sie keine Angst, diese Frage zu stellen. Suchen Sie die Antworten in Ihren Träumen, in der Schönheit der Wolken und überall da, wo gute Bücher verkauft werden. Spielen Sie mit den Informationen, leben Sie mit Ihren Fragen und lassen Sie sich von jeder neuen Antwort zu einer neuen Frage führen. Auf diese Weise bleibt Ihr Denken immer jung.

Engelmeditation: **Ich werde nie aufhören, meine Fragen zu stellen.**

Kondition

Engelbotschaft: **Die Engel geben unserem Geist Kondition.**

Kondition bezieht sich nicht nur auf die körperliche, sondern auch auf die moralische Ausdauer. Körperliche Kondition entsteht in einem Organismus, der gut versorgt wird und in dem die Energie ungehindert zirkuliert. Moralische Kondition entsteht, wenn wir uns gut um unser Denken kümmern, und auch durch die Engel. Die Engel sind die Energieleitung, die uns Kondition zuführt. Wenn wir Kondition haben, können wir eine moralische oder körperliche Anspannung längere Zeit halten, ohne dass uns die Puste ausgeht. Sobald Kraft und Moral im Keller sind, haben wir keine Kondition mehr, und alles wird zu einer Strapaze. Wenn Sie in Ihrem Leben alles möglichst einfach halten, haben Sie die Kondition, die Sie brauchen, um Großes zu vollbringen.

Kondition entsteht durch das Wissen um unsere Leistungsfähigkeit und die Beachtung der Signale, die Körper, Geist und Seele uns über den richtigen Zeitpunkt zum Aufgeben senden. Wenn wir mehr tun, als unsere Kondition erlaubt, leidet alles, was wir tun. Ein Schlüssel für mehr Kondition ist ein einfaches, bewusstes Leben. Es schadet auch nie, die körperliche und moralische Fitness zu trainieren.

Engelmeditation: **Wenn ich einfach und mit viel Engelliebe lebe, bringe ich die Energie hervor, die ich brauche, um mein Bestes zu geben.**

Kinder

Engelbotschaft: **Ein kleines Kind wird Sie führen.**

Es heißt, dass Kinder den Engeln am nächsten sind, weil sie sich noch an diese himmlischen Wesen erinnern. Viele Menschen glauben, dass Kinder deshalb so oft Engelerfahrungen haben, weil sie vor ihrer Geburt mit den Engeln zusammen waren; ihr Denken und ihre Seele, von Skepsis und Zynismus noch nicht entstellt, sind für ihre alten Freunde immer noch empfänglich. Die Engel wollen, dass wir Kinder so behandeln wie sie – dass wir ihre reine Weisheit respektieren, die Entfaltung ihrer Fantasie fördern und ihre Individualität achten. Denn unsere Kinder gehören uns nicht. Sie sind weder unser Besitz noch unsere Sozialversicherung. Wir sind hier, um sie zu lieben, sie anzuleiten und von ihnen zu lernen – und sie loszulassen, wenn der Zeitpunkt gekommen ist.

Inwiefern könnten die Kinder, die Sie haben oder kennen, den Engeln nahe sein? Was können Sie von ihnen in punkto Unbekümmertheit, Neugierde, Spaß, Ehrlichkeit, Fantasie und anderen Engeleigenschaften lernen?

Engelmeditation: **Wenn ich zu meinen Kindern – und dem Kind in mir – eine engere Verbindung aufbaue, komme ich den Engeln näher.**

Gebet

Engelbotschaft: **»Du kannst Gott durch Gebete nur dann erreichen, wenn du alles Negative aus deinem Verstand verbannst…
und ihn mit Gedanken der Liebe, des Dienens und der freudi-
gen Erwartung füllst.«** *Paramahansa Yogananda*

Zahllose Bücher erklären, was Beten ist und wie wir beten sollen.
Soll es in der Glaubensgemeinschaft oder im privaten Rahmen
geschehen? Dürfen wir im Gebet um etwas bitten, oder ist
das egoistisch? Sollen wir um Wunder bitten oder nur um
das, was Gott für uns will? All diese Fragen sind berechtigt, aber für die Engel ist das Gebet in erster Linie ein
kreatives Instrument, um mit Gott und dadurch mit unserem höheren Selbst zu kommunizieren. Wie und wo
wir beten, ist unsere Sache. Vielleicht haben wir besondere Anliegen, die wir Gott mitteilen wollen. Vielleicht
wollen wir über die Bibel oder einen Aspekt des
Göttlichen nachdenken. Vielleicht wollen wir in
einer Kirche oder einer Synagoge beten, im Wald,
am Strand oder im Schlafzimmer. Die vom Beten
begeisterte Frances Gardener behauptete, am besten
würde sie in der Badewanne beten! Wichtig ist, dass das
Gebet eine positive Kraft ist, die uns Energie gibt und uns der be-
seligenden Liebe Gottes näher bringt.

*Treffen Sie sich mit den Engeln zum Gebet. Laden Sie Ihren Schutz-
engel und alle anderen Engel dazu ein, die Sie dabeihaben wollen. Beten
Sie so, wie Sie wollen, und achten Sie auf alle Bilder, Worte und Gedanken, die Ihnen kommen.*

Engelmeditation: **Durch Beten lernen Gedanken, Herz, Geist
und Seele die göttlichen Wahrheiten kennen, die Freude, Klarheit und Frieden bringen.**

Spiritueller Treibstoff

Engelbotschaft: **Licht ist unser spiritueller Treibstoff. Je mehr Licht unsere Seele ausstrahlt, desto näher kommen wir dem Himmelreich.**

Die Prägung unserer Seele, die Quintessenz unseres Wesens, ist eine Variable des Lichts. Es heißt, Gottes Wort sei Licht auf unseren Wegen. Gott und die Engel werden oft mit Licht in Verbindung gebracht. Wenn Menschen Engel »sehen«, erleben sie in Wirklichkeit göttliches Licht. Echtes Engelbewusstsein bedeutet, dass wir das Licht in unsrem Kopf anmachen, unser Leben ins Licht bringen und im Licht der Wahrheit leben. Entscheidungen, die wir aus Liebe treffen, verstärken unser Licht; Entscheidungen, bei denen die Angst Pate stand, verfinstern es. Unsere Lichtfrequenz hängt von unseren bewussten spirituellen Entscheidungen ab. Je erhabener sie sind, desto höher ist die Lichtfrequenz, die wir ausstrahlen.

Wenn wir in irgendeiner Situation Kraft und spirituellen Treibstoff brauchen, hilft die Konzentration auf das Licht, das in uns ist. Meditieren Sie über das Licht, aus dem Ihr Drittes Auge besteht. Sehen Sie das Licht in Ihrem Kopf und lernen Sie, es zu steuern. Wir können es durch unser ganzes Wesen lenken und es in so hohe Schwingungen versetzen, dass wir für andere, die nicht vor Liebe und Licht vibrieren, unsichtbar werden. Wenn Sie meinen, dass alles möglich ist, werden Sie sicher auch gern glauben, dass Sie Ihre Schwingungen soweit erhöhen können, dass Sie einen Blick ins Engelreich werfen können.

Engelmeditation: **Licht ist mein spiritueller Treibstoff. Ich tue das, was mein Licht vermehrt und mich dem Himmel näher bringt.**

Fülle

Engelbotschaft: **Wahre Fülle besteht darin, die Fülle in dem zu sehen, was wir schon haben.**

Die Philosophie jeder Bank lässt sich auf ein altes Sprichwort reduzieren: »Was dein ist, ist mein, und was mein ist, gehört nur mir.« Die Engelbank indes arbeitet nach dem Grundsatz, dass es im Universum einen endlosen Vorrat an Fülle gibt, der jedem gehört. Die Fülle kann man jeden Tag wahrnehmen – von der Schönheit und Majestät der Erde bis hin zu den verschiedenen kleinen und großen Reichtümern, die wir durch unser bloßes Lebendigsein angesammelt haben. Und durch Bewusstsein, Wertschätzung, Fantasie, Disziplin und frohe Erwartung – die bei der Bank von Engelland gebührenfrei abgehoben werden können – können wir Fülle hervorbringen, wann immer wir sie brauchen. Natürlich sehnen wir uns manchmal nach Fülle oder beneiden andere um sie. Für Engel ist das in Ordnung, denn sie wissen, dass alle Menschen sich hin und wieder frustriert und benachteiligt fühlen – solange, bis sie die Fülle akzeptieren, die sie schon haben, und sie mit ihrer inneren Kraft weiter vermehren.

Überlegen Sie, was Sie in Ihrem Leben bereits im Überfluss haben – Liebe, gute Freunde, Fähigkeiten, Gesundheit, ein schönes Zuhause. In welchen Bereichen hätten Sie gern das Gefühl von mehr Fülle? Schließen Sie die Augen, atmen Sie tief, und sehen Sie, wie der Überfluss die entsprechenden Bereiche überschwemmt und Ihnen Ideen zur Verwirklichung dieser Vision zufließen lässt.

Engelmeditation: **Vor mir steht eine reich gedeckte Tafel mit köstlichen Gerichten, die von den Engeln zubereitet wurden. Ich habe nur deshalb das Gefühl, dass mir etwas fehlt, weil ich die Möglichkeiten des Lebens nicht gekostet habe.**

Inhalt steht unter Druck

Engelbotschaft: **Vorsichtig öffnen.**

Hatten Sie schon einmal das Gefühl, als würde der Inhalt Ihres Lebens Ihnen vor die Füße gekippt? Als wäre alles, an das Sie geglaubt haben, alles, auf das Sie angewiesen waren, plötzlich nicht mehr wahr? Wenn ja, haben Sie ein wunderbares Geschenk bekommen, denn jetzt können Sie entscheiden, was Sie behalten wollen und was Sie liegen lassen, damit es recycelt und transformiert werden kann. Vielleicht schleppen Sie ein paar Sachen schon viel zu lange mit sich herum, sodass das schwere Paket aufgebrochen ist und der Inhalt Ihres Lebens jetzt als Scherbenhaufen vor Ihnen liegt. Es ist, als würde das Leben uns ab und zu einen Stoß geben, damit ein paar der Dinge abfallen, auf die wir uns zu sehr fixiert haben. Wenn so etwas wieder passiert, können Sie die Engel bitten, Ihnen beim Einsammeln der Einzelteile zu helfen.

Es empfiehlt sich, das, was wir mit uns herumschleppen, immer wieder einer Bestandsaufnahme zu unterziehen, bevor es uns vor die Füße gekippt wird. Überlegen Sie, welche Bereiche Ihres Lebens unter Druck stehen und wie Sie ihn reduzieren oder ganz abbauen könnten. Die Engel wollen, dass Sie Ihre Last leichter machen und ein bisschen unbeschwerter werden.

Engelmeditation: **Ich versuche, den Druck in meinem Leben auf natürliche Weise abzubauen.**

Sich um die Seinen kümmern

Engelbotschaft: **Die Engel kümmern sich um die ihren.**

In Kursen, in denen Werte geklärt werden sollen, taucht oft die Frage auf, wen Sie vor einem tödlichen Unfall bewahren würden, wenn Sie drei Möglichkeiten hätten. Erstens könnten Sie fünfhundert Leute in einem Flugzeug retten, die Sie nicht kennen und die über den ganzen Globus verstreut wohnen; zweitens zwanzig Personen in einem Bus, die aus einem Ort in Ihrer Nähe stammen und die Sie wahrscheinlich nicht kennen; oder drittens einen Familienvater in seinem Auto, den Sie gut kennen. Das Dilemma bei dieser Spekulation ist vorprogrammiert. Die meisten entscheiden sich für das Flugzeug, weil dabei die meisten Leute gerettet werden. Es gibt auf diese Frage keine richtige Antwort, aber am seltensten wird der Vater in seinem Auto erwähnt. Wenn wir beschließen würden, ihn zu retten, würde das bedeuten, dass wir uns um die Unseren kümmern. Wenn jeder das täte, würde die Lebensqualität sich enorm verbessern, und das Leben bekäme einen größeren Wert.

Eine moderne Redensart lautet: »Denke global, handle lokal!« Denken wir unter diesem Gesichtspunkt über das obige Dilemma nach. Wie würden Sie entscheiden? Kümmern Sie sich um die Ihren? Das ist vielleicht kein Zuckerschlecken, vor allem wenn nicht alle Menschen in Ihrem Umfeld zu Ihren Favoriten gehören. Erkennen Sie, wer die Ihren sind, und kümmern Sie sich zuerst um sie. Die Engel lassen uns nicht im Stich, wenn wir sie brauchen und gleichzeitig etwas Bedeutenderes geschieht; die Engel kümmern sich um die ihren.

Engelmeditation: **Ich erkenne, wo ich am meisten gebraucht werde. Ich kümmere mich nicht um die Meinung der Allgemeinheit oder um Zahlen und versuche, die Lebensqualität vor meiner eigenen Haustür zu verbessern.**

Qualität

Engelbotschaft: **Wer glaubt, dass die Dummen nicht aussterben, ist dumm.**

Der Zirkusdirektor Phineas Taylor Barnum dachte, er hätte einen Finger am Puls der menschlichen Psyche, als er seine berühmte Bemerkung machte, dass die Dummen nicht aussterben. Die Welt, die er erschuf, entsprach dieser Überzeugung. Er gab dem vermeintlich dummen Publikum die »größte Schau auf Erden« und lachte über die Leichtgläubigkeit der Menschen. Barnums Einstellung zum Publikum lebt in den heutigen Medien weiter, die entschieden haben, dass die Menschen Sensationen und nicht Qualität wollen, und die uns deshalb Geschmacklosigkeiten und Mittelmäßigkeit ohne Ende auftischen. Aber die Qualität kann und muss an erster Stelle stehen, und wenn Menschen das Beste bekommen, reagieren sie darauf und erreichen eine höhere Bewusstseinsebene. Die Engel sehen uns Menschen nicht als Dummköpfe, sondern als Suchende, und sind stets bereit, uns mit unserem höheren Selbst zu verbinden.

Was halten Sie von Qualität? Verlangen Sie von und für sich und andere das Beste? Oder wählen Sie manchmal den einfachen Weg und opfern Sie die Qualität einer mittelmäßigen Ruck-zuck-Lösung?

Engelmeditation: **Ich verlange von der Welt das Beste, und ich gebe ihr mein Bestes.**

Drachen

Engelbotschaft: **Drachen sind Boten der Weisheit.**

Für die westliche Kultur sind Drachen böse Geschöpfe, vor denen man Angst haben muss. In den östlichen Kulturen sieht man das ganz anders. Für die Chinesen etwa sind Drachen gute, nützliche Wesen. In der tibetischen Kultur verkörpern Drachen das Unergründliche – die stille Kraft unerschütterlicher Intelligenz und das felsenfeste Vertrauen auf den eigenen Platz in der Welt. In unserem Leben können Drachen für die Aspekte von uns stehen, die wir am liebsten vermeiden oder zerstören würden. Diese Aspekte können sich als Drachen verkleiden und dann als Menschen oder Probleme in unser Leben treten, die uns verfolgen und uns ordentlich zusetzen. Es kann auch sein, dass diese Aspekte sich in Dingen zeigen, die wir tun oder nicht tun und für die wir uns schämen. Aber da wir keinen Aspekt von uns je wirklich zerstören können, müssen wir irgendwann unseren Drachen ins Auge sehen. Wenn wir versuchen, Aspekte von uns zu leugnen oder zu unterdrücken, geben wir ihnen nur mehr Macht. Aber wenn wir zugeben, dass wir vor bestimmten Aspekten in uns Angst haben, und sie dann einfach als das akzeptieren, was sie sind, können wir anfangen, sie zu verstehen und zu zähmen. Die Engel bieten uns ihre Hilfe beim Drachenzähmen an. Sie wollen, dass wir erkennen, dass die Drachen unsere Freunde und Lehrer werden, wenn wir ihnen ins Auge sehen.

Stellen Sie sich einen Drachen vor oder zeichnen Sie ihn; er steht stellvertretend für alle Drachen in Ihrem Leben. Betrachten Sie Ihren Drachen dann als ein ganz besonderes Haustier, das enorme Kraft hat und Ihnen helfen kann, jede Situation zu verstehen und zu meistern.

Engelmeditation: **Wenn ich mich mit meinen Ängsten auseinander setze, nehme ich ihnen ihre Macht über mich.**

Zukunft

Engelbotschaft: **Die Zukunft braucht Sie nicht in Angst und Schrecken zu versetzen.**

Die Zukunft ist die Zeit, die nach der Gegenwart kommt. Sobald Sie über sie nachdenken, sind Sie schon in ihr. Die Zukunft der Menschen sieht zurzeit ziemlich düster aus, vor allem in den Ländern der Dritten Welt. Es gibt ein paar Vorhersagen für kurzfristige Veränderungen auf der Erde, aber sie sind nicht besonders günstig. Die meisten futuristischen Szenarien zeigen Menschen, die wie Computer handeln, und preisen die Technik als Retter. Aber wollen wir das? Denken Sie über Ihren Traum von der Zukunft nach! Fixieren Sie sich nicht auf ihn, und vergessen Sie nicht, dass die Engel jetzt ein wichtiger Teil Ihrer Zukunft sind.

Machen Sie Ihre Zukunft mit Engellicht ein bisschen heller. Das Gegenteil von düster ist fröhlich, glücklich, bunt, heiter, lebendig. Es gibt keinen Grund, weshalb Ihre Zukunft düster sein sollte. Statistiken sind dumme Erfindungen von Menschen, die nach bestimmten Ergebnissen suchen. Geben Sie nichts auf Statistiken; vertrauen Sie der Zukunft des Lebens.

Engelmeditation: **Ich sehe der Zukunft mit frohem Herzen und zuversichtlichem Geist entgegen.**

Begleiter

Engelbotschaft: **Ihr Schutzengel ist Ihr Begleiter; Sie beide gehören zusammen.**

Wenn Gott Sie ansieht, sieht er zwei Wesen: Sie und Ihren Schutzengel. Ihr Schutzengel ist Ihr spiritueller Reisebegleiter durchs Leben. Ein Begleiter geht mit uns durch dick und dünn, er ist bei der Arbeit und in der Freizeit an unserer Seite. Er ist ein willkommener Freund, der bei uns ist, damit das Leben einfacher wird. Unsere Schutzengel sind wahre Lebensgefährten. Wenn wir die Engel als Begleiter haben und uns als spirituelle Wesen mit menschlicher Erfahrung sehen, können wir hier auf Erden wahre Freunde sein.

Ihr Schutzengel kennt Sie von Anfang an. Er weiß, wozu Sie auf die Erde gekommen sind. Die Ziele, die Sie sich gesetzt haben, bevor Sie den großen Sprung in Ihren gegenwärtigen Körper getan haben, sind Ihrem Engel immer präsent. Wenn Sie Ihren Schutzengel kennen lernen, lernen Sie sich selbst kennen. Denken Sie über Ihre Beziehung zu Ihrem Schutzengel so nach, als würde es sich um irgendeine andere Beziehung handeln. Wodurch wird diese Beziehung gefördert? Welche natürlichen Phasen durchläuft sie? Wie jede andere Beziehung auch verlangt die Beziehung zu Ihrem Schutzengel Respekt und Gegenseitigkeit.

Engelmeditation: **Ich freue mich über die Begleitung meines Schutzengels und respektiere unsere besondere Beziehung.**

Blockaden

Engelbotschaft: **Wir müssen anderen das Recht zugestehen, unsere Liebe nicht anzunehmen.**

Manchmal wenden wir viel Energie auf, und es scheint, dass sie nicht zurückgegeben wird. Wir versuchen, einen bestimmten Menschen zu erreichen – seine Aufmerksamkeit, seine Dankbarkeit oder seine Liebe zu bekommen –, nur um ignoriert oder rundweg abgewiesen zu werden. In solchen Fällen raten die Engel, die ganze Sache etwas distanzierter zu sehen und zu prüfen, warum wir Menschen unser Bestes geben, die weder bereit noch willens sind, es anzunehmen. Liebe und Verbundenheit können wir nur haben, wenn der andere dasselbe will und für unsere Energie offen ist. Wenn es in einer Beziehung immer wieder zu psychischen Blockaden kommt, müssen wir als Erstes unsere Energie von ihr abziehen, damit sie wieder Luft bekommt und wir heil werden können. Als Nächstes müssen wir die Verbindung zu unserer eigenen Mitte wieder herstellen und uns sagen, dass wir wertvoll und okay sind und das Recht auf wirklich liebevolle Beziehungen haben.

Sind Ihre Beziehungen im Allgemeinen erfüllend oder frustrierend? Geben sie Ihnen Energie, oder ziehen sie Energie von Ihnen ab? Gibt es in Ihrem Leben jemanden, der die Energie, die Sie ihm schicken, nicht annimmt? Wenn ja, fragen Sie sich, warum Sie weiterhin Ihre Energie abgeben, und gestehen Sie dem anderen das Recht zu, sie nicht anzunehmen. Suchen Sie sich einen besseren Adressaten für Ihre Mühe.

Engelmeditation: **Ich lüfte das Geheimnis eines angemessenen Gebens und Nehmens in Beziehungen.**

Vergebung

Engelbotschaft: **Vergeben Sie sich, dann vergeben Sie anderen; vergeben Sie anderen, dann vergeben andere Ihnen.**

Ein Kraftprotz hat einmal gesagt: »Ich begrabe mein Kriegsbeil, aber ich vergesse nie wo!« Die Engel wollen uns begreiflich machen, dass Vergeben und Vergessen nicht dasselbe sind. Sie drängen uns, uns nicht auf das zu fixieren, was uns angetan wurde, und unsere Wahrnehmung zu schärfen, damit es uns nicht wieder passiert. Weil Vergebung immer damit zu tun hat, dass wir die kraftraubenden Gefühle Wut, Verletztheit und Rache loslassen, profitieren wir letztlich von ihr. Wenn wir darauf hoffen, dass jemand, der uns verletzt hat, positiv auf uns reagiert, besteht die Gefahr, dass wir uns weiter an ihn binden. Wenn wir wirklich vergeben, lassen wir einfach los – unsere Entrüstung, den anderen und auch unseren Wunsch, die Situation zu steuern. Wenn wir das tun, schließen wir uns der göttlichen Putzkolonne an – wir helfen den Engeln, Bitterkeit und Groll zu beseitigen, sodass Glück und Frieden wie ein klarer Strom durch uns hindurchfließen.

Denken Sie an eine quälende psychische Verletzung. Bitten Sie die Engel, Ihnen zu helfen, von Ihrer Entrüstung wegzukommen, Ihrem Peiniger zu vergeben und Sie zu neuen Ufern zu führen. Machen Sie sich keine Sorgen, wenn Sie nicht sofort verzeihen können. Lassen Sie einfach los, dann erledigen die Engel den Rest.

Engelmeditation: **Vergebung ist der sicherste Weg zu dem Seelenfrieden, den die Engel mir wünschen.**

Altar

Engelbotschaft: **Ein Engelaltar kann die Aufmerksamkeit bündeln und Sie jedes Mal, wenn Sie ihn sehen, daran erinnern, wie viel Liebe und Hilfe die Engel Ihnen geben.**

Ein Altar ist ein heiliger Ort, mit dem wir etwas Bestimmtes verbinden. Viele von uns haben bei sich zu Hause einen Altar, auch wenn uns das gar nicht klar ist. Das kann ein besonderer Ort sein, an dem Sie Dinge sammeln, zum Beispiel Familienfotos, die Ihnen wichtig sind. Manche von uns haben Altäre, die einem großen Lehrer gewidmet sind. Altäre bündeln die Aufmerksamkeit; sie können so groß wie eine Kathedrale oder so klein wie ein Bild sein. Das Wichtigste bei einem Altar ist das, womit wir ihn verknüpfen, das, was ihn für uns zu einem Heiligtum macht. Viele Menschen, die im Engelbewusstsein leben, richten einen speziellen Altar ein, der sie an die Engel erinnert.

Es macht Spaß, einen Altar einzurichten. Lassen Sie Ihre Fantasie spielen. Denken Sie an ein paar Dinge, die für Sie besondere Bedeutung haben. Suchen Sie eine Stelle in Ihrer Wohnung, an der Sie diese Dinge so anbringen, dass es Ihnen ins Auge fällt und Sie inspiriert. Ein (Bücher-)Regal, die Oberfläche einer Kommode, ein kleiner runder Tisch, ja sogar das Fensterbrett sind für Ihren Altar geeignet. Heiligen Sie ihn durch eine Zeremonie. Zünden Sie eine Kerze an und laden Sie die Engel ein, die Energie zu genießen, die Sie mit ihnen zusammen erzeugen.

Engelmeditation: **Ich habe eine besondere Verbindung zu den Engeln und errichte ihnen in meinem Herzen einen Altar, um ihre Liebe zu honorieren.**

Mond

Engelbotschaft:
Gelobt seist du, Herr, durch Bruder Mond
und die Sterne.
Durch dich funkeln sie am
Himmelsbogen
und leuchten köstlich und schön...

Franz von Assisi

Der Mond ist ein Symbol für das intuitive, mediale Selbst. Der in die Schatten der Nacht gehüllte Mond, der seinerseits die Dunkelheit erhellt, erinnert uns an das geheime, machtvolle Wissen in uns; wenn wir darauf achten, kann es das Unbewusste ans Licht bringen und unseren irdischen Pfad erleuchten. Mythologisch und metaphysisch steht der Mond für Intuition, Empfänglichkeit und den Wunsch nach Harmonie und Ganzheit. Anders als die Sonne ändert er ständig seinen Charakter; im Verlauf seiner verschiedenen Phasen zeigt er sich uns voll, teilweise oder gar nicht. Der Blick auf den Mond verweist also auf die geheimnisvolle Einheit von Licht und Finsternis, Sichtbarem und Unsichtbarem, Bekanntem und Unbekanntem. Diese Einheit findet ihren Widerhall in den tiefsten Winkeln unseres ständig sich ändernden, auf immer geheimnisvollen Selbst.

Wie sehen Sie den Mond? Schreiben Sie ein paar Bilder und Formulierungen auf, die Ihnen einfallen. Könnte es sein, dass sie wie ein Spiegel zeigen, wie Sie Ihr inneres Selbst wahrnehmen? Versuchen Sie das nächste Mal, wenn Sie den Mond ansehen, einen Augenblick lang eins mit ihm zu werden, sein Wesen zu erspüren. Registrieren Sie, welche Bilder und Gefühle auftauchen, wenn Sie anfangen, sich für den intuitiven Teil Ihres Wesens zu öffnen.

Engelmeditation: Ich bin im Einklang mit meinem inneren Wissen.

Günstige Gelegenheit

Engelbotschaft: **Günstige Gelegenheiten sind ständige Begleiter auf dem spirituellen Weg.**

Günstige Gelegenheiten sind die Zeiten in unserem Leben, in denen wir vor einer Entscheidung stehen, die Umbrüche mit sich bringt. Sie bergen für uns die Chance, uns positiv zu verändern. Wenn wir uns von allen verlassen fühlen, haben wir die Gelegenheit, Selbstvertrauen zu entwickeln. Wenn wir ganz unten sind und das Gefühl haben, nicht mehr weiterzuwissen, haben wir die Chance, etwas über die erstaunliche Kraft des Gebets und der Hingabe an eine höhere Macht zu lernen. Vor großen Krisen sind die Engel immer in unserer Nähe. Wenn Sie das nächste Mal in Ihrem Leben an einem Scheideweg stehen, können Sie daran denken, dass Sie eine wunderbare Gelegenheit bekommen haben, sich enger mit den Engeln zu verbinden und Ihr Leben zu verwandeln.

Denken Sie an Ihr Leben zurück und rufen Sie sich die günstigen Gelegenheiten ins Gedächtnis, die sich Ihnen geboten haben. Haben Sie sie am Schopf gepackt und etwas aus ihnen gemacht? Oder haben Sie die Chance vertan und müssen jetzt die Lektion wiederholen?

Engelmeditation: **Ich begrüße die Chance, die all meine Erfahrungen mir bieten.**

Vorwürfe

Engelbotschaft: **Aus der Sicht der Engel sind Vorwürfe zwecklos.**

Wenn etwas passiert, das uns nicht gefällt, sind wir mit Vorwürfen schnell bei der Hand. Aber haben sie schon jemals etwas Positives bewirkt? Löst es die gesellschaftlichen Probleme, wenn wir der Regierung die vielen Missstände vorhalten? Ist es fair, andere dafür verantwortlich zu machen, dass wir unglücklich sind, wenn sie doch nur ihr eigenes Leben leben? Die Engel treten für ein Leben ohne Gardinenpredigten ein. Das bedeutet, dass wir weder anderen die Ohren lang ziehen, noch mit uns selbst hadern – ein ziemlich deprimierender und unproduktiver Zeitvertreib. Vorwürfe sind eng mit einem anderen nutzlosen und völlig engelfremden Zustand verbunden: Schuldgefühlen. Die Engel ermutigen uns stattdessen, für unser Glück oder Unglück selbst die Verantwortung zu übernehmen. Wenn die Dinge in unserem Leben nicht in die gewünschte Richtung laufen, können wir den Stier bei den Hörnern packen und mit Einfallsreichtum die Situation verändern. Wenn wir absichtlich oder unabsichtlich etwas falsch gemacht oder jemanden verletzt haben, können wir dafür die Verantwortung übernehmen – wir geben das, was wir getan haben, nicht nur zu, sondern versuchen auch zu verstehen, was uns dazu getrieben hat und was wir aus der Erfahrung lernen können.

Für Engel sind Vorwürfe genauso störend wie Hustenanfälle für Konzertbesucher. Und weil Sie die Engel ja sicher nicht ärgern wollen, sollten Sie sich das nächste Mal, wenn Sie am liebsten ein ordentliches Donnerwetter loslassen möchten, um Verständnis und eine angemessene Reaktion bemühen. Sie werden sich wundern, wie konstruktiv Ihre Bemerkungen nach kurzer Zeit werden.

Engelmeditation: **Meine Mittel gegen Vorwürfe und Schuldgefühle sind Achtsamkeit und Verständnis.**

Licht

Engelbotschaft: **Machen Sie Ihr Leben zu einem Engelkuchen – süß und leicht.**

Die Engel werden als Lichtwesen beschrieben, was auf verschiedene Weise richtig ist. Ihre leuchtenden Heiligenscheine symbolisieren den Himmel, wo Licht und Wahrheit regieren und die Finsternis keinen Zutritt hat. Sie strahlen das Licht göttlicher Liebe und Weisheit aus, erhellen unser Bewusstsein und erleuchten uns. Das englische Wort für Licht, *light*, hat aber noch eine zweite Bedeutung: leicht. Das heißt, Engel sind leicht, gewichtslos; sie sind freie Geister, die sich mühelos in alle Regionen des Universums aufschwingen. Entsprechend unbeschwert sind sie – sie bringen Humor und Spaß in unser Leben und machen uns klar, dass Gott nicht nur Liebe, sondern auch Freude ist.

Denken Sie über den Zusammenhang zwischen den Wörtern Licht *und* leicht *nach. Wie können Sie engelähnlicher werden, also anderen das Licht der Liebe und Einsicht bringen, die schwere Last aus Sorgen und Trübsal durch Hoffnung und Vertrauen ersetzen und auf all Ihren Wegen Lachen und Leichtigkeit verbreiten?*

Engelmeditation: **Wie die Engel bin ich ein Wesen aus Licht.**

Unkonventionell

Engelbotschaft: **Die Engel sind alles andere als konventionell.**

Wenn wir überkommenen Bräuchen folgen, die sozialen Spielregeln einhalten, den Gesetzen gehorchen, möglichst kein Aufsehen erregen und keine negativen Schlagzeilen liefern, plätschert unser Leben bequem und vorhersehbar dahin: Das nennt man Sicherheit. Natürlich ist Sicherheit nichts Schlechtes, aber wenn sie zu Selbstzufriedenheit wird, lassen wir uns etwas entgehen, das ein natürlicher Teil des Lebens sein sollte: die Entdeckerfreude. Denn von Haus aus sind wir unkonventionell. Als Kleinkinder fanden wir es viel zu aufregend, uns selbst zu entdecken, als dass wir uns um Konventionen geschert hätten. Schon ein kleines bisschen unkonventionell sein hilft uns daher, den verlorenen Kontakt zu erfreulich spontanen Zügen von uns wiederherzustellen. Dann ist das Leben kein abgepacktes Tiefkühlgericht mehr, sondern ein Abenteuer in exotischer Kochkunst. Wir sehen die Dinge aus einem anderen Blickwinkel; unser Verstand wird gefordert und kann sich frei äußern. Und unsere Bereitschaft, uns neuen Möglichkeiten zu öffnen, ermutigt auch andere dazu, ihre bislang ungenutzte Kreativität zu erkunden.

Haben Sie schon einmal davon geträumt, unkonventionell zu sein, sich aber wegen gesellschaftlicher Normen oder der Erwartungen anderer nicht getraut? Wenn ja, erlauben Sie sich, ein paar bislang verborgene Aspekte zu äußern, und beobachten Sie, wie sich das auf Ihr Leben und Ihre Beziehungen auswirkt.

Engelmeditation: **Je mehr ich bereit bin, mein wahres Ich zu äußern, desto vertrauter werde ich mir und anderen.**

Genesung

Engelbotschaft: **Die Engel wollen, dass wir den göttlichen Seelenfrieden wieder finden, mit dem wir geboren wurden.**

Die meisten Süchte sind anfangs ein Versuch, den Seelenfrieden wiederherzustellen, enden aber mit dem genauen Gegenteil. Süchte sind nicht unbedingt eine Schwäche oder eine Krankheit; sie entstehen, weil wir unsere Probleme nicht mit unseren mentalen Fähigkeiten lösen und vergessen, dass wir die spirituelle Hilfe der Engel beanspruchen können. Mit ihnen als Genesungshelfern können wir unseren Seelenfrieden finden, was uns von Krankheit und Missbehagen befreit und uns in das unbeschwerte positive Leben hineinführt, das unser natürlicher Seinszustand ist.

Die meisten von uns hoffen am Beginn eines neuen Tages, dass er gut und positiv wird. Dieser Wunsch geht nicht immer in Erfüllung. Erkennen wir aber, dass wir mit unserer mentalen Kraft und Engelhilfe kleine Probleme schnell und umsichtig bewältigen können, stellt sich der Seelenfrieden schnell ein, wenn die Widrigkeiten des Lebens uns bombardieren. Wir können glückliche Momente schaffen, die nicht durch die Erinnerung an Krankheit und Schwäche belastet sind. Wachen Sie mit den Engeln auf und beschließen Sie, hinter allen Wendungen des Tagesablaufs Ihren Seelenfrieden wiederzufinden.

Engelmeditation: **Ich setze meinen Einfallsreichtum und die Engel ein, um die Schönheit und Wahrheit wiederzufinden, mit denen ich geboren wurde.**

Langeweile

Engelbotschaft: **Solange wir das Leben lieben, ist Langeweile für uns ein Fremdwort.**

Wenn wir Langeweile haben, wissen wir nicht, was wir tun sollen. Irrtümlich nehmen wir an, das Gegenmittel gegen Langeweile sei Geschäftigkeit. Aber für die Engel – die, nebenbei bemerkt, nie Langeweile haben – heißt das Heilmittel gegen Langeweile »Sein«. Solange wir leben, gibt es jeden Augenblick etwas, für das wir uns interessieren und an dem wir arbeiten können. Wirklich lebendig sein bedeutet, sich aktiv auf das Leben einzulassen. Das bedeutet nicht, dass wir wie ein Wirbelwind überall herumfegen, sondern dass wir uns dem Leben so nähern wie ein Liebhaber: Neugierig, begeistert, leidenschaftlich, Anteil nehmend und mit dem ständigen Wissen, dass wir für die Entfaltung oder Zerstörung anderer eine wichtige Rolle spielen. Langeweile dagegen entsteht, wenn wir dem Leben gegenüber passiv bleiben. Gelangweilte Menschen möchten unterhalten und zerstreut werden – sie flüchten vor sich und ihren irdischen Pflichten. Langeweile wird daher nicht durch Zerstreuungen kuriert, sondern durch die Bekanntschaft mit unserem Sein, unserer Arbeits- und Liebesbeziehung zum Universum.

Wenn Sie oft gelangweilt und rastlos sind, empfehlen die Engel, das Leben als Geliebten zu sehen. Was geben Sie beide sich? Was gefällt Ihnen am anderen? Was könnten Sie tun, damit die Beziehung aufregender und erfüllender wird? Ein sicheres Mittel gegen Langeweile ist der Kontakt mit der eigenen Kreativität. Bitten Sie die Engel, Sie zur Entdeckung der einmalig schönen Dinge zu führen, die Sie hervorbringen können, um Ihr Leben zu verbessern und sich mit Ihrem Sein zu verbinden.

Engelmeditation: **Wenn ich das Reich der Kreativität betrete, habe ich für Langeweile weder Zeit noch Lust.**

Im Körper bleiben

Engelbotschaft: **Im Körper lässt es sich gut leben.**

In gespannten, schwierigen Situationen tendieren wir manchmal dazu, unseren Körper zu verlassen. Das bedeutet nicht, dass wir eine Astralreise unternehmen; es bedeutet, dass die aktuelle Situation uns gegen den Strich geht und wir uns geistig von ihr verabschieden. Aber wenn unser Geist irgendwo anders herumschwirrt, kann der Körper die Gegenwart nicht bewältigen. Der Körper funktioniert am besten, wenn wir in ihm bleiben und gut für ihn sorgen. Wenn wir das, was in der Gegenwart passiert, akzeptieren, fühlt unser Geist sich im Körper wohl. Auch die Engel können uns besser schützen, wenn wir im Körper bleiben.

Bleiben Sie in der nächsten unbehaglichen Situation voll präsent. Bleiben Sie auch dann in Ihrem Körper, wenn Ihre Hände anfangen zu schwitzen und Sie am liebsten in Ohnmacht fallen würden; lassen Sie diese Empfindungen einfach vorübergehen. Sie werden nur selten wirklich zusammenklappen – und wenn doch, werden die Engel sich um Sie kümmern. Wenn Sie im Körper bleiben und sich fragen, wie Sie mit Ihren Schmerzen umgehen sollen, können diese sich verändern. Außerdem erleben Sie so die Gegenwart ganz bewusst, was auch eine Konzentrations- und Achtsamkeitsübung ist. Seien Sie jetzt hier.

Engelmeditation: **Ich liebe meinen Körper und ehre ihn dadurch, dass ich in ihm bleibe, egal was passiert.**

Mogeln

Engelbotschaft: **Wer mogelt, riskiert einen Schulverweis.**

Menschen betrügen sich auf alle möglichen Arten um ein authentisches Leben. Jedes Mal, wenn wir eine Angst umschiffen, betrügen wir uns um unsere Selbstachtung. Wenn wir unsere Werte verleugnen, betrügen wir uns um unsere Integrität, und mit dem hartnäckigen Festhalten an egoistischen Wünschen betrügen wir uns um die Liebe. Solche Mogeleien sind deshalb so attraktiv, weil Schwierigkeiten viel Blut, Schweiß und Tränen kosten. Und wenn wir ganz unten sind, meinen wir vielleicht, noch mehr Energieaufwand könnten wir uns nicht leisten. Vergessen Sie nicht, dass die Engel immer bei uns sind. Sie wollen uns begreiflich machen, dass unser Selbstbewusstsein in ungeahnte Höhen steigt, wenn wir uns nicht mehr durchs Leben mogeln. Wenn Sie Ihre Ängste und Schwierigkeiten nicht leugnen, sondern sich ihnen stellen, verlieren Sie sicher Blut, Schweiß und Tränen, aber dadurch entsteht Platz für viele lohnende, segensreiche Erfahrungen.

Betrügen Sie sich um Ihre Gesundheit, indem Sie zu viel trinken, essen oder rauchen, wenn es Ihnen psychisch nicht gut geht? Betrügen Sie sich um eine befriedigende Karriere, weil Sie einen leichten Job mit dickem Gehalt haben? Denken Sie daran, dass der leichte Weg langfristig ziemlich viele Scherereien machen kann. Halten Sie das nächste Mal, wenn Sie sich beim Mogeln ertappen, inne und bitten Sie die Engel um eine Portion Mut; sehen Sie dann der schmerzlichen Emotion, Angst oder Herausforderung ins Auge, und gewinnen Sie ein Stück Selbstachtung zurück!

Engelmeditation: **Mogeln ist etwas für Schwächlinge; ich gehe den Weg des Muts, auf dem die Segnungen der Engel auf mich warten.**

Erwünscht sein

Engelbotschaft: **Bei den Engeln sind Sie erwünscht.**

Alle Menschen wollen erwünscht sein. Das größte Geschenk, das Eltern ihrem Kind machen können, ist das Gefühl des Erwünschtseins. Alle materiellen und sozialen Privilegien werden nebensächlich, wenn ein Kind das Gefühl hat, nicht willkommen zu sein. Es ist in Ordnung, andere zu brauchen und sie um sich herum haben zu wollen. Und es ist schön, gebraucht zu werden und erwünscht zu sein. Entscheidend ist, dass wir uns bestimmte Bedürfnisse und Wünsche selbst erfüllen, bevor wir andere um Hilfe bitten. Ob sie uns diese Hilfe gewähren oder nicht, müssen wir ihnen überlassen; wenn wir definieren, was genau wir brauchen, hilft ihnen das bei der Entscheidung.

Haben Sie das Gefühl, erwünscht zu sein? Sie sind hier auf Erden erwünscht. Wenn Sie lernen, sich mit Ihren Bedürfnissen und Wünschen – und den Anforderungen anderer an Sie – wohl zu fühlen, gewinnen Sie mehr Klarheit über sich selbst. Die meisten Hilfsmittel, die Sie brauchen, um das Leben zu einer wundervollen Erfahrung zu machen, haben Sie in sich. Eine Ihrer kostbarsten Ressourcen ist Ihr Schutzengel.

Engelmeditation: **Die Engel wollen und lieben mich.**

Fernbedienung

Engelbotschaft: **Wir haben das Universum nicht im Entferntesten unter Kontrolle.**

Wir sind eine ungeduldige Gesellschaft. Wir wollen, dass alles sofort passiert, am besten schon gestern. Wir haben uns an die sofortige Bedürfnisbefriedigung gewöhnt, vom Fast Food bis zur Schnelltaste am Videorecorder; es fällt uns sogar schwer, einen Film bis zum Ende anzusehen, wenn wir ihn nicht per Fernbedienung steuern können. Aber früher oder später entdecken wir unweigerlich, dass das Leben sich weder zurück- noch schnell vorspulen lässt und wir auf den Zeitplan des Universums keinen Einfluss haben. Früher oder später erleben wir Verzögerungen, Hindernisse oder Blockaden, die der sofortigen Befriedigung einen Riegel vorschieben. Die Engel wollen uns begreiflich machen, dass diese Hemmnisse zu unserem Besten vor uns aufgebaut worden sind; durch sie lernen wir, dass Geduld, Ausdauer, Überlegung, kreatives Problemlösen und all die anderen stark machenden Eigenschaften die richtige Taste zur Steuerung unseres Lebens sind.

Wenn Sie bei Problemen Ihr Leben am liebsten schnell vor- oder zu einfacheren Zeiten zurückspulen möchten, sollten Sie die Fernbedienung vielleicht einmal an die Engel abgeben. Nehmen Sie dann Ihre Schwierigkeiten überlegt, fantasievoll und kreativ in Angriff. Wenn Sie meinen, Sie müssten für Notfälle eine Fernbedienung bei sich behalten, sollten Sie öfter die »Pause«- und die »Stumm«-Taste drücken.

Engelmeditation: **Ich ziehe den beständigen Lohn von Geduld und Ausdauer der flüchtigen Befriedigung von Ruck-zuck-Genüssen vor.**

Im Auftrag

Engelbotschaft: **Wir sind hier im Auftrag Gottes.**

Viele von uns leben, um anderen zu helfen. Wir wollen, dass unser Leben andere zu Liebe inspiriert. Aber wir können auch überlegen, was wir im Auftrag anderer tun. Welche Eigenschaften stellen wir in den Vordergrund, welche sind für unser Leben charakteristisch? Wenn wir etwas im Auftrag anderer tun, sind wir gewissermaßen die Hälfte dessen, was getan wird. Das bedeutet, dass wir uns nicht aufopfern oder schaden, wenn wir anderen helfen. Es bedeutet, dass wir zu einem Teil der Hilfe werden und selbst Hilfe bekommen.

Welche Ihrer intellektuellen und charakterlichen Eigenschaften könnten Sie für andere einsetzen? Denken Sie daran, dass die Engel für Sie Liebe ausstrahlen. Was könnten Sie im Auftrag der Engel tun?

Engelmeditation: **Das, was ich tue, tue ich im Auftrag Gottes und der Engel.**

Fantasien verlagern

Engelbotschaft: »**Ich bin davon überzeugt, dass leichte Verlagerungen unserer Fantasien das Leben stärker beeinflussen als großartige Veränderungsbemühungen.**« *Thomas Moore*

Den ganzen Tag lang empfangen wir geistige Bilder, Vorstellungen und Gedanken. Denken und Fantasieren sind willentliche Prozesse. Wir erzeugen unser psychisches Erleben durch die Art unseres Denkens, und durch die Art unserer Vorstellungen führen wir es einen Schritt weiter. Wir können auch entscheiden, aus welcher Perspektive wir die Dinge sehen. Joseph W. Bailey, der Autor von *The Serenity Principle*, meint: »Wenn Sie sich auf den zerquetschten Käfer auf der Windschutzscheibe konzentrieren, entgeht Ihnen die Landschaft, und vielleicht haben Sie sogar einen Unfall. Der Weise sieht durch die Windschutzscheibe hindurch, nicht auf sie drauf.« Wenn wir uns ganz bewusst machen, dass wir als Denkende den Oberbefehl über unsere Gedanken und unsere Fantasien haben, können wir sie verändern und uns für einen Blick in den Himmel in die richtige Position bringen.

Wenn Sie fantasievoller auf das Leben reagieren wollen, müssen Sie akzeptieren, dass Sie Ihre Gedanken selbst hervorgebracht haben, aber nicht an sie gebunden sind. Bei zu vielen Gedanken kommen oft die Einsichten zu kurz. Einsichten liegen als Samen in unserer Vorstellungskraft, und wenn wir unser Denken eine Zeit lang drosseln, können die Samen keimen und die Einsichten wachsen. Einsichten führen zu Veränderungen, ohne dass wir uns bewusst um Veränderungen bemühen.

Engelmeditation: **Ich wähle meinen Blickwinkel und fange an, in der herrlichen Szenerie des Lebens die Engel zu bemerken.**

Momente

Engelbotschaft: »Ich fand, dass die Quintessenz des Lebens Freude ist, dass im tiefsten Inneren von uns allen eine Freude wohnt, die das Verständnis übersteigt. Diese Freude kennt keine Gegensätze – sie ist eine Freude, die das Leid umschließt, eine Hoffnung, die die Verzweiflung umarmt.«

Dorothy Maclean

Momente sind kurze Zeitspannen. Während Sie dies lesen, werden überall auf der Welt Kinder geboren, und die Menschen erleben einen Moment des Glücks, der ihnen auf immer im Gedächtnis bleibt. Gleichzeitig erleben andere Menschen traurige, schmerzliche Momente. Auch wenn wir nicht alle gleichzeitig glücklich sind, erinnert das Wissen, dass in diesem Moment irgendwo jemand glücklich ist, uns daran, dass das Leben weitergeht. Die Momente werden sich bis in alle Ewigkeit fortsetzen. Wir organisieren sie mit Hilfe der Zeit, die alle Wunden heilt und immer auf unserer Seite ist.

Was wäre, wenn alle Momente unseres Lebens gleichzeitig stattfinden würden? Können Sie sich diese Möglichkeit vorstellen? Sind Glück und Leid womöglich Partner? Sie können die Momente Ihres Lebens genauer untersuchen, wenn Sie einem Tagebuch anvertrauen, was Sie jetzt fühlen. Schreiben Sie alles auf, was Ihnen in den Sinn kommt. Sehen Sie sich dann irgendwann später an, was Sie geschrieben haben.

Engelmeditation: **Ich akzeptiere alle Momente meines Lebens als Geschenk.**

Engel-Fan

Engelbotschaft: **Engelbegeisterung ist mehr als ein Hobby; es ist eine Lebensweise.**

Wahrscheinlich kennen wir alle jemanden, der sich für Sport oder ein Hobby begeistert. Aber wie viele eingefleischte Engel-Fans kennen Sie? Vielleicht ist der Zeitpunkt gekommen, dass Sie einer werden. Typische Engel-Fans lesen alle erreichbaren Bücher über Engel. Sie tragen Engel-Anstecker, um andere an die Engel zu erinnern; in ihrer Wohnung haben sie Bilder oder Poster von Engeln und ein paar erlesene Engel-Figuren. Ein Engel-Fan hat einen Engel-Kaffeebecher, der ihm hilft, wach zu werden und den Duft der Engel wahrzunehmen (die übrigens nicht nach Kaffee riechen). Das Wichtigste aber ist, dass Engel-Fans jeden Tag mindestens eine Aktion zur Förderung des Engel-Bewusstseins starten. Die Engel brauchen keine Fans, die vom grünen Tisch aus agieren; sie brauchen Fans, die bereit sind, als Repräsentanten für Humor, Glück, Liebe, Licht und Schönheit in die Welt hinaus zu gehen.

Unterbrechen Sie Ihre üblichen Verrichtungen mindestens einmal täglich, um Ihrer Engel-Begeisterung zu frönen. Vielleicht machen Sie einen kleinen Spaziergang um den Block und lächeln jedem zu, dem Sie begegnen – damit schicken Sie ihm unauffällig eine Portion Engel-Licht. Oder Sie machen es sich zu Hause bequem, schließen die Augen und bitten die Engel um Frieden. Machen Sie etwas ganz Individuelles, das Ihre Engel-Begeisterung verstärkt. Ihr Enthusiasmus für die Engel sollte vor allem Spaß machen.

Engel-Meditation: Meine Begeisterung für die Engel ist mehr als eine vorübergehende Phase. Sie ist ein Teil meines Alltags, der das Leben, die Liebe und die gute Laune in meinem Umfeld vermehrt und die erhabensten Anliegen der Engel thematisiert.

Ohne Worte lehren

Engelbotschaft: »**Der Weise lehrt ohne Worte.**«

Lao Tse, Tao te King

Wir kennen wahrscheinlich viele Menschen – einschließlich uns selbst –, die lehren, predigen oder sonst wie andere erleuchten wollen, die aber eben diese Lektionen selbst am dringendsten brauchen. Es ist sehr viel einfacher zu wissen, was zu tun ist, als es tatsächlich zu tun. Offenbar ist es auch sehr viel interessanter, sich von sich selbst abzulenken, indem man sich auf die Fehler und Probleme anderer konzentriert. Nur bei wenigen von uns sind inneres und äußeres Leben deckungsgleich: Sie tun, was sie sagen, und praktizieren, was sie predigen. Und noch geringer ist die Zahl derer, die gar nicht reden, sondern andere nur durch ihr Beispiel im Alltag erleuchten und inspirieren. Geben Sie das nächste Mal, wenn Sie kurz davor sind, jemanden mit Tipps und Tricks zu bombardieren oder sein Verhalten ändern möchten, lieber ein Beispiel und leben Sie das Verhalten vor, das Sie bei anderen sehen möchten.

Haben ein paar Leute in Ihrem Umfeld es immer eilig, Ihnen zu sagen, wie Sie Ihr Leben leben sollen, obwohl sie ihr eigenes nicht richtig in den Griff bekommen? Wie sieht es mit Ihnen aus? Sind Sie ein Experte für Ratschläge? Würden einige Situationen in Ihrem Leben davon profitieren, wenn Sie Ihre eigenen Empfehlungen befolgen würden? Wie würde Ihr Leben sich verändern, wenn Sie anfangen würden, ohne Worte zu lehren?

Engelmeditation: **Ich will andere nicht belehren, sondern inspirieren.**

Sollen

Engelbotschaft: **Sätze mit Sollen enthalten ein Urteil oder eine verspätete Einsicht.**

Haben Sie schon einmal über die Bedeutung des Wörtchens *sollen* nachgedacht? Wir hören es oft, und wenn wir nicht aufpassen, kann es uns verrückt machen, ohne dass wir es merken. *Sollen* drückt Pflicht, Urteil und Zwang aus: »Du hättest es aber so machen sollen.« Das *hätte sollen* zeigt, dass die Sache zwar vorbei ist, wir uns aber immer noch mit ihr beschäftigen. Das *sollen* kann auch auf etwas Zukünftiges verweisen: »Wir sollen bis zehn da sein.« *Sollen* erinnert uns an das, was wir nicht sind. Wir sollten dünner oder dicker sein, da und da hingehen, mit dem und dem aufhören, lieb sein. Aber die Wahrheit ist, dass Sie aufhören sollten, das Wort *sollen* zu verwenden! Können Sie sich etwa vorstellen, dass Sie den Engeln sagen, was sie tun sollen?

Prüfen Sie das nächste Mal, wenn Sie hören, dass jemand – auch Sie selbst – das Wörtchen sollen *benutzt, was wirklich gemeint ist. Geht es um etwas, das Sie nicht tun wollen oder tun werden? Löst der Sollen-Satz bei Ihnen Schuldgefühle aus? Führt er Sie in die Vergangenheit oder in die Zukunft? Bringt es etwas, wenn Sie den Leuten sagen, sie sollten dieses oder jenes tun? Die Verwendung des Wörtchens* sollen *mit seinem Rattenschwanz an Schuldgefühlen ist eine Gewohnheit, die sich schwer ablegen lässt. Lassen Sie sich nicht mehr von Sollen-Sätzen quälen, dann werden Sie bewusster und glücklicher.*

Engelmeditation: **Ich bemühe mich bewusst, das Wörtchen sollen aus meinem verbalen und spirituellen Vokabular zu streichen.**

So tun als ob

Engelbotschaft: **Tun Sie so, als ob Sie glücklich wären, dann werden Sie glücklich sein.**

Viele von uns haben irgendwann im Leben davon geträumt, Schauspieler oder Schauspielerin zu werden. Das Schauspielern kann sehr nützlich sein, wenn Sie eine Extra-Portion Selbstvertrauen oder Zuversicht brauchen. Wenn Sie sich hilflos oder abhängig fühlen und das ändern wollen, können Sie zunächst einmal so tun, *als ob* Sie selbstsicher und lebenstüchtig wären. Die Menschen reagieren auf unser Verhalten, nicht immer auf unsere Gefühle. Wenn Sie etwas vorspielen, führen Sie ganz real bestimmte Gesten aus; Sie tun etwas, um das Selbstvertrauen aufzubauen, das Ihnen Ihres Erachtens fehlt. Jedes Mal, wenn Sie »so tun als ob«, verwandeln Sie das Spiel in Realität.

Tun Sie, als ob die Engel ständig bei Ihnen wären und Sie in einen Strom des Glücklichseins führen würden. Wenn Sie glücklich sein wollen, dann tun Sie so, als ob Sie glücklich wären. Entdecken Sie Ihr angeborenes schauspielerisches Talent und setzen Sie es kreativ ein. Tun Sie so, als wären Sie ein bedeutender Mensch, denn das sind Sie.

Engelmeditation: **Ich tue so, als ob ich das Leben hätte, das ich mir erträume, und ich weiß, dass ich es haben werde.**

Zufall

Engelbotschaft: **Jeder von uns ist unter einem guten Stern geboren.**

Der Zufall ist etwas Komisches. Von der Definition her bedeutet er, dass etwas Gutes oder Schlechtes uns »zufällt«. Diejenigen von uns, die versuchen, im Engelbewusstsein zu leben, wissen, dass alle Ereignisse zu spirituellem Wachstum führen können, und es wirklich ein Glück ist, dass nichts dem Zufall überlassen bleibt. Wir glauben gern an den Zufall. Es scheint, als wäre er ein Geschenk des Universums, aber in Wirklichkeit ist er ein Spiel, das wir mit uns selbst spielen. Manchmal beurteilen wir den Zufall. Wenn jemand plötzlich umkommt, meinen wir, er hätte kein Glück gehabt, aber vielleicht ist der Tod das schönste Geschenk, das die Menschen bekommen, und ein glückliches Ereignis. Wir haben Angst vor dem Tod, weil wir ihn nicht kennen, und fühlen uns unbehaglich, aber in Wirklichkeit kennen wir das Los anderer nicht. Es ist nicht notwendig, den Zufall einem Ereignis überzustülpen, das höchstwahrscheinlich nichts mit ihm zu tun hat.

Sind Sie abergläubisch? Aberglaube trennt uns von den Engeln, denn er reduziert das Vertrauen in die Wege des Universums. Aberglaube und Zufall führen zum selben Ergebnis: Wir fühlen uns nicht mehr frei. Ein Aberglaube ist ein Glaube, kein Wissen. Wenn Sie sich ihn genauer ansehen, löst er sich auf, denn er hat keine Substanz. Kümmern Sie sich nicht mehr um den Zufall, dann verschaffen die Engel Ihnen ein solches Glücksgefühl, dass Sie meinen, Sie hätten den Jackpot geknackt.

Engelmeditation: Glück liegt über meinem Leben; ich weiß, dass Gott mit dem Universum nicht spielt.

Verfeinerung

Engelbotschaft: **Die Persönlichkeit bändigen heißt nicht den Geist brechen.**

Verfeinern ist etwas ganz anderes als Verdrängen, vor allem im Hinblick auf die Persönlichkeit. Verfeinern bedeutet, dass Mängel und Unreinheiten entfernt und Vorzüge entwickelt werden. Beim Verdrängen werden die Unvollkommenheiten ignoriert und in eine Ecke geschoben, wo sie ihre Macht behalten. Wenn wir unsere Persönlichkeit verfeinern, behalten wir das Reine und Positive und legen das Negative, Unreine ab. Dabei sollten wir nicht das Kind mit dem Bade ausschütten. Das Ziel besteht nicht immer darin, bestimmte Eigenschaften auszumerzen, sondern sie aus ihrer Ecke herauszuholen, sie zu verfeinern und zu verbessern. So wird die Persönlichkeit mit dem inneren Selbst in Übereinstimmung gebracht.

Sehen Sie Ihre Unvollkommenheiten als Geschenk; sie machen Sie interessant. Schicken Sie ihnen Liebe, das verfeinert sie, und Sie sehen klarer, womit Sie es zu tun haben. Am wichtigsten für das Verfeinern ist Reinheit. Wie können Sie mit mehr Reinheit leben? Sie brauchen nicht zu fasten oder sich zu zwingen, anders zu sein. Sie brauchen nur Sie selbst in Reinform zu sein. Die Engel helfen Ihnen dabei.

Engelmeditation: **Ich besuche die Engelraffinerie und lasse die reine Essenz der Liebe in meine Seele strömen, damit ich noch heller strahle.**

Daseinszweck

Engelbotschaft: »**Lasst uns einander lieb haben, denn die Liebe ist von Gott, und wer liebt, der ist von Gott geboren und kennt Gott. Wer nicht liebt, der kennt Gott nicht, denn Gott ist die Liebe.**«   *1 Johannes 4;7,8*

Gott ist der Daseinszweck der Engel, und Gott ist Liebe. Liebe ist unser Daseinszweck: Wir sind aus Gottes Liebe hervorgegangen, und die Engel wachen über uns. So sind wir Teil einer wunderbaren Dreiheit, eines Dreiecks der Liebe – Gott, die Engel und wir. Um zu verstehen, wie Gott uns liebt, müssen wir wissen, dass diese Liebe gratis ist. Gott liebt uns nicht wegen unserer guten Taten oder weil wir ihn lieben; Gottes Liebe zu uns ist immer gleich, egal was wir tun, wo wir leben oder wie wir aussehen. Wir werden geliebt, egal ob wir wollen oder nicht. Sie können Ihr ganzes Leben mit der Frage zubringen, wie Sie leben und was Sie tun sollen, um Gott zu gefallen, aber in Wirklichkeit brauchen Sie nur eine Möglichkeit zu finden, Ihr ganzes Selbst zu sein: Körper, Seele und Geist. Denken Sie daran: Gott liebt uns, auch wenn wir uns nicht lieben.

Halten Sie Liebe für eine Kraft, die sich horten lässt, oder für eine freie Energie? Glauben Sie, dass Liebe Ihr Daseinszweck ist? Meinen Sie, Sie könnten Gottes Liebe zu sich vermehren? Welche Gefühle haben Sie beim Thema Liebe und Gott? Machen Sie sich klar, dass die Engel immer das Antlitz der Liebe sehen. Auch wir haben Gott immer in uns, denn die Liebe ist stets in unserem Herzen, auch wenn wir ihr nicht erlauben, sich zu zeigen. Die Engel sagen: »Immer mit der Ruhe. Gott ist Liebe.«

Engelmeditation: **Ich spüre die bedingungslose Liebe Gottes zu mir und gebe sie weiter.**

Flügel

Engelbotschaft: »Wenn Sie auf Ihre innere Stimme hören, wecken Sie Begeisterung und Fantasie, das heißt eine Vision. Ich glaube, dass dies die zwei Flügel sind, die wir zum Fliegen brauchen. Begeisterung und Fantasie.«   *Carlos Santana*

Flügel sind ein Symbol für die göttliche Mission der Engel und erscheinen in der christlichen Kunst erst ab dem Jahr 312 n. Chr. Damals begannen die Künstler zu verstehen, dass Engel die Boten Gottes sind. Von da an wurden die Engel mit Flügeln dargestellt, ganz wie der geflügelte Gott Hermes, der griechische Götterbote. Die Flügel verweisen auf die Schnelligkeit, mit der die Engel Mitteilungen von Gott zu den Menschen bringen. Flügel sind auch ein Symbol der Freiheit. Welches Kind hat nicht davon geträumt, Flügel zu haben und sich auf der Suche nach seiner wahren Heimat in die Wolken zu erheben?

Stellen Sie sich vor, dass Ihre Flügel jedes Mal, wenn Sie dem Himmel auf Ihre ganz persönliche Weise helfen, ein bisschen größer werden. Schließen Sie die Augen und konzentrieren Sie Ihre Aufmerksamkeit auf den Rücken, wo die Flügel wachsen, und spüren Sie, wie es geschieht. Amüsieren Sie sich mit Ihren Flügeln. Vielleicht sind sie eines Tages so groß, dass der Wind Sie hinauf in die Wolken trägt und Sie einen Blick auf Ihre wahre Heimat erhaschen.

Engelmeditation: Ich spüre, wie meine Flügel sich ausbreiten, wenn die Engel Licht und Liebe in mein Leben bringen.

Faulenzen

Engelbotschaft: **Planen Sie jeden Tag Zeit ein, um mit den Engeln zu faulenzen.**

Wenn wir uns im Kampf um ein vollkommen spirituelles Leben nicht ab und zu eine Pause gönnen, werden wir dröge und langweilig. Denn es ist nicht möglich, spirituell perfekt zu sein. Kinder sind von Natur aus spirituell; niemand wird sie zwingen wollen, perfekt zu sein. Kinder lieben die Natur, sie reden mit den Engeln, sie machen sich Gedanken über Gott und sind meistens am Spielen. Die Engel wollen uns nicht zwingen, perfekt oder spirituell zu sein. Sie wollen, dass wir uns über das Leben freuen, mit ihnen sprechen und über Gott nachdenken. Sie wollen auch, dass wir ab und zu faulenzen, unseren üblichen Erwachsenentrott unterbrechen und wieder zu Kindern werden.

Das Lexikon definiert Faulenzen als Zeit »verschwenden« oder Zeit »totschlagen«. Wir können Zeit weder verschwenden noch totschlagen; diese Macht haben wir nicht. Faulenzen ist positiv, weil es unsere spielerische Seite weckt und uns lockerer macht. Nehmen Sie sich ein bisschen Zeit, um mit den Engeln zu faulenzen. Das fällt Ihnen am Anfang vielleicht schwer, aber mit zunehmender Übung wird es immer einfacher. Niemand hat gesagt, dass es einfach sein würde, ein Mensch zu sein, aber die Engel wollen, dass wir mit uns selbst Nachsicht haben. Wenn wir nur arbeiten und gar nicht spielen, werden wir blass und langweilig, auch wenn wir spirituell alles richtig machen.

Engelmeditation: **Ich plane Zeit für das Faulenzen mit den Engeln ein. Ich weiß in meinem Herzen, dass es so etwas wie Zeitverschwendung nicht gibt und dass alles, was ich tue, zu seiner Zeit richtig ist.**

Heilige

Engelbotschaft: **Heilige sind da, damit wir uns gut benehmen.**

Eine der liebenswertesten Vorstellungen des Judaismus sind die verkleideten Heiligen. Einer Legende zufolge durchwandert eine unbekannte Zahl von Heiligen die Erde, und es kann jederzeit sein, dass wir einem von ihnen begegnen. Leider tragen sie keine Abzeichen, an denen man ihre Heiligkeit erkennt; sie bewegen sich anonym und unauffällig unter uns und tragen alle möglichen Kostüme, vom Bettler bis zur Bedienung bei McDonald's. Damit wir also nicht ausgerechnet zu einem Heiligen grob oder herablassend sind, sollten wir jeden, mit dem wir zu tun haben, aufmerksam und respektvoll behandeln, nur für den Fall... Die Engel wissen, dass genereller Respekt wahrscheinlich das nützlichste Talent ist, das wir entwickeln können. Er verhindert, dass wir in eine peinliche Situation geraten, wenn wir zufällig einem Heiligen begegnen. Und vielleicht macht es ja auch uns zu Heiligen. Denn da wir nicht wissen, wer die verkleideten Heiligen sind, könnten Sie auch einer von ihnen sein.

Sind Sie in letzter Zeit irgendwelchen Leuten begegnet, die möglicherweise verkleidete Heilige waren? Wenn ja, haben Sie sich so verhalten, dass Sie den Test bestanden haben? Wie behandeln Sie Menschen generell? Manche besser als andere? Achten Sie von nun an auf Heilige und passen Sie auf, ob Sie die Menschheit anders sehen.

Engelmeditation: **Ich betrachte und behandle jeden, auch mich selbst, als potenziellen Heiligen.**

Renaissance

Engelbotschaft: **Im gegenwärtigen Erneuerungsprozess wollen wir das unterstützen, was die menschliche Seele nährt.**

Eine Renaissance ist eine Erneuerung bzw. eine Wiedergeburt der Künste unter dem Einfluss klassischer Formen. Die berühmte europäische Renaissance vom 14. bis zum Anfang des 16. Jahrhunderts hat uns ein paar der denkwürdigsten Engeldarstellungen hinterlassen. Viele vertraute Bilder aus der Renaissance zieren Grußkarten, die Wände unseres Wohnzimmers und den Einband der Bücher, die wir lesen. Warum ziehen Bilder, die vor ein paar hundert Jahren gemalt wurden, uns so stark an? Weil sie klassische Formen zeigen, für die wir von Geburt an sensibel sind. Auch jetzt findet eine Renaissance statt; das gegenwärtige Engelinteresse kommt nicht von ungefähr. Und mit Hilfe der Engel werden wir auch das Interesse an der klassischsten aller Formen wieder beleben: der Liebe.

Um Ihr Gefühl für Klassisches zu wecken, können Sie sich mit Engelkunst umgeben und Musik hören, die an die Renaissance erinnert. Unterstützen Sie örtliche Kunst- und Kunsthandwerksmärkte. Suchen Sie sich ein Kunsthandwerk aus, das Ihnen Spaß macht, und lassen Sie sich von den Engeln zu klassischen Formen inspirieren. Denken Sie daran, dass Sie Teil einer aktuellen Erneuerungsbewegung sind. Denken Sie an den Stempel, den unsere Zeit der Geschichte aufdrücken wird, und wie wichtig es ist, dass unsere Liebe die Künste am Leben erhält. Seien Sie ein Renaissance-Mensch!

Engel-Meditation: Ich beteilige mich an der Erneuerung der Liebe durch die Kunst. In meiner Erinnerung lebt die Sichtweise der Klassik weiter.

Herrlich falsch

Engelbotschaft: **Ein Holzweg bringt uns oft auf die richtige Spur.**

Ist es nicht wunderbar, sich ab und an zu irren? Vor allem in Bezug auf Menschen, gegen die Sie etwas haben. Fehler sind Geschenke. Wenn wir zugeben, dass wir etwas falsch gemacht haben, macht das unsere Seele stärker, und wenn wir meistens etwas falsch machen, bedeutet das, dass wir ganz lebendig sind. Fehler sind deshalb in Ordnung, weil sie zu Veränderungen führen, und die treiben unsere Entwicklung voran. Wirklich große Menschen ändern die Richtung, wenn sich herausstellt, dass ihr »richtiger Weg« nicht für alle gut ist. Nur der Stolz kann verhindern, dass wir einen Fehler zugeben und erkennen, wann es Zeit für einen Richtungswechsel ist.

Sehen Sie alles ein bisschen lockerer und geben Sie zu, dass das Leben mehr Spaß macht, wenn Sie Ihre Irrwege als Geschenk betrachten. Auf diese Weise befreien Sie sich von der begrenzenden Vorstellung, immer alles richtig machen zu müssen. Das kostet viel Energie, die Sie kreativer auf etwas anderes richten könnten. Wer weiß schon, was richtig ist? Warum wollen Sie eine Last schultern, die nicht die Ihre ist?

Engelmeditation: **Ich glaube nicht, dass ich immer alles richtig machen muss, und deshalb verliere ich nichts, wenn ich einen Fehler zugebe. Ganz im Gegenteil, ich gewinne dadurch an Menschlichkeit.**

Seelenqualen

Engelbotschaft: **Der Lebenskampf muss keine Qual sein.**

Seelenqualen tun fürchterlich weh. Wenn sie uns packen, kommen wir kaum noch aus ihnen heraus. Es gibt oft Situationen, die wir scheinbar nicht steuern können. Gefühle, bei denen uns extrem unbehaglich zu Mute ist oder die uns wehtun – Eifersucht zum Beispiel – werden oft als quälend bezeichnet. Eifersucht ist nicht leicht abzulegen, aber sie darf uns nicht im Griff haben. Das Leben bringt Kämpfe mit sich, aber die Qualen entstehen oft erst in unserem Kopf, nämlich durch den Glauben an den Schmerz. Denken Sie daran, dass er mit Hilfe der Zeit und der Engel abklingt und sich verändert. Eifersucht, Verletztheit, Groll und Bitterkeit halten nicht ewig an. Die Engel helfen, uns von Seelenqualen zu befreien und uns über schmerzliche Lebenskämpfe zu erheben.

Wenn Sie das nächste Mal in einen quälenden Lebenskampf verstrickt sind, dann befreien Sie sich aus ihm. Oft nehmen wir uns dafür nicht die notwendige Zeit; wir reagieren wild drauflos und machen alles noch schlimmer. Der Lebenskampf und die mit ihm verbundenen Seelenqualen sind wie ein großes Netz, das über Sie geworfen wird. Wenn Sie in Panik geraten und wegrennen wollen, verwickeln Sie sich nur noch mehr darin. Die Engel sehen das Netz von oben. Sie führen Sie Schritt für Schritt aus ihm heraus in die Freiheit.

Engelmeditation: **Mein Herz ist frei vom Schmerz des Lebenskampfs. Ich lasse ihn los, bevor er quälend wird und ich nicht mehr aus ihm herauskomme.**

Einebnen

Engelbotschaft: **Statt andere auf unser Niveau herunterzustutzen, sollten wir sie aufbauen.**

Manche Menschen machen andere kleiner, weil sie sich unfertig fühlen, ein schwaches Selbstbewusstsein haben und meinen, sie wären nicht so gut wie jemand anderes. Anstatt den anderen in den Himmel zu heben, versuchen sie, ihn auf ihr Niveau herunterzuziehen. In Wirklichkeit gibt es natürlich gar kein Niveau. Alle Menschen können hell leuchten; wir alle haben das Licht in uns. Entscheidend ist, dass wir Menschen das Recht auf Glanz zugestehen und nicht versuchen, mit ihnen zu konkurrieren oder sie in den Schatten zu stellen. Das hilft beiden Seiten.

Es ist manchmal schwer zu erkennen, wann wir jemanden klein machen; deshalb empfiehlt es sich, diese Wahrnehmung zu schärfen. Ein Niveau ist eine imaginäre Linie; sie existiert nicht. Wie sollte auch der Rang oder die Bedeutung eines Menschen gemessen werden? Versuchen Sie nicht, Ihr Niveau zu finden; versuchen Sie, jedes Niveau abzuschaffen. Dabei helfen Ihnen die Engel; sie kennen kein Niveau. Und obwohl sie jetzt hier bei uns sind, leben sie in der höchsten Dimension des Universums.

Engelmeditation: **Ich weiß, dass es im Engelbewusstsein keine Messlatte gibt, um Menschen zu beurteilen und zu vergleichen.**

Relevanz

Engelbotschaft: **Wenn Sie einen Schritt zurücktreten, haben Sie einen besseren Überblick, was bei beunruhigenden Gedanken immer günstig ist.**

Wenn ein Problem uns über den Kopf wächst, hilft es manchmal, innezuhalten und sich zu fragen, wie wichtig es überhaupt ist. Hat es größere Ausmaße? Würde es irgendwelche globalen Ereignisse verhindern? Ist es im Vergleich zum Hungertod eines Kindes in Indien größer oder kleiner? Sind Sie der einzige Mensch im All mit diesem Problem? Soll die Welt aufhören, sich zu drehen, damit Gott sich augenblicklich um Ihr kleines Problem kümmert? Denken Sie daran, dass dies nur als amüsantes Spiel für Fälle gedacht ist, in denen Mücken zu Elefanten gemacht werden. Die Engel wissen, dass unser Glücksgefühl proportional zu unserem Überblick zunimmt. Sie wollen, dass wir uns auch dann wichtig fühlen, wenn wir unsere Probleme nicht aufbauschen.

Schließen Sie die Augen und verbinden Sie sich mit Ihrem Schutzengel. Stellen Sie sich vor, wie Sie beide ins Universum hinaus zu einem Punkt gehen, von dem aus Sie den wunderschönen Planeten Erde im Blick haben. Aus dieser Entfernung sind Sie nichts als ein einziger großer Farbklecks. Überlegen Sie, was Ihnen und den Engeln wirklich wichtig ist. Machen Sie sich auf dem Rückweg zur Erde klar, dass Ihre kleinen Probleme im Gesamtplan der Dinge vielleicht nicht so wichtig sind, dass aber Ihre positiven Entscheidungen die Erde heilen und durchaus zählen.

Engelmeditation: **Meine Bedeutung beruht auf der Rolle, die ich im Projekt der Engel spiele, den Himmel auf die Erde zu bringen; sie beruht nicht auf den kleinen Problemen, die mich ab und zu straucheln lassen.**

Herz

Engelbotschaft: »**Denn nicht worauf der Mensch sieht, sieht Gott. Der Mensch sieht auf das Äußere, Jahwe aber sieht auf das Herz.**«   *1 Samuel 16;7*

Das Herz ist seit jeher ein Symbol für Liebe, Mut und Hingabe. Die Wörter *Herz* und *Seele* werden oft in einem Atemzug genannt, und das aus gutem Grund. Durch das Herz äußert sich die Seele. Das Herz ist ein Organ, das uns körperlich am Leben hält, und außerdem die Quelle unserer Emotionen und Gefühle. Wir wissen, ob das, was jemand sagt, von Herzen kommt, und wir wissen, wann etwas unser Herz berührt. Dieses Wissen hat nichts mit Logik oder Vernunft zu tun; es ist eine Empfindung. Wenn wir von jemandem sagen, dass er das Herz auf dem rechten Fleck hat, wissen wir, dass seine Absichten von der Seele her kommen und aufrichtig sind, egal wie sein Leben von außen aussieht.

Wie geht es Ihrem Herzen? Ist es traurig oder glücklich, leicht oder schwer? Haben Sie das Herz auf dem rechten Fleck? Es braucht Zeit und Mühe zu wissen, was in unserem Herzen ist, denn wir müssen auf unsere innere Stimme hören. Gehen Sie abends nie mit traurigem Herzen zu Bett; nehmen Sie sich Zeit, um mit Hilfe der Engel Ihr Herz zu erleichtern. Wenn Sie das tun, wird Ihre Seele froh, und Ihren Ideen wachsen Flügel.

Engelmeditation: **Mein Herz ist glücklich, leicht und voller Liebe.**

Engel in Menschengestalt

Engelbotschaft: **Das Wirken Gottes ist geheimnisvoll und kreativ.**

Viele Leute glauben, dass andere Menschen in ihrem Leben die Rolle von Engeln gespielt haben. Das ist etwas anderes, als wenn ein Engel als Mensch erscheint und dann verschwindet. Die Engel in Menschengestalt sind Geschöpfe aus Fleisch und Blut, die ab und zu den Engeln helfen; sie überbringen eine Botschaft oder einen Gedanken dann, wenn der andere sie am meisten braucht. Interessant daran ist, dass die meisten Menschen-Engel gar nicht wissen, wann sie die Engelrolle spielen. Möglicherweise wissen sie gar nicht, dass sie genau das gesagt haben, was das Leben des anderen verändert hat. Das bedeutet, dass der Versuch, ein Engel in Menschengestalt zu sein, misslingen muss. Sie können nur die Wahrscheinlichkeit dafür erhöhen, indem Sie Sie selbst sind und sich von Ihrer höheren Macht leiten lassen. Menschen-Engel fühlen sich mit ihren irdischen Aufgaben wohl und lassen sich in Situationen führen, in denen sie unaufdringlich helfen können – und einer anderen Seele einen Augenblick reiner Liebe schenken.

Ist Ihnen ein Engel in Menschengestalt begegnet? Fragen Sie sich: Hat der andere Ihnen Hoffnung gegeben, hat er Sie wissen lassen, dass das Leben sehr viel mehr ist als die materielle Welt? Haben Sie sich in der Gegenwart dieses Menschen sicher und wohl gefühlt? War sein Leben einladend und herzlich? Hat er genau das gesagt, was Ihr Herz geöffnet und Sie wieder auf den richtigen Kurs gebracht hat? War der andere bescheiden und freundlich? Wollen Sie ein Engel in Menschengestalt sein?

Engelmeditation: **Mein Leben ist eine Reise der Hoffnung. Ich werde immer wieder von Engelbotschaften überrascht, die liebevolle Menschen mir überbringen.**

Frühling

Engelbotschaft: **Wir werden ständig zu neuem Leben aufgerufen.**

Im Frühling wird die Natur wieder geboren und erneuert sich. Die vom Eis befreite Erde hat sich in ein fruchtbares Feld verwandelt, das bereit ist, die neue Saat aufzunehmen. Im Frühling spüren wir neues Leben in uns und haben den Drang, neue Projekte und Beziehungen in Angriff zu nehmen oder alte in neuem Licht zu sehen. Nach dem langen, dunklen, kalten Winter spüren wir die Hoffnung auf wärmere Tage, während die Erde sich darauf vorbereitet, den Sommer zu feiern und all das, was sorgsam und liebevoll ausgesät wurde, zur Reife zu bringen.

Wo ist in Ihrem Leben Frühling? Fängt irgendetwas an, haben Sie neue Ideen oder mehr Energie? Spüren Sie, wie die Kraft der Engelliebe die Welt erwärmt, Ihrem Wesen neue Einsichten bringt und Sie mit der Energie des Frühlings erfüllt.

Engelmeditation: **In die empfangsbereite Erde meines Lebens säe ich die Samen der Liebe, des Lichts und der Hoffnung.**

Wohlgefühl

Engelbotschaft: **Die Engel helfen uns, so, wie wir sind, zufrieden zu sein.**

Jeder von uns hat eine andere Vorstellung von Wohlgefühl. Der eine fühlt sich wohl, wenn er von vielen Büchern umgeben in einer Bibliothek sitzt. Der andere fühlt sich wohl, wenn er einen langen Spaziergang macht, und der Dritte wiederum, wenn er ein Bild malt. Es gibt auch weniger produktive Methoden, sich wohl zu fühlen, zum Beispiel zu viel essen oder zu viel Sex, Alkohol oder Drogen. Das Ziel ist immer das Gleiche: Wir wollen, dass das Leben uns Freude, nicht Leid bringt; wir wollen uns sicher fühlen. Mit Freude sind die Engel natürlich immer einverstanden, und deshalb helfen sie uns, uns hier auf Erden wohl zu fühlen. Aber sie wollen auch, dass wir den Unterschied zwischen Freude und Sucht erkennen. Bei der Suche nach Dingen, die uns auf Dauer gut tun, uns zufrieden machen und unser Leben verbessern, stehen sie uns immer zur Seite. Wirklich wohl fühlen wir uns, wenn wir erkennen, dass unsere inneren Ressourcen die Grundlage unserer Sicherheit sind – und dass die Engel nur darauf warten, diese Ressourcen mit einem endlosen Vorrat an Liebe aufzufüllen.

Was tun Sie, um sich wohl zu fühlen? Machen Sie eine entsprechende Liste oder sprechen Sie mit einer Freundin oder einem Freund darüber, damit Sie klarer sehen. Bitten Sie die Engel jedes Mal um Hilfe, wenn Sie sich ein bisschen unbehaglich fühlen, und beobachten Sie, ob Wohlgefühl für Sie im Lauf der Zeit eine andere Bedeutung bekommt.

Engelmeditation: **Ich weiß, dass ich viel gewinne, wenn ich Dinge entspannt und ruhig tue.**

Spazieren gehen

Engelbotschaft: **Machen Sie im Zweifelsfall einen Spaziergang**

Nicht eine Tablette, sondern ein Spaziergang verändert die »Chemie« einer Situation. Beim Spazierengehen lässt sich sehr gut nachdenken. Der Körper ist beschäftigt, der Verstand kann die Dinge vernünftig sortieren. Ein Spaziergang ist auch deshalb so günstig, weil er etwas ganz Natürliches ist, und ein schöner Ort dafür findet sich immer. Er führt uns aus dem Haus und damit aus unserem gewohnten Denken heraus. Das Spazierengehen lässt sich nutzen, um nachzudenken oder das Denken abzustellen, um den Körper zu trainieren und die Nerven zu beruhigen. Die Engel gehen gern mit Ihnen spazieren; es ist eine gute Möglichkeit, sie kennen zu lernen. Gehen Sie beim nächsten Anfall quälender Gedanken nach draußen und machen Sie mit den Engeln einen Spaziergang. Wenn Sie zurückkommen, hat sich Ihre Wahrnehmung verändert, und ebenso die Situation.

Es ist ganz einfach, mit den Engeln spazieren zu gehen. Gehen Sie ohne bestimmtes Ziel einfach los. Bitten Sie Ihren Schutzengel, Sie zu führen. Spüren Sie, wie aus Ihrem Bauch eine kraftvolle Energie kommt; sie führt, Sie folgen. Lassen Sie, während Sie so geführt werden, die Gedanken kommen und gehen. Wenn Ihr Schutzengel langsamer wird, lassen Sie auch Ihre Gedanken zur Ruhe kommen und nehmen Sie die Schönheit der Umgebung wahr. Vor allem aber lassen Sie es sich gut gehen. Feste Regeln gibt es nicht. Sie brauchen nur die Bereitschaft, nach draußen zu gehen und sich von Ihren Beinen tragen zu lassen.

Engelmeditation: **Beim Spazierengehen rede ich mit den Engeln.**

Spielzeug

Engelbotschaft: **Spielzeug führt Kinder ans Erwachsensein heran und bringt Erwachsene den Engeln näher.**

Gehören Sie zu den Menschen, die Spielzeug als kindisches Überbleibsel aus einer Zeit abtun, die für ihr jetziges Leben nicht mehr zählt? Tatsache ist, dass Spielzeug in jedem Lebensalter seinen Platz hat. Genauso wie Kinder mit Spielzeug das reale Leben einüben, können auch Erwachsene von ihm etwas lernen. Spielzeug weckt unsere natürliche Kreativität. Mit seiner Hilfe können wir vorübergehend aus der belastenden Realität ins verjüngende Reich der Fantasie wechseln. Es erlaubt einen Blick auf die vergessenen Winkel unserer Fantasie und verbindet uns mit der kindlichen Fähigkeit, unser Glück in den einfachsten Vergnügungen zu finden. Wenn wir mit Spielzeug spielen, ehren wir die Weisheit der Kinder und der Engel; sie wissen, dass der kürzeste Weg zwischen Kindheit und Erwachsenendasein über die Fantasie führt.

Kaufen Sie sich heute, morgen oder noch diese Woche ein Spielzeug, das Ihnen einen neuen Blick auf eine bestimmte Situation in Ihrem Leben ermöglicht. Wenn Sie sich einsam fühlen, können Sie sich ein knuddeliges Stofftier kaufen, das zu Ihrem Begleiter wird, der Sie bedingungslos liebt. Wenn Sie meinen, Sie hätten zu einem Thema zu viel oder nicht genug gesagt, könnten Dracula-Zähne genau das Richtige sein, um das Ganze ein bisschen lockerer zu sehen. Ein Besuch im Spielzeuggeschäft wird Sie spontan zu dem Spielzeug führen, das Sie brauchen.

Engelmeditation: **An dem Tag, an dem ich für Spielzeug zu alt bin, bin ich alt.**

Spiritueller Krieger

Engelbotschaft: **Das Reich des spirituellen Kriegers ist die Seele; seine Waffen sind Liebe und Verständnis; sein Ziel ist die Vereinigung mit dem inneren Wesen.**

Spirituelle Krieger richten sich nach ganz anderen Prinzipien als Soldaten im üblichen Sinn. Der spirituelle Krieger strebt nicht nach Herrschaft, Hass und Tod, sondern nach Hingabe, Verständnis und Lebendigkeit. Jeder von uns ist ein spiritueller Krieger, und der Gegner sind wir selbst. Aber weil wir uns nicht gleichzeitig bekriegen und retten können, ist das Ziel nicht die Selbstzerstörung, sondern die Selbstverwirklichung. Spirituelle Krieger wollen das Rätsel ihrer Lebensreise lösen, eins mit dem Sinn ihres Daseins werden und Spirituelles, Moralisches, Geistiges und Physisches deckungsgleich machen. Dazu brauchen sie Geduld, Ausdauer, Bewusstsein, Demut, Integrität, Zuversicht und Vertrauen.

Die wichtigste Aufgabe des spirituellen Kriegers ist die Verbindung mit dem eigenen guten Kern. Wie sagt der tibetische Meister Chögyam Trungpa: »Erst wenn wir den guten Kern in uns finden, können wir hoffen, das Leben anderer zu verbessern.« Versuchen Sie, sich mit Ihrem guten Kern zu verbinden, und bitten Sie die Engel, Ihnen dabei zu helfen.

Engelmeditation: **Erst wenn ich das Gute in mir liebe und schätze, sehe ich auch das Gute in anderen.**

Sonne

Engelbotschaft: »**Die Sonne als materielle und spirituelle Kraftquelle veranschaulicht, dass das Verströmen von Licht und Liebe nicht zum Tod, sondern zu einer immer währenden reichlichen Erneuerung führt.**« *Geoffrey Hodson*

Die Sonne erhält alles Leben auf der Erde, und alles dreht sich um sie. Deshalb ist die Sonne oft ein Symbol für Gott, die allgegenwärtige Lebenskraft unseres Universums. Sie bringt der Erde Wärme, Nahrung und Licht. Wie Gott, dessen Licht der Wahrheit die Finsternis vertreibt, macht die Sonne alles hell und bringt uns jeden Morgen von der Dunkelheit ins Licht. Anders als der Mond, der für Empfänglichkeit, Passivität und Intuition steht, verkörpert die Sonne die aktive Energie des Universums. Wenn wir also morgens aufstehen und freudig die Sonne begrüßen, ihre belebenden Strahlen aufnehmen und ihr dafür danken, dass sie uns einen neuen Tag und einen neuen Anfang schenkt, entdecken wir vielleicht, dass all unsere Beziehungen plötzlich mit Wärme, Licht und neuem Leben erfüllt sind.

Sehen Sie nach Osten und begrüßen Sie morgens die Sonne. Lassen Sie Ihr Wesen von den goldenen Strahlen der Liebe durchdringen und registrieren Sie dankbar, wie die Energie der Sonne Ihre Seele erfüllt. Stellen Sie sich vor, dass mit den Sonnenstrahlen zahllose Engel auf die Erde kommen und Ihren Tag erhellen.

Engelmeditation: **Wenn der Tag anbricht, erhellt die Sonne mein Leben mit Liebe; wenn der Tag endet, bewahre ich das Licht der Liebe in meinem Herzen.**

Lachen

Engelbotschaft: **Wir lachen nie allein; die Engel stimmen immer mit ein.**

Das Lachen ist eine universelle Sprache, die von der ganzen Menschheit verstanden wird – und auch von Gott und den Engeln. Lachen kitzelt unsere Seele und massiert unser Herz. Lachen macht emotionale Kanäle frei, und wenn wir so lachen, dass wir weinen, spült es viel Negatives aus uns heraus. Das Lachen wirkt Wunder, wenn wir mit der göttlichen Intelligenz verschmelzen und erkennen, dass es uns immer zur Verfügung steht, egal wie absurd das Leben ist. Wenn die Engel in der Nähe sind, hört man oft ein leises, fernes Kichern oder frohes Gelächter. Schließen Sie sich an, wenn Sie so etwas wahrnehmen, bis Sie sich vor Lachen biegen und spüren, wie Ihnen das Herz aufgeht.

Das Lachen fällt uns nicht immer leicht, aber wir sollten nie vergessen, wie wichtig es ist. Das Allerschönste am Lachen ist, dass wir nie wissen, wann es ausbricht – es kann überall, jederzeit und manchmal dann kommen, wenn wir es am wenigsten erwarten. Manchmal kitzeln die Engel unsere Lachmuskeln in einem ernsten Augenblick, und dann müssen wir einfach losprusten. Das ändert die ganze Situation, und wir erkennen, dass wir die Wahl haben, ob wir weinen oder lachen wollen. Denken Sie immer daran, wie wichtig das Lachen ist, dann sorgen die Engel dafür, dass Sie oft etwas zu lachen haben.

Engelmeditation: **Ich lache, also bin ich.**

Kooperation

Engelbotschaft: »**Wenn wir kooperieren, schlagen wir dem Teufel ein Schnippchen.**« *Manly P. Hall*

Kooperieren bedeutet, konstruktiv und zweckdienlich mit anderen auf ein gemeinsames Ziel hinzuarbeiten. Die Kooperation mit dem eigenen Leben bedeutet, dass wir konstruktiv, funktional und spirituell leben. Das geht am besten, wenn wir als Erstes mit den Engeln und ihrer göttlichen Botschaft zusammenarbeiten. Die lautet, dass wir nicht versuchen sollten, andere zu beherrschen oder eine Situation so zu manipulieren, dass wir auf ihre Kosten als Gewinner dastehen. Oft hören wir von Firmen mit spirituellen Zielen, die in Schwierigkeiten geraten sind, weil sie keine adäquaten Partner finden konnten. Denn die meisten Firmen wollen andere dirigieren, statt zu kooperieren. Und zu viele Dirigenten sind schlimmer als zu viele Köche in der Küche. Das menschliche Bedürfnis, alles kontrollieren zu wollen, ist für das Leben schädlich.

Denken Sie über Ihre Gewohnheiten in punkto Kooperation nach. Kooperieren Sie mit anderen? Fällt es Ihnen auf, wenn andere nicht kooperativ sind? Fragen Sie sich, ob Sie in einer bestimmten Situation kooperativer sein könnten. Oft bedeutet Kooperation, dass wir weniger bekommen, als wir glauben zu verdienen. Kooperation gehört zu den wenigen Hoffnungen für die Zukunft der Menschheit. Wir müssen mit anderen Menschen, dem Himmel und der Natur zusammenarbeiten, wenn das menschliche Leben eine Zukunft haben soll.

Engelmeditation: **Ich lasse zu, dass das Wohl der Gruppe den Ausschlag gibt. Der Botschaft der Engel, einander zu lieben, begegne ich kooperativ.**

Zugkraft

Engelbotschaft: **Die Engel ziehen Sie in Richtung Himmel.**

Wenn wir von etwas angezogen werden, bewegen wir uns in eine bestimmte Richtung, weil dieses Etwas unser Interesse geweckt hat. Wir können uns fragen, ob wir uns vom Leben angezogen oder getrieben fühlen. Wenn Letzteres der Fall ist, wollen wir bestimmen und aus eigener Kraft schnurstracks das Ziel erreichen. Wenn dagegen das Leben uns anzieht, lassen wir uns von einer höheren Macht und den Engeln in eine bestimmte Richtung ziehen. Wir vertrauen darauf, dass es die richtige ist, und freuen uns über alle kleinen Seitenwege.

Denken Sie über das Ziehen von Linien nach, etwa bei einem Bild. Hat es etwas damit zu tun, dass das Leben Sie anzieht? Wie können Sie angestrebte Eigenschaften so hervorlocken wie Künstler die Schönheit dessen, was sie sehen? Wie wäre es, wenn Sie zum Künstler würden und das, was Sie vom Leben wollen, anziehen würden?

Engelmeditation: **Ich bin bereit, mich von den Engeln Richtung Himmel ziehen zu lassen.**

Etwas Besonderes

Engelbotschaft: **Wir brauchen nicht etwas Besonderes zu werden; auf Grund unseres Menschseins *sind* wir etwas Besonderes.**

Nachdem die Engelbewegung inzwischen weit verbreitet ist, meinen viele Leute, die Engel hätten sie zu irgendwelchen Heldentaten aufgerufen. Das ist teilweise richtig. Jeder von uns ist aufgefordert, etwas absolut Großartiges zu leisten, nämlich er selbst zu sein und das Leben zu leben, zu dem er sich entscheidet. Manchmal kommt unser Leben uns reichlich banal vor, und die uns zugeteilten Karten sind genau die, die wir nicht haben wollten. In solchen Momenten ist der Gedanke sehr verlockend, wir wären etwas Besonderes und von den Allerweltsmenschen um uns herum meilenweit entfernt. Wenn wir erkennen, dass das Gewöhnliche an uns in Wirklichkeit ziemlich außergewöhnlich ist, können wir unseren besonderen Platz im Universum einnehmen und Großes vollbringen.

Malen Sie sich die große Rolle vor, die Sie hier auf Erden zu spielen haben. Stellen Sie sich vor, die Engel hätten Sie, den brillantesten und interessantesten Menschen, den sie finden konnten, ausgesucht, um mit Ihnen zu reden und Sie bei der Lenkung der Welt zu unterstützen. Stellen Sie sich vor, Ihr Leben wäre wichtiger als das der gewöhnlichen Sterblichen, die von den Engeln beschützt und angeleitet werden, mit denen sie sich aber selten beraten. Wenn Sie die Vorstellung wirklich ins Extrem führen wollen, können Sie sich ausmalen, dass einer der Erzengel zu Ihnen kommt und Ihnen sagt, dass Sie etwas Wichtiges tun sollen. Inzwischen haben Sie wahrscheinlich begriffen, wie absurd es ist, die eigene Bedeutung zu übertreiben. Für die Engel sind wir alle etwas Besonderes. Das Leben ist kurz; behalten Sie die Verhältnismäßigkeit im Auge.

Engelmeditation: **Ich lasse mich nicht von einer eingebildeten Einzigartigkeit lähmen, die mich von der Erfahrung des Menschseins entfernt.**

Stress-Sucht

Engelbotschaft: **Stress lenkt uns von unserem wahren Selbst ab**

Wie alles andere kann auch Stress zu einer Sucht werden, wenn wir uns an ihn gewöhnen. Stress-Süchtige wissen nicht mehr, wie es ist, sich ohne permanente Anspannung lebendig zu fühlen. Obwohl sie sich oft über die Hetze in ihrem Leben beklagen, machen sie sich durch Arbeitsüberlastung, ständigen Termindruck, destruktive Beziehungen, abenteuerliche Finanzgeschäfte und Überstrapazierung ihrer Energie ständig noch mehr Stress. Wenn der Stress in unserem Leben immer breiteren Raum einnimmt, empfehlen die Engel, dass wir innehalten und uns lange und unerbittlich ansehen, warum wir uns unglücklich machen, wovor wir weglaufen, und uns dann fragen, ob wir wirklich in ständiger Unrast oder lieber in Frieden leben wollen.

Sind Sie bereit, sich anzusehen, wie Sie Ihren Stress selbst produzieren? Welchen Zweck hat er? Womit müssten Sie sich auseinander setzen, wenn der ganze Stress plötzlich weg wäre?

Engelmeditation: **Ich orientiere mich am Beispiel der Engel, die pure Gelassenheit ausstrahlen.**

Kosmische Clowns

Engelbotschaft: **Wenn wir über unsere Ohnmacht lachen können, entdecken wir unsere Macht.**

Kosmische Clowns sind in vielen Kulturen ein wichtiger Bestandteil der Mythologie. Sie sind die Narren, Witzbolde und Schelme, die uns daran erinnern, dass wir nichts, noch nicht einmal uns selbst, ernst nehmen sollten. Schließlich hat der wohl platzierte Pfeil des göttlichen »Ordnungsamts« schon so manchen aufgeblasenen Wichtigtuer im Handumdrehen in sich zusammensacken lassen. Kosmische Witze können humorvoll, demütigend oder schmerzhaft sein; sie sind umso derber, je stärker wir an der Illusion von unserer eigenen Bedeutsamkeit hängen. Wenn wir denken, das Leben würde es mit uns besonders schlecht meinen, wenn wir auf unsere Ansichten gar zu stolz sind oder unbedingt alles und jeden kontrollieren wollen, dann ziehen wir am besten stählerne Unterwäsche an. Denn es ist so gut wie sicher, dass ein kosmischer Tritt in den Hintern uns in die Arme der unendlich geduldigen, liebevollen Engel katapultieren wird, die uns freudestrahlend daran erinnern, dass Leben sehr befreiend wirkt.

Hat der Kosmos Ihnen in letzter Zeit irgendwelche Streiche gespielt? Wenn ja, was wurde Ihnen gesagt, und wie haben Sie reagiert?

Engelmeditation: **Ich erwarte das Unerwartete und bin nie enttäuscht.**

Regen

Engelbotschaft: **»Ist das nicht ein schöner Tag, um im Regen zu sitzen?«**
Fred Astaire/Ginger Rogers
Ich tanze mich in dein Herz hinein

Der Regen gehört zu jenen wunderbaren Naturereignissen, die unsere wilde Seite ansprechen. In vielen Hollywoodfilmen finden sich Szenen wie die, in der Fred Astaire und Ginger Rogers sich in strömendem Regen ineinander verlieben oder der bis auf die Haut durchnässte Gene Kelly fröhlich sein verliebtes »I'm singing in the rain« trällert. Als wir jünger und möglicherweise wagemutiger waren, hatten wir keine Angst vor dem Regen. Aber mit zunehmendem Alter und abnehmender Abenteuerlust wagen wir uns oft nur noch mit Regenschirm und Gummimantel, mit Schwert und Schild ins Leben. Wir haben vergessen, wie befreiend und belebend es sein kann, die Last der Jahre abzulegen und mit dem Regen zu tanzen – ab und zu etwas absolut Verrücktes zu tun, unerschrocken der Welt unser wahres Selbst zu zeigen und alle Stimmungen froh zu akzeptieren.

Wann haben Sie zuletzt Ihre wilde Seite herausgelassen? Machen Sie beim nächsten Regen etwas Ungewöhnliches. Ein uns bekannter 65-jähriger Mann zum Beispiel rannte in Unterwäsche in den Regen hinaus, um für seine Frau im Garten eine Rose abzuschneiden. Egal was Sie tun, bleiben Sie so lange im Regen, dass Ihr Alltagstrott unterbrochen wird, aber natürlich nicht so lange, dass Sie sich eine Lungenentzündung holen!

Engelmeditation: **Das Wunderbare, Abenteuerliche zieht mich an.**

Mystisches Zeugnis

Engelbotschaft: »**Mehr als Sauerstoff brauchen die Menschen heute Beweise für das Mystische.**« *Andrew Harvey*

Es ist amüsant und aufregend, die verborgenen Geschichten unseres Lebens zu finden und die Verbindung zu unserem mystischen Selbst herzustellen. Mit der Entdeckung unserer individuellen spirituellen Symbole finden wir unsere spirituellen Wurzeln. Jeder von uns hat eine Schatzkiste mit Geheimnissen – etwa dem, warum bestimmte Menschen, Orte und Dinge uns anziehen. Wenn wir unsere Geheimnisse verstehen wollen, müssen wir unsere Zwangsvorstellungen, Tendenzen, Vorlieben und Traumfragmente ansehen und sie auf Hinweise für tiefere Bereiche unseres Wesens abklopfen. Wenn wir anfangen, unsere spirituellen Wurzeln auszugraben, häufen sich in unserem Leben die mystischen Erfahrungen. Ein Zeugnis ist ein Beweis, der etwas erhärtet; unsere mystischen Erfahrungen sind Beweise für unsere Verbindung mit dem Göttlichen.

Seien Sie geheimnisvoll! Seien Sie unfertig! Überraschen Sie sich und andere! Machen Sie mystische Erfahrungen zu einem regelmäßigen Bestandteil Ihres Lebens! Bitten Sie die Engel, Ihnen zu helfen, Ihr Innenleben zu verstehen. Amüsieren Sie sich mit Ihrem Mysterium, und denken Sie daran, dass es sich um eine unendliche Geschichte handelt.

Engelmeditation: **Mein Leben ist voll von Beweisen für das Mystische.**

Freiraum

Engelbotschaft: »**Lasst die Winde des Himmels zwischen euch tanzen...**«   *Kahlil Gibran*, Der Prophet

Wir alle brauchen unseren Freiraum. Und wir müssen daran denken, dass andere ihren Freiraum brauchen. Manchmal haben wir Angst vor unserem Freiraum, denn statt ihn als Chance zum Nachdenken und Regenerieren zu betrachten, verwechseln wir ihn mit Isoliertheit, Einsamkeit und Distanz. Die Engel glauben, dass Freiraum – die Freiheit zu sein, wo und wer wir sind – für unser Wachstum, unser Glück und unsere psychische Gesundheit unabdingbar ist. Obwohl Freiraum in unserer hektischen, überfüllten und überorganisierten Welt ein Luxus zu sein scheint, gehört er in Wirklichkeit zum lebensnotwendigen Bedarf. Wenn wir gesund und ausgeglichen sein wollen, sollten wir ihn uns unbedingt schaffen. Jedes Mal, wenn Stressfolgen uns aus der Bahn werfen, ist es an der Zeit, uns mit Hilfe der Engel einen physischen und geistigen Freiraum zu schaffen, in dem wir uns wieder mit unserer Mitte verbinden können. Kahlil Gibran verwendete für den Freiraum zwischen Liebenden das Symbol der himmlischen Winde, denn im grenzenlosen Raum des Himmels werden wir eins mit dem Göttlichen.

Wenn es Ihnen schwer fällt, sich und anderen einen Freiraum zu gestatten, oder wenn Sie Angst vor Freiraum haben, weil Sie damit Einsamkeit und Ziellosigkeit verbinden, können Sie mit Hilfe der Engel eine schützende Lichtblase um sich herum sehen. Das ist Ihr Raum, an dem die Sorgen und Erwartungen der Außenwelt Sie nicht tangieren. Lassen Sie alles Belastende von sich abfallen! Ihr Verstand kommt zur Ruhe, und Ihre Gedanken fließen ungehindert, denn Sie wissen, dass Sie diese Lichtblase jederzeit verlassen oder wieder betreten können.

Engelmeditation: **Ich heiße die beruhigende Freiheit willkommen, die durch Freiraum entsteht.**

Offensichtlich

Engelbotschaft: **Offensichtlich ist der gesunde Menschenverstand nicht besonders weit verbreitet.**

Etwas Offensichtliches ist leicht zu verstehen, im Handumdrehen anerkannt und deutlich sichtbar. Aber manche Dinge entgehen uns, obwohl sie ziemlich klar sind und wir sie direkt vor der Nase haben. Wir lieben es, die Dinge zu komplizieren. Wenn die Antworten, nach denen wir suchen, klar und unkompliziert sind, ignorieren wir sie und schürfen nach einer tieferen Bedeutung. Dabei müssen wir nur das Offensichtliche besser verstehen. Wenn Sie verletzt sind, hat etwas Sie verletzt. Wenn Sie müde sind, brauchen Sie Ruhe. Wenn Sie einen Freund haben wollen, müssen Sie ein Freund sein. Wenn Sie die Engel in Ihrem Leben haben wollen, müssen Sie sie einladen.

Gehen Sie an alles, das Sie verwirrt, mit dem gesunden Menschenverstand heran, und suchen Sie nach dem Offensichtlichen! Nehmen Sie jedes Gefühl ernst! Sie müssen nicht überreagieren, aber wenn Sie ein bestimmtes Gefühl haben, gibt es dafür wahrscheinlich einen nahe liegenden Grund. Wenn etwas Sie nervt, dann suchen Sie an den offensichtlichen Stellen nach einer Nervensäge. Bitten Sie die Engel, Ihnen zu helfen, das Offensichtliche zu sehen und zu akzeptieren.

Engelmeditation: **Ich suche die Antworten zuerst bei dem, was offensichtlich ist, und schürfe erst bei Zweifeln tiefer.**

Tragisches

Engelbotschaft: »Sei also bereit für die Chance, die sich als Verlust verkleidet.« *Ralph Blum*, Runen

Buddha soll auf die Frage einer schluchzenden Frau, die ihr Kind verloren hatte und den Grund für ihr Unglück erfahren wollte, geantwortet haben: »Suche jedes Haus in deinem Dorf auf und finde eins, das der Tod nicht heimgesucht hat.« Das war der Frau natürlich unmöglich; der Tod – ein Verlust – ist ein unvermeidlicher Teil des Lebens. Beim Gespräch über Engel taucht immer die Frage nach dem Unglück auf. Warum helfen die Engel manchen Menschen, anderen aber nicht? Warum wird der eine von seinem Schutzengel aus einer Gefahr gerettet, während ein anderer stirbt oder einen lieben Menschen verliert? Buddha hat die Antwort darauf gegeben: Früher oder später erlebt jeder einen Verlust. *Wie* er damit umgeht, entscheidet darüber, ob er sich glücklich oder unglücklich fühlt. Die Engel können Tragödien nicht verhindern, wenn unser Seelenweg sie vorsieht. Aber sie können uns zu der Einsicht verhelfen, dass auch die verheerendste Katastrophe zu neuem Leben führen kann, wenn wir sie als verkleidete Chance begreifen.

Denken Sie an die Verluste, die Sie erlebt haben. Welche positiven Folgen hatten sie? Sind Sie an ihnen gewachsen? Erlauben Sie sich zu trauern, wenn Sie einen Verlust erleben. Versuchen Sie gleichzeitig die Tatsache zu akzeptieren, dass dieser Verlust für das Wachstum Ihrer Seele notwendig ist, und erkennen Sie, dass Sie mit den Engeln als Ihren liebevollen Gefährten als neuer Mensch aus der schwierigen Situation hervorgehen werden.

Engelmeditation: Ich weiß, dass Verluste zum Leben gehören. Ich akzeptiere sie, lerne aus ihnen und wachse.

Inneres Heiligtum

Engelbotschaft: **Der Verstand ist ein allzeit verfügbarer Ort der Verehrung.**

Stellen Sie sich einen heiligen Raum vor, in dem Gott lebt. Nehmen wir an, dieser Raum sei bei Ihnen zu Hause, und Sie müssten entscheiden, wer hineinkommt und bei Gott sein darf. Unser Verstand ist so ein heiliger Raum. Er ist wie ein Kraftfeld, das Seele, Geist und Körper umgibt. Weil wir in diesem Kraftfeld Gott und den Engeln begegnen, sollten wir immer ausreichend viel heiligen Raum bereithalten, um unsere göttlichen Freunde willkommen zu heißen. Denken wir daran, dass unser Geist unverletzlich ist und von den Engeln beschützt wird. Unsere Gedanken gehören nur uns, bis wir sie mitteilen. Nicht jeder versteht unsere innersten spirituellen Gedanken und Gefühle; deshalb ist es oft am besten, wenn nur wir und die Engel sie kennen. Sehen Sie auch genug Zeit und Raum vor, um über sie nachzudenken und sie zu nähren. Dann wird der heilige Raum in Ihrem Verstand zu einem Zufluchtsort, der Ihre Spiritualität speist und erhält.

Haben Sie einen heiligen Raum, der jederzeit zur Benutzung bereit ist? Fühlt Gott sich dort wohl? Dieser Raum ist ein innerer Ort, an dem Sie mit neuen Ideen experimentieren, sich selbst heilen, sich entspannen, mit den Engeln kommunizieren und Ihre Seele für die göttliche Inspiration öffnen können.

Engelmeditation: **Mein Verstand ist mein privates Heiligtum, ein Ort, der mir Zuflucht bietet vor den Stürmen des Negativen, und ein Treffpunkt für Gott und die Engel.**

Engel anderer Menschen

Engelbotschaft: **Wenn die Tür zum Verstand sich schließt, können wir immer noch durch das offene Fenster der Seele klettern.**

Wenn die Kommunikation mit einem Menschen schwierig ist, hilft es oft, stattdessen mit dem Engel des Betreffenden zu reden. Was wir durch Worte oder logische Argumente nicht erreichen, gelingt häufig, wenn wir nicht mit dem physischen, sondern dem spirituellen Selbst des anderen sprechen. Die Metapsychiaterin Ann Lindhoff erzählt in ihrem Buch *A Gift of Love* die Geschichte eines Vaters, der seinen drogenabhängigen Sohn rational nicht erreichte. »Der Vater begann, [...] sich lange mit dem Engel des Jungen zu unterhalten, und schließlich wurde der Junge geheilt, und er konnte direkt mit ihm reden.« Wie wir uns den Engel des anderen vorstellen, liegt bei uns; wir können einen traditionellen Schutzengel vor uns sehen oder mit dem reinen spirituellen Selbst des anderen kommunizieren. Die Engel versprechen uns, dass unsere Liebe und Sorge auf einer tieferen Ebene gehört und bearbeitet werden – der Ebene, auf der die wahren Veränderungen stattfinden.

Wenn die Kommunikation mit einem Menschen blockiert zu sein scheint, können Sie versuchen, sich mit seinem Engel zu unterhalten. Welche Bedürfnisse haben Sie? Welche Sorge? Was soll dieser Mensch vor allem wissen? Sagen Sie alles dem Engel des anderen; Ihre Einstellung dabei sollte liebevoll und fürsorglich sein, nicht wütend und frustriert. Sprechen Sie jedes Mal, wenn Sie das Bedürfnis haben, mit dem Engel des anderen, und vertrauen Sie darauf, dass die Botschaft zu ihrer Zeit auf ihre Weise zu ihm durchkommt.

Engelmeditation: **Ich weiß, dass die Engel göttliche Boten auf allen Ebenen sind.**

Spiritueller Individualist

Engelbotschaft: **Übernehmen Sie Antworten oder Mitgliedschaften nicht, ohne sie zu hinterfragen.**

Spirituelle Individualisten halten ihren Verstand auf Trab und ihr Interesse am großen Ganzen lebendig, indem sie immer mehr Fragen als Antworten haben. Als Freidenker stützen sie sich nicht auf eine bestimmte Religion oder Philosophie, um zu wissen, was richtig oder falsch ist. Vielmehr erkennen sie, dass allen Situationen eine tiefere Wahrheit zu Grunde liegt, die über die Einteilung in »richtig« oder »falsch« hinausführt. Spirituelle Individualisten versuchen nie, eine Überzeugung zu verändern, das Denken zu beeinflussen oder das Recht anderer auf eigene Schlussfolgerungen zu beschneiden. Sie streben gegenseitigen Respekt an und machen schnell die Tür hinter sich zu, wenn sie den Eifer extremer Dogmatik spüren. Denn Dogmen sollen fraglos als wahr akzeptiert werden, und spirituelle Individualisten suchen Fragen, nicht Antworten.

Spirituelle Individualisten wollen Gott erkennen, nicht von Dritten etwas über Gott erzählt bekommen. Wollen Sie Gott in Ihrem Leben auf Ihre Weise erfahren? Wenn ja, sollten Sie die Stimme des Gottes in Ihnen kennen lernen. Sie können sich mit dem Gott in Ihnen verbinden, um eigene Antworten und interessante neue Fragen zu finden. Bitten Sie die Engel, Ihnen zu helfen, Gott kennen zu lernen und die Bekanntschaft genauso zu genießen wie sie. Wie sollen Sie Gott wirklich vertrauen, wenn Sie ihn nicht selbst kennen?

Engelmeditation: **Ich bin ein Freidenker, der Gott auf seine Weise erkennen will.**

Ehe

Engelbotschaft: »**Den Fehler, lieber Brutus, machen nicht die Sterne, sondern wir.**« *Shakespeare*, Julius Cäsar

Viele Leute wollen verheiratet sein, ohne genau zu wissen weshalb. Sie suchen Gesellschaft, Liebe oder Leidenschaft. Oder sie wollen eine Familie, ein Zuhause und finanzielle Sicherheit. Meist halten wir die Ehe für eine Möglichkeit, unsere emotionalen und physischen Bedürfnisse zu befriedigen, ohne zu begreifen, dass die Verbindung zweier Menschen auch eine spirituelle Pflicht mit sich bringt – sich selbst, dem anderen und den neuen Seelen gegenüber, die durch die Verbindung möglicherweise in die Welt kommen. Für die Engel ist die Ehe kein gesetzlicher Vertrag, keine legitimierte sexuelle Vereinigung, kein Haus und keine Kinder, sondern die gemeinsame Suche nach spiritueller Wahrheit und die gemeinsame Verpflichtung zu spirituellem Wachstum. Dazu gehört, dass wir die Verantwortung für unser Glück und unser Unglück übernehmen; dass wir dem Partner dasselbe Recht zugestehen; und dass wir den anderen für sein So-Sein lieben und ihn nicht dafür verurteilen. Bei Problemen erkennen wir, dass nicht der andere, sondern wir selbst sie verursacht haben, und dass wir sie lösen können – durch unsere Überzeugungen, unsere Einstellungen und unsere Bereitschaft, Vorwürfe durch Verständnis zu ersetzen.

Wie sehen Sie die Ehe? Wenn Sie verheiratet sind: Sind Sie glücklich? Wenn nicht: In welche Richtung sollten die Dinge sich verändern? Wenn Sie geschieden sind: Was haben Sie aus Ihrer Ehe gelernt? Wenn Sie gerne verheiratet wären oder planen zu heiraten: Was erwarten Sie von der Ehe? Was wollen Sie geben?

Engelmeditation: Ich weiß, dass die Ehe spirituelles Wachstum und Verständnis verlangt.

Same

Engelbotschaft: **»Dieses kleine Weizenkorn enthält alle Gesetze des Universums und die Kräfte der Natur.«** *Zarathustra*

Ein Same, den wir auf einen Teppich oder einen Holzboden legen, wächst nicht. Wenn wir ihn in die Erde pflanzen, wo er hingehört, in Kontakt mit dem Boden, dem Regen, der Luft, dem Sonnenschein und dem Mondlicht, wächst er zu einer nützlichen Pflanze heran. Genauso wie ein Same müssen auch wir unsere künstliche Umgebung verlassen und in den Garten gehen, wo wir den Kräften der Natur nahe sind, um zu lernen und mehr über das Universum zu erfahren. Der Same wächst zu einer Pflanze heran, und die Pflanze lässt zahllose Samen heranreifen, damit das Leben weitergeht. Wenn wir in eine Umgebung gepflanzt werden, die das Wachstum fördert, bringen auch wir viele neue Samen des Lichts hervor, die jenen großartigen, kraftvollen, unzerstörbaren Prozess fortsetzen – das Leben.

Kommen Sie oft genug aus Ihrer künstlichen Umgebung heraus, um von der Natur zu lernen? Kaufen Sie ein Samenkorn und pflanzen Sie es ein. Lassen Sie sich durch sein Wachstum zu Erkenntnissen inspirieren. Bitten Sie die Engel und die Naturgeister, mit Ihnen über Ihr Samenkorn zu wachen und Ihnen zu helfen, ein Teil des Wachstumsprozesses zu werden. Je besser unser Charakter wächst, umso mehr Raum braucht er zur Entfaltung; also gehen Sie hinaus in die Natur und blühen Sie auf.

Engelmeditation: **Ich bin ein Same des Lichts.**

Engelhaft

Engelbotschaft: **Unser wahres Selbst ist engelhaft.**

Was bedeutet *engelhaft* eigentlich? Oft verwechseln wir es mit lieb sein, was im Allgemeinen bedeutet, sich so zu verhalten, dass man nirgendwo aneckt. Liebsein kann eine Engel-Eigenschaft sein, aber auch ein Ersatz für Ehrlichkeit, eine Strategie, Konfrontationen zu vermeiden, oder ein Versuch, anderen zu gefallen und anerkannt zu werden. Engel sind nicht »lieb«; sie sind liebevoll, aber ehrlich. Sie lotsen uns nie auf einen rosenbestreuten Pfad, der in einer Katastrophe endet; sie machen uns immer mit der Wahrheit bekannt, egal wie unangenehm sie für uns ist. Engelhaft sein bedeutet vor allem, sich selbst gegenüber wahrhaftig und anderen gegenüber ehrlich zu sein. Unser wahres Selbst weiß, in welchen Situationen wir sein wollen und in welchen nicht. Engelhaftigkeit ist nicht immer einfach. Manchmal bedeutet es, in einer unangenehmen Situation mit Mut und Disziplin persönliche Integrität zu zeigen. Aber die Mühe lohnt sich, denn unser engelhaftes Selbst zeigt uns und anderen, wer wir wirklich sind.

Erwarten Sie, dass die Engel immer lieb zu Ihnen sind? Hätten Sie gern, dass sie nach Ihrer Pfeife tanzen und nicht nach der des Schöpfers? Gibt es Menschen in Ihrem Leben, über die Sie sich ärgern, weil sie nicht »lieb« sind, auch wenn sie vielleicht ehrlich sind? Sind Sie »lieb« in Situationen, in denen Sie aufrichtiger sein sollten? Wie würde Ihr Leben sich ändern, wenn Sie sich selbst gegenüber ehrlicher wären?

Engelmeditation: **Wenn ich mir selbst gegenüber ehrlicher werde, kann mein engelhaftes Selbst sich zeigen.**

Jedes Gesicht

Engelbotschaft: **In jedem Teich spiegelt sich der Mond. In jedem Teich derselbe Mond.** *Zen-Spruch*

Genauso, wie sich in jedem Teich derselbe Mond spiegelt, spiegelt sich in jedem Gesicht derselbe Gott. Alle Religionen verehren denselben Gott. Hat Gott in jeder Religion ein anderes Gesicht? Nein, aber die Menschen interpretieren Gott auf ihre Weise, und deshalb sieht es so aus, als würde in jeder Religion ein anderer Gott verehrt. Die meisten Weltreligionen beruhen auf moralischen Lehren, welche die Seele aufbauen sollen; überwiegend vertreten sie auch den Glauben an Engel. Trotz aller angeblichen Unterschiede der religiösen Überzeugungen sind die Gotteserfahrungen sehr ähnlich, denn Gott ist immer derselbe.

Was wissen Sie über die großen Weltreligionen? Es ist heute einfach, sich über die östlichen Religionen zu informieren, und für viele Leute sind spirituelle Bücher und Lehren so etwas wie ein Warenhaus, aus dem sie das für sie Passende heraussuchen. Wenn Sie sich mit den verschiedenen Systemen beschäftigen, werden Sie feststellen, dass die Ansichten zwar sehr unterschiedlich sein können, der Gott, den wir alle verehren, aber derselbe ist.

Engelmeditation: **Ich sehe in jedem Gesicht denselben Gott, wenn ich das religiöse Schubladendenken aufgebe.**

Zeit

Engelbotschaft: **Wie spät wäre es, wenn wir keine Uhren hätten?**

Für uns ist der 24-Stunden-Tag eine Selbstverständlichkeit. Aber ist Ihnen bekannt, dass für die Entstehung unseres heutigen Zeitgefühls die Pest mitverantwortlich war? Vor der Pest galt die Zeit als Domäne Gottes. Die Menschen lebten nicht nach der Uhr, sondern hatten als zeitlichen Horizont den Rhythmus von Tag und Nacht, den Ablauf der Jahreszeiten, Leben und Tod, die Ewigkeit. Aber als im 14. Jahrhundert die Pestwelle über Europa rollte, veränderte sich die Einstellung zur Zeit. Weil es nicht mehr genug Arbeitskräfte gab, wurde bis in die Nacht geschuftet. Uhren und Glocken gaben nun der Zeit den Takt vor, und die Menschen richteten ihr Leben nicht mehr nach der Zeit Gottes aus, sondern nach der der Kaufleute. Dieser Zeitbegriff gilt nach wie vor. Die Zeiteinteilung ist willkürlich, wir können sie aktivieren oder abstellen. In der *physikalischen* Zeit müssen wir wohl oder übel leben, aber die *psychische* Zeit können wir steuern. Wer schon einmal eine mystische Erfahrung hatte, weiß, dass die Zeit stillstehen kann. Ein Traum, der scheinbar mehrere Stunden dauert, läuft in Wirklichkeit in zwei Minuten ab. Die Engel ermuntern uns, über die traditionellen Grenzen von Zeit und Raum hinauszugehen und respektvoll die nicht-lineare, wahrhaft unendliche Zeit Gottes zu würdigen.

Versuchen Sie darauf zu achten, wie die Zeit in Ihrem Leben vergeht. Wann vergessen Sie die Zeit? Wann scheinen die Stunden dahinzuschleichen? Haben Sie zeitlose Momente erlebt? Führen Sie ein Tagebuch und erkennen Sie, dass Sie die Zeit kürzer oder länger machen können.

Engelmeditation: **Ich weiß, dass die Zeit unendlich ist und viele verschiedene Realitäten zur selben Zeit am selben Ort existieren.**

Erfolg

Engelbotschaft: **Nur wenn wir etwas nicht ausprobieren, können wir versagen.**

In unserer Gesellschaft ist Erfolg gleich bedeutend mit Geld und Macht. Aber die Engel haben für Erfolg ganz andere Maßstäbe. Erstens haben Geld und Macht für Engel keinen Wert. Wenn sie zum Wohl aller eingesetzt werden, kann ihr Inhaber als erfolgreich gelten – nicht weil er sie hat, sondern weil er dankbar, mitfühlend und großzügig ist. Zweitens gibt es für Engel so etwas wie Scheitern nicht, denn alles, was wir tun, ist Teil einer Entdeckungsreise. Wir können im Leben nur dann scheitern – hinter unserem Seelenentwurf zurückbleiben –, wenn wir nichts ausprobieren, erkunden oder riskieren. Wenn wir unseren Werten gemäß leben, das tun, was wir lieben, und keine Angst haben, mit dem Leben zu experimentieren, sind wir automatisch erfolgreich, egal wie viel Geld wir verdienen oder welche Position wir haben.

Halten Sie sich für erfolgreich? Wenn ja, warum? Meinen Sie, die Engel würden Sie aus denselben Gründen für erfolgreich halten? Fangen Sie an, Erfolg im Hinblick auf Ihre Werte zu definieren. Macht Ihnen Ihre Tätigkeit Spaß, und glauben Sie, dass Sie zur Welt etwas beitragen? Wenn Sie Ihre Ziele noch nicht erreicht haben, können Sie aus der Erfahrung lernen und sie genießen.

Engelmeditation: **Ich erforsche, riskiere und lerne, und der Erfolg ist mein.**

Ängste

Engelbotschaft: **Im Leben geht es weniger um das, was wir getan haben, als um das, was wir nicht getan haben.**

In Albert Brooks Film *Rendezvous im Jenseits* geht es darum, dass ein Mann stirbt und sich wegen seines Lebens vor Gericht verteidigen muss. Er wird für die Situationen zur Rechenschaft gezogen, in denen er sich auf Grund seiner Ängste von Risiken abhalten ließ, die ihn erfolgreich und glücklich gemacht hätten. Das Gericht verhängt keine Strafen im herkömmlichen Sinn. Aber wenn der Angeklagte zu viele Ängste hatte, muss er auf die Erde zurück und alles noch einmal probieren. Da sich Ängste selten rational begründen lassen, besteht ihr einziger Zweck darin, uns herauszufordern, damit wir sie überwinden. Wie haben Sie es bislang mit Ängsten gehalten? Sind Sie ein Abenteurer, ein Forscher, ein Entdecker des Lebens? Oder hätten Sie viel zu erklären, wenn die Engel zu Gericht säßen und Sie über Vorfälle befragen würden, bei denen Sie das Risiko gescheut und sich von kleinen Ängsten nicht befreit haben?

Denken Sie an eine Ihrer Ängste und fragen Sie sich, ob sie Sie davon abgehalten hat, Ihrem Herzen zu folgen. Vielleicht hat die Angst vor dem Fliegen Sie an abenteuerlichen, aber auch bildenden Reisen gehindert. Vielleicht hat die Angst vor Erfolg Sie davon abgehalten, Ihr Bestes zu geben. Oder hat die Angst, Menschen Ihr wahres Gesicht zu zeigen, engen Freundschaften oder Liebesbeziehungen einen Riegel vorgeschoben? Überlegen Sie, wie ein Leben ohne Ängste sein würde. Fangen Sie an, sie loszulassen.

Engelmeditation: **Ich bin kein Gefangener meiner Ängste. Sie fordern mich heraus, intensiv zu leben, und ich nehme diese Herausforderung an.**

Osmose

Engelbotschaft: **Verinnerlichen Sie das Positive.**

Bei einer Osmose wird natürlich und allmählich etwas verinnerlicht oder aufgenommen. Eine Informationsaufnahme per Osmose geschieht dadurch, dass wir in Gegenwart eines Lehrers sind, von dem wir lernen wollen. Am Anfang einer Osmose steht also eine Absicht. Wenn wir die Absicht haben, etwas zu lernen, fangen wir auf vielen verschiedenen Ebenen an, Informationen aufzunehmen. Vermutlich ist unser Unbewusstes immer irgendwie hellhörig und am Lernen; es nimmt Informationen auf, die unser Verhalten und die von uns ausgesandten Signale beeinflussen. Eine Osmose funktioniert in zwei Richtungen: Wir nehmen Signale von anderen auf, und sie von uns.

Das Wissen um den subtilen Einfluss der Osmose lässt uns eher darauf achten, mit wem wir zusammen sind und was wir möglicherweise verinnerlichen, ohne dass es uns bewusst ist. Wenn die Engel in unserer Nähe sind, weil wir im Engelbewusstsein leben wollen, lernen wir durch Osmose sehr viel von ihnen.

Engelmeditation: **Ich nehme die göttlichen Impulse der Engel in mich auf und gebe sie per Osmose an die Menschen weiter, mit denen ich zusammen bin.**

Erklärungen

Engelbotschaft: »Wer kann es erklären? Wer weiß warum?
Dummköpfe geben Gründe an; Weise nie.«

Rodgers und Hammerstein, South Pacific

Haben Sie manchmal das Gefühl, dass Sie umso weniger verstanden werden, je mehr Sie zu erklären versuchen? Und versuchen Sie häufig, Ihnen unbegreifliche Lebensereignisse zu erklären, weil Sie hoffen, dadurch ihre Macht zu brechen? Wenn uns zum Beispiel ein Unglück trifft, versuchen wir oft verzweifelt, eine Erklärung dafür zu finden. Aber womit könnte man ein Unglück erklären? Und warum sollten wir das überhaupt? Wir meinen, wir hätten nichts mehr zu fürchten, wenn wir das Unbekannte erklären. Aber die Engel wissen, es hat einen Grund, dass manche Dinge uns nicht bekannt sind. Wir können unsere Angst nur überwinden, indem wir das Mysteriöse akzeptieren. Zu gegebener Zeit werden wir alles wissen, was wir wissen sollen, aber im Moment rät die Engel-Weisheit uns, das scheinbar Unerklärliche zu akzeptieren und auf dem Weg der Erleuchtung weiter zu gehen.

Akzeptieren Sie die Tatsache, dass Sie manchmal, vielleicht auch oft, nicht verstanden werden. Akzeptieren Sie, dass es hier auf Erden ein paar Dinge gibt, die Sie vielleicht nie verstehen werden. Bitten Sie die Engel, Sie über Erklärungen hinaus- und in das Leben im Augenblick hineinzuführen.

Engelmeditation: Wenn ich das, was ich noch nicht verstehe, bedenke und akzeptiere, komme ich dem wahren Sinn des Lebens näher.

Wut und Hass

Engelbotschaft: **»Wut und Hass sind das Material, aus dem die Hölle besteht.«** *Thich Nhat Hanh*

Wut ist eine Energie, die in sich zusammensinken oder in etwas Konstruktives umgelenkt werden kann. Hass ist außer Kontrolle geratene Wut. Haben Sie schon einmal einen Menschen beobachtet, der gerade seinem Hass freien Lauf lässt? Sein Gesicht ist verzerrt, die Stimme wird lauter, und andere Anwesende wären am liebsten unsichtbar. Wir alle haben Gründe, wütend zu sein; es gibt viele Ungerechtigkeiten auf der Welt und in unserem Leben. Aber wenn wir dem Hass nachgeben, haben wir die Chance vertan, uns mit unserer Wut auseinander zu setzen und sie in etwas Konstruktives zu verwandeln. Die Engel bitten uns, unsere Wut nicht mit in den Schlaf zu nehmen. Sie drängen uns, die tödliche Falle des Hasses zu vermeiden, indem wir über unsere Wut nachdenken und sie entweder herunterschrauben oder produktiv und kreativ äußern.

Wenn die Wut in Ihrem Denken mehr Platz einnimmt als Frieden und Akzeptanz, ist es an der Zeit, innezuhalten und darüber nachzudenken, warum Sie daran festhalten. Schauen Sie in den Spiegel; wie verändert die Wut Ihre Gesichtszüge? Wie wirkt sie auf andere? Reden Sie dann mit Ihrer Wut! Fragen Sie sie, warum sie noch nicht weg ist und was sie überhaupt will. Bitten Sie dann die Engel um die beste Methode, Ihre Wut loszulassen und ausgeglichener und einfühlsamer zu werden.

Engelmeditation: **Ich arbeite mit meiner Wut und verwandle sie in eine konstruktive Energie.**

Wassergeister

Engelbotschaft: »Alle Wassergeister können uns etwas über unsere Gefühle lehren. Wenn wir lernen, uns mit ihnen zu verbinden, können wir davon nur profitieren.«   *Ted Andrews*

Das menschliche Leben beginnt im Wasser. Wasser ist das wichtigste Element, das unseren Körper am Leben erhält. Wasser ist ein Symbol für Läuterung, Gefühle und Mysterium. Den meisten Menschen geht es am besten, wenn sie in der Nähe einer natürlichen Wasserquelle leben. Die Wassergeister sind die Schutzengel dieser Quellen, und manche Menschen können sehen, wie sie unter Wasserfällen tanzen und auf den Wellen schwimmen. Viele Mythen ranken sich um sie, und sie tragen viele verschiedene Namen. Es gibt Undinen, Wasserkobolde, Wasserfeen, Nymphen und natürlich die Meerjungfrauen. Um sie sehen zu können, müssen Sie sie kennen. Vielleicht tauchen sie nicht vor Ihren physischen Augen auf, aber Sie sehen sie vor Ihrem geistigen Auge und spüren ihre Energie, sobald Sie bereit sind, ihre Gegenwart anzuerkennen.

Ted Andrews beschreibt in seinem Buch Zauber des Feenreichs *viele kreative Methoden, um mit den Wassergeistern in Kontakt zu kommen. Eine besonders schöne besteht darin, in der Morgen- oder Abenddämmerung zu einem Teich zu gehen, Blüten hineinzuwerfen und dann zu beobachten, wie sich um die Blüten herum kleine Wellen bilden – die Wassergeister versammeln sich und freuen sich über die Blumen. Suchen Sie sich einen Teich, einen See, einen Bach oder einen Fluss in Ihrer Nähe und setzen Sie sich eine Zeit lang still neben das Wasser. Schreiben Sie alle Gedanken und Gefühle auf, die Ihnen in den Sinn kommen, während Sie sich auf das Reich der Wassergeister einstellen.*

Engelmeditation: Ich stimme meinen Verstand und mein Herz auf das lebensspendende Wasser und die vielen Schutzgeister ein, die sein Geheimnis bewahren.

Spiritueller Ölwechsel

Engelbotschaft: **Vergessen Sie nicht, vor spirituellen Reisen einen Ölwechsel vorzunehmen.**

Manchmal zögern wir, eine Veränderung in Angriff zu nehmen, weil wir meinen, sie würde viele andere nach sich ziehen. Aber überlegen Sie einmal, was Sie an Ihrem Auto alles ändern, bevor Sie ein neues kaufen. Sie wechseln das Öl, das dafür sorgt, dass die Maschine reibungslos läuft; wenn Sie schmutziges Öl regelmäßig durch sauberes ersetzen, verlängert das die Lebensdauer des Fahrzeugs. Nach dem Ölwechsel können Sie mit dem Auto genau dieselben Orte aufsuchen wie vorher; Sie müssen weder sein Verhalten ändern noch sich ein neues Auto kaufen. Achten Sie darauf, dass Ihr spirituelles Öl immer frisch ist, und wechseln Sie es oft. Auf diese Weise läuft Ihr Leben wie am Schnürchen, und Sie brauchen es nicht gegen ein neues einzutauschen.

Vielleicht ist es an der Zeit, dass Sie einen Ölwechsel vornehmen: anders essen, ein bekanntermaßen unproduktives Verhalten abstellen, mit kreativem Elan eine Depression vertreiben, alles mit Engelbewusstsein tun oder ein neues spirituelles Gedankensystem entdecken. Solche positiven Veränderungen müssen nicht bedeuten, dass Ihr Verhalten sich um 180 Grad dreht.

Engelmeditation: **Durch regelmäßige spirituelle Ölwechsel funktioniert mein Geist wie geschmiert.**

Engelmedizin

Engelbotschaft: **Die Engel bringen uns die Heilmittel der göttlichen Schöpfung.**

Engelmedizin ist alles, was unsere Verbindung zum göttlichen Schöpfer stärkt und so unserem Verstand Frieden und unserer Seele Harmonie bringt. Engelmedizin wird nicht als Pillen oder Saft verabreicht, sie wird von wissenschaftlichen Labors weder untersucht noch entwickelt. Denn sie ist etwas ganz Persönliches – unser einmaliges Rezept zur Linderung von Selbstzweifeln, Frust und anderen Formen des Unglücklichseins. Wenn wir unsere Engelmedizin nehmen, werden wir verständnisvoller und innerlich stärker. Manche Indianervölker glauben, dass jedes Geschöpf sein Heilmittel in sich trägt. Jedes Tier zum Beispiel schickt uns durch charakteristische Verhaltensmuster Botschaften, die uns helfen, klarer zu sehen. Genauso wie an die Medizin eines bestimmten Tieres können wir uns auch an die Medizin eines bestimmten Engels halten. Denken Sie daran, dass es für jede Eigenschaft Gottes besondere Engel gibt, die selig sind, wenn sie diese Eigenschaft in Ihr Leben bringen können.

Stellen Sie Ihr persönliches Engel-Medizinschränkchen zusammen. Was enthält es? Was brauchen Sie auf Vorrat? Was sollten Sie entsorgen, weil das Verfallsdatum überschritten ist? Machen Sie sich eine Engel-Medizintasche. Nehmen Sie einen kleinen Beutel und geben Sie Dinge hinein, die Ihre persönliche Engelmedizin symbolisieren. Hier ein paar Vorschläge: schöne Steine, eine Feder, ein Herz, kleine Bilder, ein Sprichwort, ein Gebet mit einem Anliegen, Erbstücke, religiöse Medaillen, Blumen. In Frage kommt alles, was für Sie eine Bedeutung hat.

Engelmeditation: **Die Medizin der Engel berührt meine Seele und heilt meinen Geist.**

Hausputz

Engelbotschaft: **Hausarbeit ist etwas Innerliches und etwas Äußerliches.**

Viele von uns verbringen viel Zeit damit, ihre materielle Umgebung zu ordnen, vergessen aber, dasselbe mit ihren geistig-emotionalen Lebensräumen zu tun. Wir müssen aus den Rumpelkammern unseres Lebens regelmäßig Altes entfernen und Platz für Neues schaffen. Haben wir alte Schulden, um die wir uns kümmern sollten? Mit wem sollten wir uns auseinander setzen, mit wem wieder verbinden, wen loslassen? Gammeln da vielleicht noch irgendwelche Projekte vor sich hin, die zu Ende geführt oder endgültig ad acta gelegt werden sollten? Überzeugungen, die für unsere aktuelle Situation nicht mehr relevant sind? Je mehr Unnützes wir ansammeln, desto eher haben wir das Gefühl, dass die Dinge uns erdrücken, und desto schwieriger wird das Aussortieren. Aber wenn wir uns die Zeit für einen gründlichen Hausputz nehmen und uns von Altlasten befreien, erleben wir eine Leichtigkeit des Seins, die uns mühelos und gut gelaunt zu neuen Zielen und Erfahrungen führt.

Ist es Zeit für einen inneren Hausputz? Machen Sie eine Liste mit all dem alten Kram, mit dem Sie sich irgendwann einmal beschäftigen wollten. Was wollen Sie behalten? Was harrt der Vollendung? Was muss weg? Laden Sie die Engel als Putztruppe ein und bitten Sie sie um Vorschläge, wie Sie die Dinge am besten in Ordnung bringen sollen.

Engelmeditation: **Wenn ich mich mit einer Sache befasse und sie abschließe, spüre ich Zufriedenheit und Freizeit.**

Engelkonferenzen

Engelbotschaft: **Die Engel sind unsere wertvollsten Berater.**

Im Berufsleben sind Besprechungen wichtig, um Informationen zu verbreiten, neue Ideen zu produzieren, Unterstützung zu organisieren und jeden auf dem richtigen Kurs zu halten. Die Engel befürworten Besprechungen und werden gern zu ihnen eingeladen. Engelkonferenzen lassen sich jederzeit aus allen möglichen Gründen einberufen. Sie sind sehr nützlich bei der Planung unserer Ziele und helfen, die notwendigen Schritte zu finden, um die Ziele zu erreichen. Engelkonferenzen sind auch hilfreich, wenn wir mit Menschen oder Dingen Probleme haben. Die Engel fungieren als Mitarbeiter und Berater. Wir können uns auf ihren Rat verlassen und ihnen Aufgaben übertragen, mit denen wir nicht zurechtkommen. Feste Vorschriften für eine Engelkonferenz gibt es nicht; lassen Sie Ihrer Fantasie freien Lauf, und betrachten Sie das Ganze als Spaß! Sie wollen die Engel doch nicht langweilen.

Halten Sie eine Engelkonferenz ab. Die Teilnehmer bestimmen Sie: Von Gott als Vorsitzendem über Heilige und Erzengel bis zu berühmten Menschen aus Vergangenheit oder Gegenwart, die Sie bewundern, ist alles möglich. Gehen Sie mit Humor an die Sache heran; seien Sie kreativ! Laden Sie auch Engel ein, die in Bereichen, in denen Sie Hilfe brauchen, Experten sind. Bitten Sie sie um Anregungen und Ideen für Ihr weiteres Vorgehen. Haben Sie keine Hemmungen; Engeln macht es Spaß, für Sie zu arbeiten. Sorgen Sie dafür, dass Licht, Schönheit, Dankbarkeit und positive Energie die Konferenz bestimmen. Schreiben Sie alle Einsichten oder Ideen auf, die Sie erhalten, und denken Sie daran, den Engeln für ihre Zeit und Mühe zu danken.

Engelmeditation: **Die Engel stehen mir immer als Assistenten zur Verfügung, um Klarheit, Sinn und Kraft in mein Leben zu bringen.**

Bauhausbewegung

Engelbotschaft: **Wer wahre Kunstfertigkeit besitzt, hat verstanden, dass kein Ding vom anderen getrennt ist.**

Anfang des 20. Jahrhunderts führte die Bauhausbewegung Architektur und Design zu neuen Höhen der Anmut und Symmetrie. Bauhaus-Architekten sahen ein Haus nicht getrennt von seinem Umfeld, sondern darin eingebettet. Deshalb strebten sie die Einheit von Form und Funktion an. Sie arbeiteten eng mit den zukünftigen Hausbesitzern zusammen und waren Planer, Innenarchitekten und Landschaftsgestalter in einer Person; oft fand dasselbe Designthema sich in der Struktur des Hauses, der Innenausstattung und im Garten wieder, sodass Harmonie und Gleichgewicht entstanden, wobei die kleinsten Elemente eine wichtige Rolle spielten. Eine Lampe etwa – ihre Form, das von ihr erzeugte Spiel von Licht und Schatten – war genauso wichtig wie der Grundriss. Wenn ein Bauhaus verkauft wurde und der neue Besitzer andere Möbel aufstellte, war die Schönheit des Hauses auf geheimnisvolle Weise dahin, denn ohne die exquisite Synthese von Objekt und Raum, Struktur und Umgebung hatte es seine Seele verloren.

Wie würde die Welt aussehen, wenn jeder so wie die Bauhaus-Leute ans Leben heranginge? Wie könnten Sie ein bisschen Bauhaus-Philosophie in Ihr Leben bringen?

Engelmeditation: **Bei allem, was ich tue, strebe ich nach Harmonie und Ganzheit.**

Haltung

Engelbotschaft: **Haltung ist die natürliche Folge eines Lebens im Engelbewusstsein.**

Haltung ist die Eigenschaft, die Sie fördern sollten, wenn Sie sich für Ihren Alltag mehr Stabilität und Zuversicht wünschen. Haltung strahlt Würde aus und fördert den Frieden. Entgegen der landläufigen Überzeugung lässt sie sich nicht an einer Schauspielschule erlernen. Vielmehr ist sie das natürliche Ergebnis eines ausgeglichenen inneren Wesens. Sie verhindert auch, dass wir die Fassung verlieren. Stattdessen denken und handeln wir ruhig, egal was passiert. Diese Selbstbeherrschung ermöglicht auch, dass wir jederzeit handlungsfähig sind. Wir sind seelisch und körperlich im Gleichgewicht, mit unserer Umgebung im Frieden, ohne gleichgültig zu sein, wir denken logisch. Geist und Körper reagieren überlegt, präzise und schnell.

Beschließen Sie beim Aufwachen morgen früh, den ganzen Tag gelassen zu bleiben. Schreiben Sie für sich selbst eine Erklärung, wonach Sie ruhig, zentriert und gelassen bleiben, egal wie verrückt die Welt um Sie herum sich gebärdet, egal wie viel Eindrücke von Leid, Wut und Chaos Sie erleben. Bitten Sie die Engel, Sie daran zu erinnern, dass Sie jedes Mal, wenn Ihre Gelassenheit in Gefahr ist, in Ihre ruhige Mitte zurückgehen und tief atmen müssen. Was immer wir tun, wenn wir ruhig, gelassen und engelbewusst sind, ist richtig.

Engelmeditation: **Ich bleibe im Alltag gelassen, denn ich weiß, dass die Engel meinem Herzen nahe bleiben, wenn ich in meiner Mitte bin.**

Horizont

Engelbotschaft: »**Der Horizont eines Menschen sollte weiter sein als das, was er in greifbarer Nähe hat, denn wozu wäre sonst der Himmel gut?**« *Robert Browning*

Wenn Sie das Gefühl haben, die Welt verschließt sich Ihnen, ist das vielleicht ein guter Zeitpunkt, um Ihren Horizont zu erweitern. Ihr Horizont ist der Umfang Ihrer Wahrnehmungen, Gedanken und Handlungen. Wenn Sie Ihren Horizont erweitern, nimmt auch der Umfang Ihrer Möglichkeiten zu. Manche von uns meinen, sie hätten den großen Überblick, weil sie eine spirituelle Einstellung haben, aber wenn wir uns nicht bemühen, in jedem Augenblick neue Dinge zu sehen und uns auf neue Informationen einzustellen, wird unser großer Überblick schnell klein. Den Horizont erweitern bedeutet zu wachsen, Veränderungen zu akzeptieren und versteckte Informationen zu finden. Die Engel sind Meister für die Erweiterung Ihrer Wahrnehmungen.

Wenn wir etwas beobachten oder genauer sehen wollen, verwenden wir für kleine Dinge ein Mikroskop, das winzige Details vergrößert, und für weit entfernte Dinge ein Teleskop, das diese näher heranholt. Legen Sie sich ein Engelskop zu. Legen Sie etwas schwer Verständliches, das Sie besser begreifen wollen, unter Ihr Engelskop, dann sehen Sie es heller, klarer und größer.

Engelmeditation: **Ich verbessere meinen Blick auf das Leben, indem ich meinen Horizont erweitere.**

Unschuld

Engelbotschaft: **Die Unschuld ist immer nur einen Atemzug weit weg.**

Unsere Seele ist immer im reinen Zustand der Unschuld. Warum? Weil Unschuld uns von starren Überzeugungen und einer überholten Lebensweise befreit, die das Seelenwachstum hemmt. Weil Unschuld oft mit Naivität oder sogar Dummheit verwechselt wird, hat sie in einer Gesellschaft, die viel Wert auf Kritik und eigene Meinung legt, keinen hohen Stellenwert. Wahre Unschuld ist jedoch genau das Gegenteil von Naivität; wir müssen extrem bewusst und mit uns selbst im Frieden sein, um frei von vorgefassten Meinungen, Urteilen und anderen dogmatischen Verhaltensweisen zu sein, mit denen wir oft unsere Identität definieren und schützen. Was hält uns davon ab, mit Unschuld zu handeln? Haben wir Angst, albern zu erscheinen, uns wie ein Kind und nicht wie ein Erwachsener zu verhalten? Belasten unsere Sorgen uns so, dass wir Schuldgefühle haben, wenn wir die Fesseln unseres Verstands abstreifen und das Leben einen Augenblick, einen Tag oder immer genießen? Wenn wir unsere natürliche Unschuld wieder entdecken wollen, brauchen wir uns nur an die Engel zu wenden, denn sie sind von Natur aus unschuldig.

Stellen Sie sich vor, dass die Engel Ihrer Seele ein Bad bereiten und sie in Unschuld waschen. Atmen Sie tief und lassen Sie zu, dass ein Augenblick der Unschuld Ihr Wesen erfüllt.

Engelmeditation: **Meine Seele und mein Geist sind unschuldig und frei.**

Lehrer

Engelbotschaft: **Die Engel sind Ihre spirituellen Helfer, Sie können diese Hilfe annehmen, egal welcher Glaubensrichtung Sie angehören.**

Ein Zen-Meister wurde von seinen Schülern gebeten, den Mond zu erklären. Er sagte nichts, sondern zeigte mit dem Finger auf den Mond. Die Schüler waren verblüfft und sagten: »Aha, der Mond ist ein Finger!« Die meisten von uns machen bei Engeln denselben Fehler. Die Engel verweisen auf Gott; sie wollen nicht, dass wir uns auf sie konzentrieren, sondern auf das Wesen Gottes. Viele spirituelle Lehrer und Systeme weisen auf das Göttliche hin, und es ist wichtig, dass wir die Lehrer nicht mit der Botschaft verwechseln. Es ist durchaus möglich, dass manche Lehrer wollen, dass wir sie mit dem Göttlichen verwechseln; also lernen Sie unterscheiden. Es gibt Lehrer für alle Wahrnehmungsebenen, die wir erreichen. Jeder Lehrer kann wertvoll sein, wenn Sie sich nicht den Lehrer, sondern die von ihm übermittelte Information ansehen.

Ein passiver Schüler stellt kaum Fragen und ist froh, wenn ihm gesagt wird, was er tun und wie er lernen soll. Ein aktiver Schüler sieht hinter die Informationen und findet neue Möglichkeiten, etwas zu lernen. Die Engel wollen, dass wir als Schüler des Lebens aktiver werden und daran denken, dass wir alle einander Lehrer sind. Auch Lehrer müssen weiterlernen, denn »wenn der Verstand nicht gefüttert wird, verschlingt er sich selbst«.

Engelmeditation: **Ich will das Wesen der Dinge verstehen und die Quintessenz spiritueller Lehren finden.**

Bäume

Engelbotschaft: **Ein Baum gibt bedingungslos und großzügig.**

Bäume sind magische und spirituelle Symbole. Der Baum des Lebens und der Baum der Erkenntnis sind Brücken zwischen Himmel und Erde; die Äste reichen hoch in den Himmel, die Wurzeln sind tief in der Erde verankert. Ohne Bäume wäre die Erde kahl und unbewohnbar. Bäume reinigen die Luft; ihre Wurzeln schützen die Bodenkrume, in der wir unsere Nahrung anbauen; zum Bau unserer Häuser brauchen wir Bäume; Bäume spenden Schatten und dienen als Windschutz; wir verwenden sie als Brennmaterial beim Kochen und Heizen; Bäume liefern uns Nahrungs- und Heilmittel und zahllose andere nützliche Dinge, die wir für selbstverständlich halten. Haben Sie schon einmal bemerkt, wie gern Kinder in der Nähe von Bäumen spielen oder auf ihnen herumturnen? Hatten Sie als Kind einen Lieblingsbaum? Machen Sie es sich zum Prinzip, Bäume zu schätzen; es wird Ihr Leben bereichern.

Bäume haben Schutzgeister, und wir können viel lernen, wenn wir ruhig neben einem Baum sitzen und uns mit seiner Energie verbinden. Baumgeister haben genauso einen Lieblingsmenschen wie wir einen Lieblingsbaum. Suchen Sie sich einen Baum, der Ihnen gefällt, und lernen Sie ihn kennen. Gehen Sie zur Begrüßung so weit zurück, dass Sie ihn ganz sehen können. Lassen Sie Ihr Auge zur Spitze des Baumes wandern und bewundern Sie den Raum, an dem Himmel und Erde sich begegnen. Sehen Sie sich dann Ihren Baum im Einzelnen an: Seine herrlichen Zweige, seine kräftigen Wurzeln. Von Bäumen können wir etwas über Kraft, Würde, Frieden und Großzügigkeit lernen.

Engelmeditation: **Ich ehre die Bäume und danke ihnen für die Kraft und den Frieden, die sie den Menschen bringen.**

Geldadel

Engelbotschaft: »**Viele Leute geben Geld, das sie noch nicht verdient haben, für Dinge aus, die sie nicht wollen, nur um Leute zu beeindrucken, die sie nicht mögen.**«   *Will Rogers*

Manche Leute machen sich zu Sklaven, indem sie sich zum Geldadel schlagen. Sie fangen an, sich nur noch um ihren materiellen Besitz zu kümmern und verlangen Respekt dafür, dass sie genauso sind wie alle anderen und sich anpassen. Sklaven arbeiten für den Profit anderer. Sklaven des Geldes arbeiten, um andere zu beeindrucken oder um mit dem gleichzuziehen, was andere tun. Also sind sie nicht frei, sie selbst zu sein und das zu tun, was sie wollen. Das Mitlaufen mit dem Geldadel führt auf ein Abstellgleis, denn es verhindert, dass Sie Ihr eigenes Leben leben. Manche Leute erkennen gar nicht, dass sie in die Falle der Konventionen gegangen sind. Die tägliche Tretmühle verbraucht so viel von ihrer Zeit und ihrer Energie, dass sie vergessen, dass sie sie verlassen und weitergehen können.

Seien Sie kein Sklave der Konventionen oder einer bestimmten Vorstellung von der Welt. Hören Sie auf, sich in eine Illusion hineinzwängen zu wollen. Die Engel begrüßen Mannigfaltigkeit und Individualität. Befreien Sie sich aus den Fallstricken des Geldadels; kaufen Sie Dinge, weil Sie sie wollen, nicht um irgendjemand zu beeindrucken, und geben Sie das Geld aus, das Sie haben.

Engelmeditation: **Die Engel respektieren meine Individualität, und ich respektiere die Engel, indem ich meinen Mitteln gemäß lebe und dankbar bin für die Chance, ich selbst zu sein.**

Ängstlichkeit

Engelbotschaft: **Wir haben alles, was wir brauchen, um alles im Griff zu haben, was wir im Griff haben müssen.**

Ängstlichkeit ist eine Alarmglocke, die uns drängt, unser Tempo zu drosseln, loszulassen und Engel zu Hilfe zu rufen. Wir haben nur dann Angst, wenn wir meinen, wir hätten die Dinge nicht im Griff. Aber wenn uns klar wird, dass wir außer unseren eigenen Handlungen und Reaktionen im Leben kaum etwas steuern können und dass das auch gar nicht notwendig ist, haben wir den ersten Schritt zum inneren Frieden getan. Die Engel sind ziemlich talentierte Angstknacker; wir können sie jedes Mal zur Hilfe rufen, wenn wir sie brauchen, auch bei den kleinsten Bitten, und ganz besonders bei den kleinsten Ängsten. Wenn Sie also das Gefühl haben, dass die Dinge Ihnen über den Kopf wachsen und die Panik Sie überwältigt, sollten Sie das Problem nicht einfach ignorieren und den starken Max markieren. Geben Sie vielmehr zu, dass Sie Angst haben, und flüchten Sie dann unter die Fittiche der Engel, die Ihr inneres Gleichgewicht wieder herstellen werden. Sie brauchen nichts zu tun – außer ihnen zu vertrauen, wenn sie Ihnen sagen, dass alles in Ordnung kommen wird.

Sobald Sie spüren, dass die Angst Sie packt, sollten Sie sofort mit dem aufhören, was Sie gerade tun. Setzen oder legen Sie sich bequem hin und fangen Sie an, tief zu atmen, vor allem durch die Nase. Lassen Sie die Luft sanft in Ihren Bauch strömen. Stellen Sie sich dabei vor, wie die Engel Sie in beruhigendes goldenes Licht hüllen. Spüren Sie, während Sie weiteratmen, wie dieses warme Licht Ihr Wesen erfüllt. Fangen Sie an, im Geist zu wiederholen: »Alles wird gut.« Machen Sie das, bis die schützende Umarmung der Engel Sie beruhigt hat.

Engelmeditation: **Wenn bei mir Panik ausbricht, begebe ich mich in die Obhut der Engel; ich lasse mich von ihrer Liebe schützen und von ihrer Weisheit leiten.**

In Ordnung sein

Engelbotschaft: **Wir bleiben gut in Schuss, wenn wir unser Leben ins Lot bringen.**

In punkto Gleichgewicht haben wir viel zu lernen. Wenn unsere Seele, unser Körper und unser Geist im Lot sind, können wir unsere Arbeit und unsere Freizeit genießen. Wir kommen ins Gleichgewicht, wenn wir Grenzen setzen. Das ist nicht einfach, aber wichtig. Andere können uns eigentlich nur dann verletzen und nerven, wenn sie unsere körperlichen oder seelischen Grenzen überschreiten, ohne dass wir sie dazu eingeladen haben.

Fällt es Ihnen leicht, Grenzen zu setzen, oder fühlen Sie sich in manchen Beziehungen irgendwann unwohl, ohne genau zu wissen warum? Das Missbehagen entsteht dadurch, dass wir vergessen, unsere Grenzen zu erkennen, und andere nicht daran hindern, sie zu überschreiten. Für Menschen, die alles tun, um einen Konflikt zu vermeiden, ist es nicht einfach, Grenzen zu setzen. Vielleicht meinen Sie, es wäre nicht nett, Grenzen zu setzen. In Wirklichkeit ist es das Netteste, was Sie für sich und andere tun können.

Engelmeditation: **Ich respektiere meine Grenzen und die Grenzen anderer; mein Leben ist erfüllt von der Schönheit des inneren Friedens.**

Körper

Engelbotschaft: **Wir sind eine heilige Dreifaltigkeit von Körper, Seele und Geist.**

Auf der Suche nach spiritueller Wahrheit leben wir oft eher im Kopf als im Körper. Infolgedessen kann es sein, dass wir anfangen, unseren Körper zu vernachlässigen. Obwohl wir die Transzendierung der materiellen Ebene als Ziel der spirituellen Suche betrachten und wissen, dass der Körper letztlich nur ein Kleidungsstück ist, das wir ablegen, wenn wir die Erde verlassen, sind wir erst dann wirklich mit dem Himmel verbunden, wenn wir mit uns verbunden sind. Wenn wir körperlich nicht auf der Höhe sind, uns ausgepowert und gestresst fühlen, können wir keine reinen Kanäle des höheren Bewusstseins sein. Die Engel wollen, dass wir uns um unseren Körper genauso kümmern wie um unseren Geist, denn der Kontakt zu unserem höheren Selbst erfolgt über den Körper. Wenn wir ihn korrekt und liebevoll behandeln, haben wir mehr körperliche und geistige Energie, was wiederum unsere Kreativität, unseren Enthusiasmus und unsere Freude vermehrt und uns für alle Wunder des Engelreichs öffnet.

Welche Beziehung haben Sie zu Ihrem Körper? Behandeln Sie ihn liebevoll, oder vernachlässigen Sie ihn? Sind Sie stolz auf ihn, oder schämen Sie sich seiner? Werfen Sie einen Blick in den Spiegel und sehen Sie sich so, wie die Engel Sie sehen: mit Liebe, Wertschätzung und Respekt. Übertragen Sie dies dann in alltägliche Handlungen, die Ihren Körper achten und Ihr Wohlbefinden als physisches Wesen steigern.

Engelmeditation: **Wenn ich die liebevolle und befreiende Energie der Engel aufnehme, kann ich meinen Körper besser akzeptieren und ihn liebevoller und fürsorglicher behandeln.**

Divergentes Denken

Engelbotschaft: **Haben Sie nie Angst, von der Norm abzuweichen.**

Probleme lassen sich intellektuell auf zwei Arten lösen. Beim konvergenten Denken suchen wir nach der einen richtigen Antwort. Beim divergenten Denken dagegen wollen wir möglichst viele Antworten und Möglichkeiten finden. Beide Denkweisen haben ihre Berechtigung. Konvergentes Denken ist wichtig, wenn Sie eindeutig handeln müssen, etwa ein Auto starten oder ein elektrisches Gerät einschalten. Die meisten Probleme jedoch sind zu komplex, als dass sie sich durch konvergentes Denken lösen ließen. Beim divergenten Denken können wir jede gewünschte Richtung einschlagen, auf neue Fragen kommen und neue, aufregende Möglichkeiten finden, etwas zu tun.

In der Schule wird das divergente Denken im Allgemeinen nicht geschätzt, denn viele Leute fühlen sich nur mit Fragen wohl, auf die es nur eine richtige Antwort gibt. Konvergentes Denken begrenzt unsere Ressourcen. Divergentes Denken führt zu Wendigkeit und Einfallsreichtum. Die Engel helfen Ihnen, divergent zu denken, denn sie schätzen Kreativität und flüstern Ihnen mit Freuden neue Möglichkeiten zu. Setzen Sie beim nächsten Problem all Ihre Ressourcen ein, und denken Sie divergent!

Engelmeditation: **Mein Denken bewegt sich nicht auf ausgetretenen Pfaden.**

Schmeichelei

Engelbotschaft: »**Je mehr wir unsere Freunde lieben, desto weniger schmeicheln wir ihnen.**« *Molière*

Weil wir alle gern akzeptiert und geschätzt werden, geraten wir leicht ins Schmeicheln. Das ist etwas ganz anderes, als Komplimente zu machen. Schmeicheleien sind letztlich ein unaufrichtiges Lob, ein Versuch des Schmeichlers, vom Gelobten etwas zu bekommen. Ein Kompliment dagegen ist ein aufrichtiger Ausdruck der Bewunderung oder Wertschätzung, der von Herzen kommt und der Wahrnehmung des Lobenden entspricht. Engel lassen sich von Lobhudelei nicht beeindrucken. Solange wir uns mit uns selbst wohl fühlen und uns um ein integeres Leben bemühen, bemerken wir den Unterschied zwischen Süßholzgeraspie und einem aufrichtigen Kompliment. Wir haben dann auch weder das Bedürfnis, andere zu hofieren, um selbst Anerkennung oder materielle Vorteile einzuheimsen, noch sind wir anfällig für Neid und Eifersucht, die uns davon abhalten, Komplimente zu machen. Denn eine aufrichtige Eigenliebe führt auf ganz natürliche Weise dazu, dass wir andere lieben und schätzen.

Wenn es Ihnen schwer fällt, den Unterschied zwischen einer Schmeichelei und einem Kompliment zu erkennen, sollten Sie auf Ihre körperlichen Reaktionen achten. Wenn man uns schmeichelt, haben wir oft ein unbehagliches Gefühl im Bauch, der sich instinktiv zusammenzieht. Bei einem Kompliment dagegen spüren wir in diesem Bereich Wärme, eine Flut angenehmer Energie. Erkennen Sie, welche Motive hinter den Lobeshymnen stecken, und handeln Sie entsprechend!

Engelmeditation: **Auch ohne Schmeicheleien in aktiver oder passiver Form habe ich das Gefühl, wertvoll zu sein und akzeptiert zu werden.**

Reife

Engelbotschaft: **Unser Bauplan sieht vor, dass wir mit dem Alter besser werden.**

Durch Reife lernen wir, unseren Verstand zu benutzen und zur Vernunft zu kommen. Das ist eigentlich ganz positiv, aber das Wort *Reife* hat immer einen ernsten Beigeschmack. Es ruft das Bild von Erwachsenen wach, die alles ganz rational machen und sich kein bisschen amüsieren. Dabei ist Reife ein wunderbarer, natürlicher Prozess, durch den wir Intelligenz, Urteilsfähigkeit und Aufgeschlossenheit entwickeln. Für Engel bedeutet Reife nicht, dass wir unser kindhaftes Wesen aufgeben müssen. Es ist eher so, dass zu dem inneren Kind die Weisheit tritt und wir lernen, die kindliche Verwunderung in unser Erwachsenendenken zu integrieren. Mit den Engeln lernen wir, das Paradoxe im Leben zu schätzen, Metaphern und Ironie zu genießen und vor allem den Humor zu entdecken, der sich in allem versteckt.

Wenn Sie in letzter Zeit Reife zu ernst genommen haben, sollten Sie sich um ein bisschen weniger Stress und um ein bisschen mehr Spaß bemühen. Vernünftig bedeutet nicht verknöchert. Reife stellt sich auf natürliche Weise ein, wenn Sie aufgeschlossener werden. Der unnatürliche Weg zur Reife besteht darin, immer starrer und gesetzter zu werden. Auf welche Weise reifen Sie? Bitten Sie die Engel, Ihnen zu helfen, auf natürliche Weise zu reifen. Eine ordentliche Portion Lebensfreude wird Ihnen nicht versagt bleiben.

Engelmeditation: **Ich lasse zu, dass natürliche Reife meinen Horizont erweitert und mich zur Vernunft bringt.**

Richter

Engelbotschaft: **»Richtet nicht, damit ihr nicht gerichtet werdet. Denn mit dem Gericht, mit dem ihr richtet, werdet ihr gerichtet werden. Und mit dem Maß, mit dem ihr messet, wird euch gemessen werden.«** *Matthäus 7;1,2*

Jeder kleine Richter auf Erden hat seine eigenen Ideen und Vorstellungen, an denen er den Fortschritt der übrigen Welt misst. Das ist natürlich absolut müßig; die Welt kann dem Maßstab irgendeines einzelnen Richters nie entsprechen, denn das wäre den anderen Richtern gegenüber, die alle ihr eigenes Rezept für Vollkommenheit haben, nicht gerecht. Engel wissen, dass Richtig und Falsch alles andere als eine Schwarz-Weiß-Angelegenheit sind. Denn es kann durchaus sein, dass das, was für den einen richtig ist, einem anderen falsch erscheint. Wer hat Recht? Wer Unrecht? Wer urteilt, ist nie wirklich glücklich, denn sein Selbstwertgefühl hängt davon ab, dass er sich anderen überlegen fühlt. Die Engel jedenfalls sind keine Richter, sondern spirituelle Helfer. Sie sitzen nicht den ganzen Tag zu Gericht, um zu entscheiden, ob jemand ihre Hilfe verdient oder nicht. Sie handeln einfach von der höchsten Warte aus, egal was im Leben eines Menschen geschehen ist.

Wenn Sie sich dabei ertappen, dass Sie über jemanden urteilen, sollten Sie anfangen, nicht mehr Schwarz und Weiß, Richtig und Falsch zu sehen, sondern Nuancen und Variationen. Lassen Sie die Ideale los, anhand derer Sie urteilen, und respektieren Sie, dass andere ein Recht auf ihren Standpunkt haben. Verkneifen Sie sich auch dann ein Urteil, wenn das, was andere tun, dumm zu sein scheint – Sie müssen in Ihrem Rhythmus Ihre eigenen Erfahrungen machen.

Engelmeditation: **Ich gestehe mir und anderen das Recht auf ein individuelles So-Sein und eine individuelle Entwicklung zu.**

Nachjagen

Engelbotschaft: **Wenn wir hinter etwas her sind, treiben wir es in die Flucht.**

Für diesen Satz sind Katzen ein gutes Beispiel. Wenn wir gewaltsam versuchen, sie auf unseren Schoß zu setzen, kämpfen sie darum, sich zu befreien. Wenn wir wollen, dass sie ins Haus kommen, spielen sie mit uns »Fang mich doch!« Aber wenn wir uns hinsetzen und uns mit etwas beschäftigen, das nichts mit ihnen zu tun hat, kratzen sie an der Tür, damit wir sie hereinlassen, und nichts ist ihnen wichtiger, als auf unserem Schoß zu sitzen. Genauso ist es mit den Engeln. Wenn wir ihnen nachjagen und ihr Erscheinen verlangen, beobachten sie uns aus der Ferne. Aber wenn wir anfangen, unsere Energie dafür einzusetzen, unser Leben zu leben, anstatt Dingen nachzujagen, die außerhalb unserer Reichweite liegen, erscheinen die Engel uns ständig. Dann sind wir so mit Leben beschäftigt, dass sie uns wie ein natürlicher Bestandteil der Szenerie vorkommen.

Wenn wir das, was wir verfolgen, einfangen, ist es nicht freiwillig zu uns gekommen. Manchmal jagen wir etwas nach, ohne uns darüber im Klaren zu sein. Vielleicht scheuchen wir unseren Partner herum und versuchen, sein Verhalten zu ändern, aber je verbissener wir auf Änderung bestehen, desto ausgeprägter wird dieses Verhalten. Sehen Sie sich einen frustrierenden Aspekt Ihres Lebens an! Sind Sie hinter etwas her? Wenn ja, geben Sie die Jagd auf, und beschäftigen Sie sich mit etwas anderem. Die Ergebnisse werden Sie überraschen.

Engelmeditation: **Menschen, die ich liebe, können zu mir kommen, wann sie wollen.**

Erreichbar

Engelbotschaft: **Um für die Engel erreichbar zu sein, brauchen wir nichts als einen aufgeschlossenen Geist und ein vertrauensvolles Herz.**

Viele Dinge, die uns kostenlos zur Verfügung stehen, können uns inneren Frieden bringen. Ein Lächeln steht uns immer zur Verfügung; auch wenn uns vielleicht nicht nach Lächeln zu Mute ist, bekommt unser Verstand dadurch ein Signal, dass etwas Positives abläuft. Unsere Fantasie steht uns 24 Stunden am Tag zur Verfügung. Und wir haben immer den inneren Freiraum, das, was wir gerade tun, zu unterbrechen, die Augen zu schließen und einen tiefen, reinigenden Atemzug zu tun. Auch Humor steht uns immer zur Verfügung; er rückt die Dinge ins richtige Verhältnis und gibt unserem Immunsystem einen Kick. Für unser spirituelles Wohl stehen uns natürlich immer die Engel zur Verfügung. Aber damit Gutes uns zur Verfügung steht, müssen wir dafür erreichbar sein. Wenn Sie den Sonnenaufgang sehen wollen, müssen Sie früh aufstehen und sich an der richtigen Stelle postieren. Wenn unser Leben eine ganz bestimmte Form haben muss, bevor wir mit ihm zufrieden sein können, sind wir vielleicht nicht erreichbar für das, wonach wir uns sehnen, wenn es uns in anderer Form begegnet. Wirklich erreichbar sein bedeutet, alle vorgefassten Meinungen über Glück loszulassen und die Definition den Engeln zu überlassen. Dann kann es sein, dass die Freude uns an den unerwartetsten Orten begegnet.

Wofür waren Sie in letzter Zeit erreichbar? Was steht Ihnen zur Verfügung? Was können Sie tun, um für die Engel erreichbarer zu sein?

Engelmeditation: **Wenn ich erreichbar bin, ist meine innere Tür immer offen für die Gäste des Geistes; sie bringen mir die Gaben, nach denen ich suche.**

Übung

Engelbotschaft: »Erklär es mir, und ich vergesse es. Zeig es mir, und vielleicht erinnere ich mich. Aber lass es mich mit dir tun, dann verstehe ich es.« *Chinesisches Sprichwort*

Alles, was es wert ist, getan zu werden, verdient Übung. Wenn Sie das, was Sie lieben, gern tun, werden Sie es auch gern üben wollen. Üben ist eine tolle Möglichkeit, um neue Varianten zu erproben. Wenn Sie üben, gehen Sie spielerisch an das zu Erlernende heran, bis Sie es richtig gut können, was immer das für Sie bedeutet. Wir lernen am besten durch das Tun, denn so lernen wir unsere Kunst in- und auswendig kennen, fühlen uns mit unserem Talent wohl und verwenden mehr Energie auf das Tun als darauf, über das Tun nachzudenken. Beim Üben sind wir eins mit dem Göttlichen und voll im Leben.

Wir können spirituelle Übungen zu einem regelmäßigen Bestandteil unseres Lebens machen, damit sie uns an das Göttliche erinnern. Wenn wir beschließen etwas zu lernen, können wir nicht erwarten, es über Nacht zu beherrschen. Wenn wir unseren freien Willen für den guten Ruf des Göttlichen einsetzen wollen, können wir nicht sofort mit einer Veränderung rechnen. Gutes tun ist harte Arbeit, und je mehr wir üben, desto leichter und natürlicher wird es.

Engelmeditation: Ich übe die drei L – Leben, Liebe, Lachen.

An etwas hängen

Engelbotschaft: **Wenn wir zu sehr an irdischen Dingen hängen, sind wir nicht frei für einen Ausflug mit den Engeln.**

In allen spirituellen Lehren sind Bindungen gleich bedeutend mit Leid. Wenn wir an etwas oder jemandem hängen, erleben wir zwangsläufig Schmerz, denn früher oder später müssen wir unseren gesamten irdischen Besitz aufgeben. Er war uns nur geliehen. Menschen verlassen uns, weil sie sterben oder weitergehen. Materielle Besitztümer verschleißen oder kommen abhanden, sie werden gestohlen oder zerstört, oder wir lassen sie zurück, wenn wir sterben. Solange wir an Beziehungen und Dingen hängen, werden wir leicht zu Gefangenen von Enttäuschung und Angst. Entweder glauben wir irrtümlich, diese Dinge würden uns für immer gehören, oder wir leben in der Angst, sie zu verlieren. Das Gegenteil von Bindungen ist daher nicht Desinteresse, sondern Freiheit. Wenn wir die Geschenke schätzen, die uns auf Erden geliehen wurden, sie aber auch loslassen können, wenn ihre Zeit abgelaufen ist, wird unser Geist frei. Dann können wir das nächste Geschenk erkennen und bekommen, das schon für uns bereitliegt. Denn etwas verschwindet aus unserem Leben nur, um für etwas Besseres Platz zu machen.

Gibt es etwas – ein Ding oder eine Beziehung – ohne das Sie nicht leben können? Lassen Sie immer wieder die Dinge los, die Ihnen am liebsten sind. Stellen Sie sich vor, sie hätten Ihr Leben verlassen. Was könnte ihren Platz einnehmen?

Engelmeditation: **Ich bin dankbar für den Sommer der Erfüllung, aber auch für den Winter der Wiedergeburt.**

Opfergaben

Engelbotschaft: **Das Leben gibt uns die Chance, innig zu lieben. Geben wir ihm dafür etwas zurück.**

Wenn wir etwas bekommen und daraufhin etwas geben, ist das eine Möglichkeit, unsere Dankbarkeit zu zeigen. Bei religiösen Zusammenkünften wird Geld gespendet, und manche Indianervölker bringen dem Land ein Tabakopfer, wenn sie etwas von ihm nehmen müssen. Wenn sie etwa einen Baum fällen, opfern sie Tabak, um den Geist des Baumes zu ehren, der ihnen Holz gibt. Wenn wir für etwas, das wir erhalten haben, bewusst etwas zurückgeben, bringen wir unsere Wertschätzung dafür zum Ausdruck. Das Land zum Beispiel gehört uns nie; wir borgen es aus, und es sorgt für uns. Auch spirituelle Lehren gehören uns nicht; wir borgen sie und profitieren von ihrer Unterstützung. Wir sollen das, was wir opfern, nicht an die große Glocke hängen; das Opfern ist ein stilles Ritual, das außer Sie und die Engel niemand etwas angeht.

Sie können den Engeln Opfer bringen, indem Sie Ihr Umfeld und Ihr Handeln mit Schönheit erfüllen. Wenn Sie so etwas wie einen Altar oder einen anderen Platz für die Konzentration auf das Spirituelle haben, können Sie dem Göttlichen Blumen zum Opfer bringen. Solche Gaben sollen nicht die Realisierung von Wünschen forcieren, sondern sind Dankesbriefe an das Universum. Halten Sie inne, bevor Sie etwas aus der Natur nehmen, und geben Sie ihr mit einem Ritual etwas zurück. Seien Sie kreativ und betrachten Sie das Ganze als Spaß.

Engelmeditation: **Ich bin dankbar für das viele Gute, mit dem das Universum mich versorgt, und biete ihm im Gegenzug die Wertschätzung für das, was ich bekomme.**

Natur

Engelbotschaft:
>>Baum vor meinem Fenster, Fensterbaum.
Mein Fenster ist zu, wenn die Nacht hereinbricht;
Aber nie soll ein Vorhang
Mich von dir trennen.<< *Robert Frost*

Wir haben uns von unseren Vorfahren nicht nur zeitlich, sondern auch mit dem Bewusstsein weit entfernt, denn anders als sie verstehen und respektieren wir die Natur und ihre Kräfte nicht mehr. Die Engel jedoch wissen, dass wir unsere Herkunft verleugnen, wenn wir uns von der Natur abspalten. Bei den verzweifelten Versuchen, mit einer Welt Schritt zu halten, die uns ständig davonläuft, haben wir unsere körperliche, emotionale und geistige Gesundheit vernachlässigt und uns einer Technik ausgeliefert, die uns eigentlich dienen sollte. Aber wenn wir uns wieder mit der Natur verbinden, wird uns die wahre Quelle für Kraft und Frieden bewusst. Dass die Erde uns nährt, die Luft uns verjüngt, das Wasser uns reinigt und die Stille uns beruhigt – all das haben wir vergessen; die Engel wollen, dass wir uns daran erinnern, denn nur so finden wir Ganzheit und Gleichgewicht im Leben.

Nehmen Sie sich mehr Zeit, um sich mit der Natur zu verbinden. Stellen Sie bei einem Spaziergang all Ihre Sinne auf das ein, was Sie sehen, hören, riechen und ertasten. Spüren Sie die massive Kraft der Bäume, den fruchtbaren Boden, das weiche Gras, die frische Luft. Betrachten Sie alles in der Natur mit Ehrfurcht und spüren Sie, wie Sie lebendiger werden.

Engelmeditation: Ich spüre und genieße meine Verbindung zur universellen Lebenskraft.

Defekte

Engelbotschaft: **Wir sind keine Maschinen; wir sind Geist und Licht.**

Zur Beschreibung der menschlichen Konstitution verwenden wir die seltsamsten Wörter. So bezeichnen wir unsere Mängel oder Unvollkommenheiten als Defekte. Ein Defekt ist vom Wortsinn her etwas Notwendiges oder Wünschenswertes, das fehlt. Menschen haben keine Defekte; wir sind keine Maschinen, bei denen ein notwendiges Teil oder eine wünschenswerte Option – Klimaanlage oder Servolenkung – weggelassen wurden. Wir sind genauso, wie wir für unser Leben sein müssen. Unsere so genannten Defekte und Fehler sind in Wirklichkeit die Ausstattungsmerkmale, die uns interessant machen. Was wir als Persönlichkeitsmangel bezeichnen, fördert unser Wachstum und unsere Selbsterkenntnis. Wenn uns etwas Notwendiges fehlt, versteckt es sich wahrscheinlich irgendwo in unserer Psyche. Wenn wir etwas erkennen oder wünschen, ist es für uns erreichbar. Die Frage ist nur: Wollen wir es? Hilft es uns?

Hören wir auf, unsere Probleme als Charakterfehler oder Defekte zu brandmarken. Denn damit halten wir sie auf Distanz und hören auf, sie zu analysieren und zu verstehen. Haben Sie Defekte? Wenn Sie mit Ja antworten, sollten Sie innehalten und überlegen, warum Sie das meinen. Haben Ihre so genannten Defekte vielleicht auch etwas Positives? Erkennen Sie, dass »unvollkommen« bei den Engeln »genau richtig« bedeutet.

Engelmeditation: **Ich bin bereit, meine Defekte in spirituellen Treibstoff zu verwandeln.**

Aufmerksamkeit

Engelbotschaft: **Sie bekommen die Aufmerksamkeit, die Sie schenken.**

Wir alle haben ein elementares Bedürfnis nach positiver – und notfalls auch negativer – Aufmerksamkeit. Manche Leute befriedigen dieses Bedürfnis, indem sie andere dirigieren; andere, indem sie sich dirigieren lassen. Manche Menschen wollen auffallen, indem sie die Welt schockieren oder agitieren, bis sie sie bemerkt. Oft soll uns eine Arbeit im Rampenlicht, ein öffentliches Amt oder die Anerkennung unserer Talente Aufmerksamkeit einbringen. Ungeachtet unserer jeweiligen Strategie ist eins sicher: Wenn wir zulassen, dass unser Ego unser höheres Selbst steuert, fühlen wir uns von den Engeln getrennt. Irdische Leistungen, nach deren Anerkennung unser Ego sich sehnt, werden von den Engeln nicht belohnt. Aber wenn unser Herz uns eingibt, dankbar zu sein oder die Welt bedingungslos zu lieben, überschütten die Engel uns mit Aufmerksamkeit.

Es gibt einen alten Witz über eine Frau, die so geizig war, dass sie ihre Kinder nicht zur Schule schicken wollte, als sie hörte, dass sie den Lehrern Aufmerksamkeit »schenken« sollten. Wie viel Aufmerksamkeit schenken Sie den Bedürfnissen anderer? Verteilen Sie sie großzügig? Oder horten Sie sie? Meinen Sie, die Welt würde Ihnen genug Aufmerksamkeit schenken? Wenn Sie das nächste Mal das Bedürfnis nach Aufmerksamkeit haben, versuchen Sie, anderen zuerst Ihre Aufmerksamkeit zu schenken – gratis, froh und mit echtem Interesse. Dann werden Sie zu einem Magneten, der positive Aufmerksamkeit anzieht.

Engelmeditation: **Wenn ich einem qualitativ hochwertigen Leben Aufmerksamkeit schenke, schenken die Engel mir Aufmerksamkeit.**

Berührungen

Engelbotschaft: **Jeder braucht Berührungen; niemand ist davon ausgenommen, niemand darüber erhaben.**

Durch Berührungen geben wir mit unserem Körper Wärme. Im 19. Jahrhundert entdeckte man, dass Kinder an einer als Marasmus bezeichneten Krankheit sterben konnten; das griechische Wort bedeutet »Verfall«. Das Sterben hörte auf, als Dr. Henry Chapin bemerkte, dass nur die Babys starben, die in einer sterilen Umgebung untergebracht waren; das schloss Keime als Todesursache aus, verhinderte aber auch, dass die Babys hochgehoben und im Arm gehalten wurden. Dr. Chapin fand eine einfache Lösung. Er engagierte Frauen, die die Kleinen im Arm hielten, mit ihnen sprachen und sie streichelten, woraufhin die Zahl der durch Marasmus bedingten Todesfälle schnell abnahm. Mag sein, dass sogar die Engel die Menschen manchmal beneiden, denn einen Vorteil haben wir ihnen gegenüber: Wir können geliebte Menschen körperlich berühren und umarmen.

Es ist sehr wichtig, dass wir Möglichkeiten finden, mit unserem Körper Wärme zu geben. Natürlich können wir nicht herumgehen und jeden berühren, dem wir begegnen, aber wir sollten dringend eine Möglichkeit finden, andere zu berühren und selbst berührt zu werden. Denken Sie an Ihr Leben und fragen Sie sich, ob Sie im Alltag mehr körperliche Wärme brauchen. Wenn Sie allein stehend sind und nicht auf andere Menschen zugehen können, sollten Sie sich ein Tier anschaffen, das Sie knuddeln und streicheln, lieben und umsorgen können.

Engelmeditation: **Ich weiß, dass ein charakteristischer Aspekt des Menschseins meine Fähigkeit ist, auf andere zuzugehen und sie zu berühren.**

Weckruf

Engelbotschaft: »**Du schläfst seit Millionen und Abermillionen Jahren. Warum nicht heute Morgen aufwachen?**«

Kabir, The Kabir Book

Verschiedene spirituelle Lehren behaupten, dass die von uns wahrgenommene Realität eine Illusion ist. Wir meinen, wir wären wach, aber im Grunde schlafen wir und träumen unser Leben. Wenn wir aufwachen, sind wir bewusst oder erleuchtet. Als Erwachte tauschen wir das Gefühl des Getrenntseins, die Abhängigkeit von unserem Ego, gegen die freudige Erkenntnis ein, dass wir eins sind mit Gott und dem Universum. Wir begreifen, dass unsere Seele Teil des Unendlichen ist, dass unsere irdischen Bindungen nur Fragmente im Traum vom Leben sind, dass wir das Leid und die Angst vor dem Tod umso eher überwinden, je mehr wir durch Gebete und Meditationen mit Gott kommunizieren. Die Engel wollen, dass wir erleuchtet werden – erfüllt vom Licht eines höheren Bewusstseins. Sie wollen, dass wir uns der bedingungslosen Liebe des Schöpfers bewusst werden, die uns durchströmt und das Leben unserer Mitmenschen erhält, die als Teil des Schöpfers auch ein Teil von uns sind.

Atmen Sie beim Aufwachen morgen früh mindestens zehn Minuten lang tief ein und aus und meditieren Sie über das Gefühl, einzig und allein für das geliebt zu werden, was Sie sind. Sehen Sie dann noch ein paar Minuten ein Bild von sich, wie diese Liebe wie ein Strom von Ihnen zu allem fließt, mit dem Sie zu tun haben.

Engelmeditation: **Ich erkenne, welche Macht ich als Instrument der bedingungslosen Liebe habe, meine Umgebung und mein Leben zu verwandeln.**

Freigeist

Engelbotschaft: **Befreien Sie den Geist, dann sind Sie ein Freigeist.**

Als Freigeister betrachten wir jene seltenen Menschen, die es irgendwie geschafft haben, nicht nach den Regeln der Gesellschaft, sondern nach ihren eigenen Gesetzen zu leben. Oft scheinen sie keine Hemmungen zu kennen und an der Schwelle zum Wahnsinn zu stehen. Sie geben wunderbare Charaktere für Romane und Filme ab, denn sie wagen sich in Bereiche vor, von denen die meisten von uns nur träumen – in die gefährlichen, verlockenden Bereiche von Aufregung, Leidenschaft und Rebellion. In Wirklichkeit sind Freigeister einfach Menschen, die ihrem Geist die Freiheit gegeben haben, das Leben zu erkunden. Die Engel ermuntern uns zu einer entsprechenden Unabhängigkeitserklärung – unser Geist soll frei sein von Angst, Unglück, Kritik und den Erwartungen anderer. Schließlich hat auch unser Geist ein Recht auf Leben, Freiheit und Glück. Wenn wir den Geist – den Atem des Lebens – in uns respektieren, respektieren wir das wahre, das göttliche Selbst.

Wie haben Sie Ihren Geist behandelt? Haben Sie ihn durch Mauern aus Angst begrenzt oder zugelassen, dass Trauer und Verzweiflung ihn zerbrechen? Oder haben Sie ihm erlaubt, sich emporzuschwingen, die vielen Freuden und Möglichkeiten des Lebens zu erkunden und zu genießen?

Engelmeditation: **Mein Geist ist frei; mein Weg ist leicht.**

Vision

Engelbotschaft: **Von hoch oben sehen die Engel immer das große Ganze.**

Das Wort Vision hat verschiedene Bedeutungen. Es kann ein Ziel, einen Traum, ein zukunftsweisendes Bild bezeichnen. Es kann auch auf eine mystische Erfahrung verweisen, auf ein Sehen jenseits der normalen Sinne. Die Engeldefinition des Wortes führt diese Bedeutungen zusammen; sie verstehen Vision als eine einzige große Erweiterung der Wahrnehmung. Wenn wir die Sichtweise der Engel übernehmen, sehen wir klar – innerhalb der gegenwärtigen Grenzen von Zeit und Raum und jenseits von ihnen. Wir öffnen das, was Mystiker als Drittes Auge bezeichnen – das Auge, das alles sieht. Wir nehmen zahlreiche Ebenen der Realität wahr und verwenden diese Informationen, um etwas zu erschaffen, das noch nicht ist, aber sein kann und wird. Die Engel wollen uns helfen, besser zu sehen. Sie wollen, dass wir für alle Möglichkeiten offen sind und die Vision dessen, was wir erreichen wollen, tief in unserem Bewusstsein verankern; so kann sie wachsen und sich in ihrem Tempo und auf ihre Weise entwickeln. Dann sehen wir das große Ganze, anstatt bei einem Stück des Puzzles hängen zu bleiben.

Haben Sie eine Vision, einen Traum von etwas, das Sie erschaffen oder erreichen wollen? Wenn nicht, listen Sie die Störfaktoren – Sorgen oder Zweifel – auf, die Sie möglicherweise davon abhalten, das große Ganze zu sehen. Werden Sie im Hinblick auf das Gesamtbild Ihres Lebens flexibel; stellen Sie sich vor, Sie würden es so sehen wie die Engel – von oben. Wie hat das, was Sie in der Vergangenheit getan und erlebt haben, zu den aktuellen Umständen beigetragen? Was sehen Sie in Ihrer Zukunft?

Engelmeditation: **Ich halte immer an meiner Vision fest, aber ich halte sie nie im Zaum.**

Engelgemeinschaft

Engelbotschaft: **Unterstützen Sie Ihre örtliche Engelgemeinschaft, dann unterstützen die Engel Sie.**

Eine Gemeinschaft ist eine Gruppe von Menschen mit gleichen Interessen oder gleicher Herkunft, die am selben Ort und unter derselben Regierung leben. Oft beklagen Menschen sich, dass es in der heutigen hektischen Zeit kein Gemeinschaftsgefühl und keine Verbundenheit mehr gibt. Dazu sagen die Engel: »Wenn du das Gemeinschaftsgefühl vermisst, gründe eine Engelgemeinschaft.« Eine Engelgemeinschaft ist eine Gruppe von Menschen, die im Engelbewusstsein lebt und sich unter der göttlichen Leitung der Engel gegenseitig unterstützt. Denken Sie daran, dass eine Engelgemeinschaft ein mentaler Zustand ist und die Leute, die ihr angehören, nicht angeworben, sondern nur still unterstützt werden müssen.

Suchen Sie Menschen und Orte in Ihrer Gemeinde, bei denen Sie sich willkommen fühlen, und unterstützen Sie sie. Wenn die Leute an einer bestimmten Tankstelle freundlich und hilfsbereit sind und Sie mit einer netten Bemerkung verabschieden, dann machen Sie diese Tankstelle zu Ihrer Engelgemeinschaft-Tankstelle. Finden Sie Lebensmittelläden, Buchhandlungen und andere Institutionen, bei denen Freundlichkeit groß geschrieben wird, und bestimmen Sie sie zu einem Teil Ihrer Gemeinschaft. Machen Sie sich mit den Menschen bekannt, die dort arbeiten, und zeigen Sie Interesse an ihnen. Gehen Sie hin, auch wenn es dort ein bisschen teurer ist. Das, was Sie von den Engeln zurückbekommen, ist den Preis wert.

Engelmeditation: **Für die Engel und die freundlichen Menschen in meiner Gemeinde fahre ich auch einen Kilometer weiter.**

Magnetisieren

Engelbotschaft: **Jeder von uns hat mehr Macht, als er denkt.**

Auch wenn wir oft meinen, wir wären ein Opfer der Umstände oder auch ein Glückspilz, geschehen solche Dinge nicht von ungefähr. Wir ziehen sie an. Auch wenn es uns vielleicht nicht bewusst ist, sind wir Magneten – wir ziehen Menschen und Situationen durch die starke Energie unserer Gedanken und Überzeugungen an. Wenn wir also einen Wunsch haben, setzt das, was wir darüber denken und glauben, die Dinge in Bewegung. Wenn wir glauben, dass wir etwas haben können, es zu unserem Besten ist und auch andere davon profitieren, fängt unser höheres Selbst – die Teile unserer Psyche, die mit den Engeln kommunizieren – damit an, es für uns zu erschaffen. Wir senden dann eine Energie aus, die sich mit der entsprechenden Energie im Universum verbindet und die Menschen, Umstände und Gelegenheiten anzieht, die uns helfen, unsere Ziele zu erreichen.

Denken Sie an etwas, das Sie gern hätten. Wenn Sie meinen, es wäre für Sie geeignet und würde niemandem schaden, können Sie eine kleine Magnetisierungsübung machen. Entspannen Sie sich, schließen Sie die Augen, und sehen Sie sich als starken Magneten, der kräftige Strahlen positiver magnetischer Energie aussendet. Seien Sie locker und optimistisch. Sehen Sie das, was Sie wollen, vor Ihrem inneren Auge, glauben Sie daran, dass Sie es haben können, und vertrauen Sie darauf, dass es zu Ihnen kommt. Sehen Sie, wie die magnetische Energie ins Universum hinausgeht, sich mit der gewünschten Sache verbindet und sie zu Ihnen hinzieht. Machen Sie diese Übung ein oder zwei Mal täglich, und beobachten Sie, was passiert.

Engelmeditation: **Ich bin ein Magnet für positive Energie und ziehe die Dinge an, die für mich am besten sind.**

Theorie

Engelbotschaft: **Die Engel haben eine Theorie über Menschen – dass diese einen guten Kern haben.**

Eine Theorie ist eine Möglichkeit, etwas zu erklären, das noch nicht überprüft wurde oder von Haus aus nicht überprüfbar ist. Eigene Theorien können witzig und nützlich sein, solange wir uns nicht in sie verrennen. Viele Geheimnisse im Leben können wir nicht erklären, aber wir können eine Theorie über sie aufstellen. Wir können einzelne Informationen aus Büchern oder mündlichen Unterweisungen zusammenklauben und die Theorien überprüfen, die uns plausibel erscheinen. Theorien dürfen abstrakt sein, das heißt, sie müssen nicht von etwas konkret Existierendem ausgehen. Gehen Sie spielerisch mit Ihren Theorien um und erkunden Sie weiter die Mysterien des Lebens.

Ein paar Ihrer Theorien werden anderen vielleicht genauso helfen wie Ihnen, Dinge zu verstehen. Bevor Sie Ihre Theorien anderen mitteilen können, müssen Sie sie formulieren. Denken Sie an die Theorie, dass jeder die Freiheit hat, seine eigenen Theorien zu entwickeln. Theorien sind etwas Persönliches, aber es kann Spaß machen, sie mitzuteilen, vor allem wenn Sie aufgeschlossen sind. Ärgern Sie sich nicht, wenn andere Ihnen Ihre Theorien nicht abnehmen oder sie ergänzen oder abändern wollen. Theorien sind ständigen Veränderungen unterworfen.

Engelmeditation: **Ich vertrete die Theorie, dass die Engel jetzt bei uns sind, damit Hoffnung, Liebe, Licht und Friede auf Erden gedeihen.**

Kümmer dich nicht drum

Engelbotschaft: **»Dat es janz ejaal, kümmer disch nit dröm.«**

De Bläck Fööss

Was machen Sie, wenn Sie frustriert sind und im Moment an der Situation nichts ändern können? Sind Sie geduldig und zuversichtlich? Oder machen Sie sich endlos Sorgen? Es fällt uns nur dann leicht, uns nicht wegen etwas zu beunruhigen, wenn wir unserer Integrität und der Integrität des Universums voll vertrauen. Wenn wir unserer Integrität vertrauen, tun wir genau das, was wir für richtig halten, ohne uns um die Meinung anderer zu scheren. Wenn wir der Integrität des Universums vertrauen, geben wir das Bedürfnis auf, die Situation zu beherrschen, und warten in aller Ruhe auf Einsicht und Anleitung. Es gibt eine herrliche Geschichte über einen Zen-Meister, der zu Unrecht beschuldigt wurde, ein junges Mädchen geschwängert zu haben. Seine einzige Reaktion war: »Tatsächlich?« Er wurde in Schande aus dem Dorf verbannt. Einige Zeit später kamen die Dorfbewohner zu ihm, um sich zu entschuldigen; sie erzählten ihm, das Mädchen hätte zugegeben, gelogen zu haben. Der Meister lächelte und entgegnete: »Tatsächlich?«

Wenn jemand etwas Negatives über Sie sagt oder denkt, sollten Sie das Problem nicht zusätzlich mit Energie aufladen, indem Sie es beachten. Versuchen Sie nicht, sich zu verteidigen; überlassen Sie das den Engeln und unternehmen Sie selbst nichts; seien Sie sich bewusst, dass die Engel das beste Ergebnis für Sie herausholen werden.

Engelmeditation: **Manchmal sind Geduld und Vertrauen mein bester Schutz.**

Soziale Kompetenz

Engelbotschaft: **Menschen, die wir bewundern, besitzen bewundernswerte Eigenschaften.**

Ob Sie es glauben oder nicht, die Arbeitsplatzsicherheit hängt mehr vom Maß an sozialer Kompetenz als von technischem Wissen, den beruflichen Fertigkeiten oder der Effizienz der Mitarbeiter ab. Studien zeigen, dass die soziale Inkompetenz sogar bei Arbeitsplätzen in der Industrie und im Ingenieurwesen für 60 bis 80 Prozent der Kündigungen verantwortlich ist, die technische Inkompetenz dagegen nur für 20 bis 40 Prozent. Eine umgängliche Persönlichkeit und die Fähigkeit, andere herzlich und respektvoll zu führen, sind die Hauptzutaten des Erfolgs. Unsere sozialen Fähigkeiten sind nicht von Geburt an perfekt; wir können sie lernen, und mit zunehmender Reife beherrschen wir sie immer besser. Wenn Sie meinen, dass Sie einen Auffrischungskurs in sozialer Kompetenz brauchen: Die Engel sagen, dass es nie zu spät ist, eine bessere Methode zu erlernen, mit Menschen umzugehen.

Was macht einen sozial kompetenten, engelbewussten Menschen aus? Geistige Großzügigkeit, echte Fürsorge für die Menschen im Umfeld, aufrichtiges Interesse an anderen, gute Zuhörqualitäten, Freundlichkeit und vor allem der Wunsch, sich mit anderen zu vertragen und sie glücklich zu machen. Wenn Sie etwas wirklich wollen, werden Sie Wege finden, es zu bekommen. Wenn Ihre Persönlichkeit ein bisschen Hilfe und Vervollkommnung braucht, können Sie die Engel um Anweisungen bitten. Sie sind echte Genies in sozialer Kompetenz.

Engelmeditation: **Ich weiß, dass Herzlichkeit und Respekt mich weiter bringen als technisches Wissen und Effizienz.**

Regungen

Engelbotschaft: **Achten Sie auf winzige Regungen, denn das Leben beginnt als Regung im Inneren.**

Manchmal kündigt das Schicksal sich in Form einer winzigen Regung an – einem Flattern, das sich wie das entfernte Schlagen der Engelschwingen anfühlt und uns verlockt, ihm zu folgen, wo immer es uns hinführt. Vielleicht spüren wir ab und zu in unserem Herzen ein leichtes Ziehen, das uns signalisiert, unseren Beruf zu wechseln, noch einmal zur Schule zu gehen, eine spirituelle Suche zu beginnen oder einfach etwas zu tun, von dem wir immer geträumt – oder nicht zu träumen gewagt – haben. Vielleicht hören wir diesem leisen Flüstern einen Moment lang zu und spüren, wie wir innerlich ganz aufgeregt werden. Aber meist übertönt dann die dröhnende Stimme der Vernunft dieses Raunen; unmissverständlich macht sie uns klar, dass unser Vorhaben verrückt und nicht zu realisieren ist. Aber wenn wir den Mut haben, diese winzigen Samen des Möglichen wachsen und in uns Wurzeln schlagen zu lassen, wenn wir uns nur ein bisschen mit ihnen beschäftigen, können wir zumindest herausfinden, welchen Sinn sie haben. Vielleicht sind es nur Einbildungen – oder Wegweiser, die uns sagen, in welche Richtung wir gehen sollen. Die Engel wollen, dass wir mehr auf das achten, was sich in uns regt, denn es könnte der Beginn eines neuen Lebens sein.

Halten Sie jedes Mal inne, wenn Sie die Regung verspüren, sich in eine bestimmte Richtung zu bewegen, und hören Sie genau hin. Wie fühlt sich das in Ihnen an? Werden Aufregung oder Sehnsucht wach? Halten Sie diese Signale in einem Tagebuch fest und registrieren Sie, welche am stärksten und beharrlichsten sind.

Engelmeditation: **Ich nehme mir die Zeit, mich der Richtung zuzuwenden, in die mein Herz mich zieht.**

Attraktivität

Engelbotschaft: **Am schönsten sind die Menschen, die Schön-heit in anderen sehen.**

Sehr oft sehnen wir uns nach Attraktivität, ohne uns klar zu machen, dass wir sie schon in uns haben und sie nur geduldig darauf wartet, dass wir sie heraus-lassen. Attraktivität ist ein Engelge-schenk, das wir im Moment unserer Ge-burt erhalten haben und das nicht an Bedingungen geknüpft ist. Jeder bekommt dieses Geschenk, egal wie groß er ist, wie er aussieht oder welche Hautfarbe er hat. In unserer Gesellschaft wird Attraktivität oft mit einer erotischen Ausstrahlung verwechselt. Aber die Engel sagen, dass wahre Attraktivität nichts mit dem körperlichen Aussehen zu tun hat. Sie ist vielmehr ein Geisteszustand, eine Einstellung, eine Seins-weise, die jeder von uns sich jederzeit und überall aneignen kann. Wirklich attraktive Menschen haben etwas Strahlendes an sich, eine ansteckende Liebe zum Leben. Und Menschen und Engel kreisen instinktiv um Wesen, die das Leben lieben. Solange wir Herzlichkeit, Liebe, Freude, Humor und Hoffnung ausstrahlen, sind wir immer attraktiv. Wir ziehen Menschen an, und mit unse-rem inneren Feuer wärmen wir ihre Seele.

Kennen Sie jemand, der für Sie das wahre Wesen der Attraktivität verkörpert? Was sind Ihre attraktivsten Eigenschaften? Wie würde es Ihr Leben verändern, wenn Sie mit Ihrer Attraktivität mehr in Kontakt kämen?

Engelmeditation: **Solange ich Freude spüre, solange ich mich und andere zum Lachen bringen kann und echte Fürsorge aus-strahle, ziehe ich Liebe an.**

Betriebssystem

Engelbotschaft: **Jeder von uns hat ein Betriebssystem, mit dem er seine Engel-Erlebnisse verarbeitet.**

Jeder Mensch funktioniert nach einem anderen Betriebssystem, und es ist günstig, sich der Unterschiede bewusst zu sein, damit wir sie bei uns und anderen respektieren können. Manche Menschen verarbeiten Informationen vorwiegend visuell; sie erforschen die Welt, indem sie sich Dinge ansehen. Andere nehmen vor allem auditiv wahr; sie hören Dinge, die anderen unter Umständen entgehen, und sind sehr geräuschempfindlich. Manche Menschen müssen etwas berühren, um es zu begreifen; durch das Anfassen wird es für sie real. Zum Verständnis der Engel ist es am besten, wenn Sie Ihr Betriebssystem kennen.

Überlegen Sie, wie Sie Informationen am besten aufnehmen, und beschäftigen Sie sich dann mit Ihren übrigen Sinnen. Visuell werden die Engel oft als Lichtblitz oder leuchtender Lichtball wahrgenommen. Akustisch machen Sie sich durch Singen, Kichern und kleine inspirierende Botschaften bemerkbar. Berührungsmenschen empfinden ein Prickeln, wenn die Engel in der Nähe sind, oder sie spüren ganz sacht eine liebevolle Hand auf ihrer Schulter. Auf die Anwesenheit der Engel lässt auch eine himmlische Version von Rosen- oder Jasminduft schließen. Um unsere Beziehung zu den Engeln auf eine möglichst breite Basis zu stellen, sollten wir all unsere Sinne einsetzen.

Engelmeditation: **Ich erkenne meinen Sinn für die Engel.**

Arroganz

Engelbotschaft: **Die Verteidigung überzogener Meinungen verbraucht wertvolle Energie.**

Wenn Sie von sich und Ihren Fähigkeiten eine hohe Meinung haben, kann das für Sie problematisch werden. Wenn Sie sich zum Beispiel Ihrer Talente allzu sicher sind, vergessen Sie möglicherweise, sich ins Zeug zu legen, sich weiterzuentwickeln und noch besser zu werden. Diese Überheblichkeit kann Sie auch davon abhalten, sich über die Talente und Gaben anderer zu freuen oder von dem, was andere zu bieten haben, etwas zu lernen. Eine Meinung ist eine Einschätzung bzw. ein Urteil. Es ist natürlich nichts dagegen einzuwenden, dass Sie das, was Sie tun, mögen und es für hervorragend halten, aber wenn Sie sich auf diese Einschätzung fixieren, kann es sein, dass Sie unterhalb Ihrer Möglichkeiten bleiben und Ihr Stolz Sie blockiert. Stolz ist eine Falle, aus der nur die Demut herausführt. Man wird Sie mehr achten, wenn Sie Ihre Arroganz aufgeben.

Meinungen können gefährlich sein, vor allem wenn sie ein gutes oder schlechtes Urteil enthalten. Machen Sie sich klar, was Meinungen eigentlich sind, und versuchen Sie, sich von ihnen frei zu machen. Abgestandene Meinungen stinken. Machen Sie die Fenster auf, lassen Sie die Meinungen hinaus und neue Einsichten hinein.

Engelmeditation: **Mein Urteil über mich beruht nicht auf einer Meinung, sondern auf innerer Wahrheit.**

Schulden

Engelbotschaft: **Schulden sind eine Chance, unsere wahre Kraft zu erkennen.**

Wie gehen Sie mit Ihren Schulden um? Begleichen Sie sie möglichst umgehend? Schieben Sie die Rückzahlung hinaus? Ignorieren Sie sie? Haben Sie Angst vor ihnen? Die Engel erinnern uns daran, dass wir jede Schuld, die wir in unserem Leben auf uns laden, zurückzahlen müssen – nicht im Windschatten der Angst, sondern der Dankbarkeit. Der konstruktive Umgang mit einer Schuld setzt voraus, dass wir als Erstes anerkennen, dass sie existiert und nicht verschwindet, wenn wir die Augen zumachen. Als Nächstes müssen wir uns von der Schuld abspalten und uns klar machen, dass wir und das Geld, das wir schulden, nicht identisch sind, und dass wir trotz unserer Schulden gut und wertvoll sind. Als Letztes müssen wir dankbar sein. Das erscheint zuerst vielleicht unmöglich, aber in Wirklichkeit ist es der entscheidende Schritt: Wenn wir anfangen, jedem, dem wir etwas schulden, regelmäßig etwas zurückzuzahlen, und ihm für seine Großzügigkeit danken, bauen wir unsere Schulden friedvoll und gut gelaunt ab, egal wie viel oder wenig wir jedes Mal zurückzahlen können.

Schreiben Sie auf, was Sie wem schulden. Bedanken Sie sich dann, egal wie schwierig oder lächerlich Ihnen das erscheint, beim Universum für diese Schulden und bei Ihren Gläubigern für ihre Freundlichkeit. Sagen Sie laut: »Ich zahle jetzt all meine Schulden ruhig, dankbar und in gutem Glauben zurück.« Bitten Sie die Engel, Sie bei der Durchführung dieser löblichen Aufgabe anzuleiten.

Engelmeditation: **Sobald ich zu meinen Schulden eine positive Einstellung entwickle, verschwinden sie.**

Ehrfurcht

Engelbotschaft: **Die Engel sind wirklich Ehrfurcht gebietend!**

Ehrfurcht ist eine Kombination von Verwunderung, Respekt, Grauen und Angst. Sie ist ein paradoxes Gefühl; die Verwunderung zieht uns zum Gegenstand der Ehrfurcht hin, aber Ehrerbietung und Angst lassen uns einen Schritt von ihr zurücktreten. Die Engel werden seit langem mit Ehrfurcht in Verbindung gebracht. In alten Zeiten hielt man sie für himmlische Krieger, die Länder verteidigten, wichtige Botschaften überbrachten – wie etwa Gabriel der Muttergottes – und manchmal auch mit gebotener Härte den Willen Gottes gegen den der Menschen durchsetzten. Dieser Aspekt der Engel hat sich zwar nicht verändert, aber die gegenwärtige Engelbewegung zeichnet ein freundlicheres, sanfteres Bild von ihnen. Die Engel wollen uns ganz bestimmt keine Angst einjagen, aber sie sehen es doch gern, wenn wir einen Schritt zurücktreten und ihre unglaubliche Macht anerkennen. Wir dürfen die heilige Scheu vor ihnen nicht aufgeben, damit das angemessene, respektvolle Gleichgewicht zwischen Erde und Himmel gewahrt bleibt.

Überlegen Sie, was die Engel so interessant und Ehrfurcht gebietend macht. Oft werden sie als sehr große Wesen dargestellt; sie besitzen unglaubliche Macht, mit der sie jede menschliche Erfindung stoppen könnten; sie gehören einer anderen Welt an; und sie sind den Menschen gegenüber göttlich gleichgültig. Es ist in Ordnung, wenn wir den Engeln als unseren Freunden und Helfern menschliche Züge verleihen, aber sie wollen nie, dass wir den Respekt und die Ehrfurcht vor ihrem wichtigsten Auftrag verlieren: dass Gottes Wille geschehe.

Engelmeditation: **Ich habe gewaltigen Respekt vor der völligen Hingabe der Engel an Gott.**

Blumen

Engelbotschaft: **Blumen sind Kunstobjekte, die von den Engeln für die göttliche Galerie fabriziert werden.**

Sie können ganz schnell eine Engelerfahrung machen, wenn Sie Blumen schätzen lernen. Blumen sind auf Erden dem Himmel am nächsten, mit Ausnahme vielleicht eines neugeborenen Kindes. Den himmlischen Charakter der Blumen verstehen Sie erst ganz, wenn Sie die Engel im Sinn haben. Blumen sind Werke Gottes; ihr Wert geht über ihre unglaubliche Schönheit weit hinaus. Der Duft bestimmter Blumen kann unser Wesen ins Gleichgewicht bringen, und jede Blumenfamilie besitzt eine charakteristische Energie, die unsere Seele berührt. Blumen wecken in unserem Herzen die Dankbarkeit. Wenn wir ein Feld mit Blumen oder einen farbenfrohen Blumengarten sehen, sind wir sofort himmlisch gut gelaunt.

Es ist ganz einfach, Blumen schätzen zu lernen. Pflanzen Sie ein paar in Ihren Garten! Kaufen Sie Schnittblumen, damit Ihre Wohnung ein paar Glanzlichter erhält. Gehen Sie in einen Blumengarten, suchen Sie sich eine Blume aus, und sehen Sie sie mindestens zwei oder drei Minuten lang an! Denken Sie daran, dass die Engel bei Ihnen sind und die Erfahrung intensivieren.

Engelmeditation: **Ich bin dankbar für die Botschaft der Liebe, die jede Blume mir bringt.**

Schönheit

Engelbotschaft: **Schönheit ist der Widerschein Gottes.**

Zu den wertvollsten Geschenken der Engel gehört die
Fähigkeit, Schönheit bewusster wahrzunehmen, sodass
sie zu einem Vitamin für unsere Seele wird.
Das Betrachten einer Blume wird so zu einem
ganz besonderen Erlebnis. Wir sehen dann
nicht nur ihre prächtigen Farben; wir spüren
die Schönheit in unserem Herzen und freuen
uns über die Dankbarkeit in unserer Seele. Mit
den Engeln in unserem Leben kann Schönes uns »high«
machen. Schöne Musik klingt in uns wider und wird zu einem
Teil von uns. Meisterwerke der Kunst und Literatur sprechen uns
auf zwei Ebenen an: Wir bewundern sie, und sie inspirieren uns.
Schönheit ist auch aus einem praktischen Grund wichtig. In einer
schönen Umgebung benehmen Menschen sich zivilisierter. Ein
Stadtviertel, in dem die Bewohner Blumen pflanzen und ihre
Häuser möglichst schön gestalten, hat finanziell und spirituell
mehr Wert. Schönheit wirkt heilend und erneuernd; wo Schönheit ist, ist Heilung, und wo Heilung ist, findet neues Leben statt.
Wir alle sind für Schönheit empfänglich, aber noch besser ist es,
wenn wir sie selbst hervorbringen. Dann sind wir echte Engelboten auf Erden und säen die Samen eines höheren Bewusstseins.

*Würden Sie mit Ihrem letzten Geld Brot für Ihren Körper oder Hya-
zinthen für Ihre Seele kaufen? Fangen Sie damit an, auf Schönheit in
Ihrer Umgebung zu achten, und schreiben Sie täglich auf, was sie in dieser Hinsicht sehen und erleben.*

Engelmeditation: **Schönheit ist göttliche Nahrung für meine
Seele. Und wenn meine Seele genährt wird, werden auch meine
übrigen Bedürfnisse befriedigt.**

Optimystisch

Engelbotschaft: **Die Sonnenseite ist da, wo die Engel sind.**

Optimismus besteht darin, eine Situation positiv und hoffnungs-voll zu sehen. Mystik hat mit der kontemplativen Suche nach Ver-einigung mit dem Göttlichen zu tun. Die Verbindung der beiden Worte ergibt den Begriff »Optimystik«. Ein Optimystiker strebt die Erleuchtung erwartungsfroh an und schafft auf Erden ein positives Umfeld, in dem das Göttliche gedeihen kann. Die Engel bestärken uns darin, Optimystiker zu werden – das Alltägliche mit Hoffnung, Humor, Vertrauen und Heiterkeit zu transzendie-ren, und das Nicht-Alltägliche zu einem natürlichen Teil unseres Lebens zu machen. Ein Optimystiker lädt Gott und die Engel ein, damit sie seinen Alltag auf jeder Ebene erfüllen. Weil er an das Beste aus beiden Welten glaubt, sieht und erlebt er das Beste, was Himmel und Erde zu bieten haben.

Um zum Optimystiker zu werden, müssen Sie an die Kraft des Wün-schens und Hoffens glauben. Interpretieren Sie alles als Glücksfall; neh-men Sie das Leid zur Kenntnis, aber halten Sie sich nicht mit ihm auf; akzeptieren Sie mystische Erfahrungen und seien Sie dafür offen; geben Sie Aberglauben keine Chance; und denken Sie daran, Ihre spirituelle Reise mit viel Spaß, Spiel und Humor anzureichern.

Engelmeditation: **Ich schaue auf das Positive, nicht naiv, son-dern mit Dankbarkeit, Hoffnung und Vertrauen.**

Welt ohne Ende

Engelbotschaft: **Die Welt geht nicht unter, solange Menschenseelen lieben.**

Erleben wir, die Bürger dieses wunderbaren Planeten, das Ende der Welt? Es kommt darauf an, von welcher Welt Sie sprechen. Die Welt, in der Gier, Hass, Zweifel, Trauer und Hässlichkeit regieren, zerfällt, seit sie angefangen hat. Immer, wenn in einer Zivilisation Negativität und Gier überhand nahmen, wurde sie zerstört und das Ungleichgewicht damit beendet. Sehen Sie sich an, was von vergangenen Kulturen übrig geblieben ist; überlegen Sie, was aus dem Schutt gerettet wurde. Kunst, Philosophie, Musik, Schönheit, Liebe – alle erhabenen Aspekte überleben und sind auf immer ein florierender Zweig der Welt, die nicht untergeht, der Welt, an deren Lenkung die Engel mitwirken. Licht kann nicht verfinstert werden. Das Licht bleibt, und wenn wir beschließen, ein Teil des Lichts zu werden, bleiben wir als Hüter des Lichts immer und für alle Zeit.

Carlos Santana antwortete auf die Frage nach dem schlechten Zustand der Welt: »Ich glaube, dass es für die Menschen wirklich schlecht steht, die meinen, ohne sie würde die Welt stillstehen. Für sie geht die Welt unter. Aber für Menschen, die morgens wach werden und es kaum erwarten können, für andere etwas zu tun, fängt die Welt immer an.« Fragen Sie sich, zu welcher Welt Sie gehören wollen.

Engelmeditation: **Ich weiß, dass das strahlende Licht der Engelwelt immer mein Herz erleuchtet, egal wie finster die irdische Welt erscheint.**

Süße

Engelbotschaft: »Wie süß!«

Manche Leute nehmen die Engel nicht ernst, weil sie mit ihnen nur Süßlichkeit und Licht assoziieren. Vielleicht *sind* die Engel süß und lichtvoll, vielleicht machen sie tatsächlich unser Leben ein bisschen süßer. Was bedeutet »süß« eigentlich? Je nach Kontext ist es gleich bedeutend mit: angenehm für die Sinne, lieblich duftend, melodiös, frisch, lieb, nicht bitter. Etwas Süßes muss immer durch etwas anderes ausgeglichen werden. Wenn etwas zu süß ist, kann uns davon schlecht werden. Künstliche Süßstoffe hinterlassen einen bitteren Geschmack im Mund, und süßliches Gerede stößt unserem Geist sauer auf. Eine natürliche Süße ist am besten, und die haben die Engel.

Sind Sie von Natur aus süß? Sind Sie von Natur aus zu anderen Menschen liebevoll und sanft? Um natürliche Süße zu haben, müssen Sie Ihre Bitterkeit ablegen; diese entsteht durch Groll, und zu dem wiederum kommt es, wenn Sie von anderen extrem abhängig sind. Wenn Ihrem Leben ein bisschen natürliche Süße gut täte, können Sie die Engel bitten, Sie mit ihrer Süße und ihrem Licht zu segnen.

Engelmeditation: **Ich bin eine natursüße Zutat des Lebens.**

Kreative Verfassung

Engelbotschaft: **»Keine Ahnung, wo sie
herkommen. Meine Gemälde malen sich selbst.
Ich kann mich nicht daran erinnern, viel nachzudenken, was als Nächstes kommt.«** *Jimmy Cagney*

Ein populärer Mythos behauptet, die Welt zerfalle in zwei
Arten von Menschen, kreative und nicht kreative. Aber
denen von uns, die sehnsüchtig sagen: »Ich wünschte, ich
wäre kreativ«, erwidern die Engel: »Aber das bist du doch!« Jeder kann in eine kreative Verfassung hineinkommen, die einfach
ein erhöhter Energiepegel ist; er entsteht, wenn wir das tun, was
uns Spaß macht. Wie Jimmy Cagney beobachtete, hat die kreative
Verfassung nichts mit dem Denken oder Vorausplanen zu tun;
um in sie hineinzukommen, müssen wir nur loslassen. Wenn wir
uns intensiv mit dem beschäftigen, was uns beschäftigt, sind wir
uns nur des Augenblicks bewusst. Wir vergessen, uns Sorgen zu
machen oder zu urteilen; stattdessen konzentrieren wir unsere
gesamte Energie auf das, was uns Spaß macht. Die Engel ermuntern uns, den Kreativ-Modus möglichst oft einzuschalten, denn in
ihm können sie uns am leichtesten anleiten und inspirieren.

*Wenn es Ihnen schwer fällt, sich als kreativen Menschen zu sehen,
sollten Sie an etwas denken, das Ihnen wirklich Spaß macht. Wie fühlt
es sich an, wenn Sie ganz darin vertieft sind? Verbinden Sie sich mit
dem starken Energiestrom, den Sie empfinden; spüren Sie, wie Sie sich
emporschwingen und vielleicht eine ganz neue Bewusstseinsebene erreichen. Machen Sie sich klar, dass dies der Kreativ-Modus ist und dass er
Ihnen jederzeit zur Verfügung steht.*

Engelmeditation: **Die kreative Verfassung ist mein natürlicher
Seinszustand.**

Selbstbehandlung

Engelbotschaft: **Genehmigen Sie sich ein wundervolles Leben.**

Wie wir uns selbst behandeln, lässt darauf schließen, wie wir andere behandeln. Wenn wir in unseren Beziehungen gesunde Grenzen setzen, fühlen wir uns wohl und schätzen es, wenn andere ihre Grenzen setzen. Wenn wir keine gesunden Grenzen setzen, nehmen wir anderen übel, wenn sie es ihrerseits tun. Wenn wir sehen, dass andere sich um die Entfaltung ihrer Seele kümmern, während wir das versäumen, halten wir sie für egoistisch, statt davon auszugehen, dass sie in ihrer Mitte sind. Wenn wir uns freundlich und einfühlsam behandeln, behandeln wir auch andere so. Das ist alles ganz einfach, aber doch sehr wichtig. Wir sind auf Erden, um zuerst für uns selbst zu sorgen; erst anschließend können wir uns wirklich um das Wohlergehen anderer kümmern.

Fällt es Ihnen leicht, zu sich und anderen nett zu sein? Macht es Ihnen etwas aus, wenn andere ihre gesunden Grenzen setzen? Behandeln Sie Ihre Freunde anders als Ihre Familie? Überlegen Sie, wie Sie sich und andere behandeln. Überlegen Sie, wie Sie die Engel behandeln, und wie die Engel Sie behandeln.

Engelmeditation: **Ich bin nett zu mir und dann nett zu anderen.**

Angst verbannen

Engelbotschaft: **Angst gehört in die Zukunft; wir gehören in die Gegenwart.**

Angst ist wahrscheinlich die größte Herausforderung für unser Wachstum, denn sie verhindert am wirkungsvollsten das unserer Seele natürliche Leben in Frieden und Freude. Da Angst zum Glück in den Bereich des Denkens und nicht in den der Seele gehört, können wir sie durch eine Veränderung unserer Gedanken und Wahrnehmungen überwinden. Dazu müssen wir uns vor allem daran erinnern, dass Angst fast immer eine Projektion, keine Realität ist. Sie betrifft etwas, das passieren könnte, aber noch nicht passiert ist. Wir können daher die Engel bitten, dafür zu sorgen, dass wir in der Gegenwart und in der Realität bleiben. Die Engel helfen uns, die Angst durch Vertrauen in die allgegenwärtige Liebe Gottes und in unsere eigenen inneren Ressourcen zu ersetzen; sie geben uns die Kraft, mit dem Schlimmsten fertig zu werden, und den Erfindungsreichtum, das Beste zu schaffen.

Haben Sie vor etwas Angst, das Sie schwer belastet oder sogar Ihr Leben beherrscht? Wenn ja, bauschen Sie die Angst in Ihrer Fantasie ordentlich auf. Was ist das Schlimmste, das passieren könnte, wenn Ihre Angst Wirklichkeit würde? Seien Sie kreativ; ziehen Sie alle Register und spielen Sie alle Möglichkeiten bis ins Letzte aus! Erleben Sie Ihr allerschrecklichstes Entsetzen! Atmen Sie dann tief ein, und lassen Sie beim Ausatmen Ihre gesamte Angst los! Sehen Sie, wie die Angst Ihren Körper und Ihr Leben verlässt, und erkennen Sie, dass die Liebe Gottes Sie schützt, egal was passiert.

Engelmeditation: **Ich erwarte nicht, dass die Angst verschwindet, aber ich will lernen, mit ihr zu leben.**

Veränderungen herbeiführen

Engelbotschaft: **Veränderungen haben immer mindestens einen positiven Aspekt, nämlich Wachstum.**

Warum bleiben wir in alten, unproduktiven Verhaltensweisen hängen? Gewöhnlich deshalb, weil sie uns vertraut und daher bequem sind. Mit anderen Worten: Wir haben uns im Unbequemen bequem eingerichtet. Wenn der Trott unser Leben bestimmt, ist es nicht nur Zeit für eine Veränderung – es ist Zeit, dass wir diese Veränderung herbeiführen. Dazu müssen wir uns die Verhaltensweisen ansehen, die uns in unsere gegenwärtige Lage gebracht haben und verhindern, dass wir dahin gehen, wo wir hin wollen. Wir müssen mit uns selbst ehrlich sein: Fühlen wir uns *wirklich* wohl? Haben wir Angst vor den Risiken, die immer mit einer Veränderung einhergehen? Wir müssen uns das angestrebte Leben deutlich vorstellen und fest daran glauben, dass wir es haben können und zu ihm berechtigt sind. Dann kann es sein, dass die Engel uns einen Schubs versetzen, der uns vom Gleis der bequemen Unbequemlichkeit auf den Weg zu wahrer Freude befördert.

Warum ändern Sie nichts, wenn ein Bereich Ihres Lebens im Alltagstrott dahindämmert? Fällt es Ihnen leichter, sich mit dem Vertrauten zufrieden zu geben, statt sich ins Unbekannte hinauszuwagen? Was ist das Schlimmste, was passieren könnte, wenn Sie die ausgetretenen Pfade verlassen würden? Was das Beste?

Engelmeditation: **Notwendige Veränderungen führe ich zuversichtlich und begeistert herbei.**

Großmütig

Engelbotschaft: **Nur der Zufriedene ist großmütig.**

Chinesische Weisheit

Ein großmütiger Mensch verhält sich nobel, ist nie kleinlich, über Rache erhaben, edel gesinnt, großherzig, versöhnlich und zufrieden. Wenn wir zufrieden sind, ärgern wir uns nicht über uns selbst und haben Zeit, uns konstruktiv und großmütig um andere zu kümmern. Um großmütiger zu werden, muss also unsere Seele zufriedener sein. Wenn wir wirklich hochherzig denken wollen, empfiehlt es sich, einen Termin bei unseren Seelenärzten zu machen, den Engeln, die von Natur aus großmütig sind. Sie helfen uns, Bitterkeit und Enttäuschung loszulassen und statt auf Rache auf Vergebung zu sinnen. Wenn die Zufriedenheit in unserem Dasein floriert, unterweisen die Engel uns überglücklich in der Kunst eines großmütigen Lebens.

Sagen Sie den Engeln, dass Sie bereit sind, die Kunst des großmütigen Lebens zu erlernen. Achten Sie dann jedes Mal, wenn Ihr Verstand sich in den niederen Korridoren kleinlicher Klagen ergeht, auf die Warnsignale der Engel. Vielleicht hören Sie eine leise Stimme, die Sie fragt, ob Sie sich wirklich von negativen Gedanken beherrschen lassen wollen. Da Sie darauf nicht mehr mit ja antworten können, werden Sie Wege finden, Ihre Wut, Ihren Groll und Ihre Unzufriedenheit loszulassen, und dann sind Sie auf dem Weg zu einem großmütigen Leben.

Engelmeditation: **Die Engel bringen mir Zufriedenheit und öffnen mein Herz für Großmut.**

Kunst

Engelbotschaft: **Kunst ist eine Reise zum Mittelpunkt des eigenen Wesens.**

Kunst ist ein bisschen so wie Gott: Je hartnäckiger man sie zu definieren versucht, desto schwerer ist sie zu fassen. Die Engel versuchen nicht, Kunst zu definieren; sie glauben auch nicht, dass man ein Künstler sein muss, um Kunst zu produzieren. Für die Engel ist Kunst kein Unterrichtsfach, sondern eine Erfahrung, keine Ware, sondern etwas Wesentliches, kein Endzweck, sondern ein Hilfsmittel. Sie ist ein Versuch, das Leben zu verstehen und zu interpretieren, uns mit unserer Seele und diese mit der göttlichen Intelligenz zu verbinden. Insofern ist Kunst vor allem ein interaktiver Prozess; ein Kunstwerk bekommt Leben nur dann, wenn es gesehen, gehört und erfühlt wird, was bedeutet, dass jeder von uns das Kunstwerk miterschafft. Wenn wir etwas rein aus Liebe zum Schaffensprozess aus solchem und nicht aus Liebe zum Ego hervorbringen, sind wir alle Künstler, die die transzendente Freude des Erschaffens in vollen Zügen genießen.

Halten Sie sich für einen Künstler? Haben Sie sich schon einmal gewünscht, einer zu sein? Denken Sie sich eine Definition von Kunst aus, die für Sie gilt und mit Ihnen zu tun hat. Sehen Sie sich bei allem, was Sie tun und was für Sie eine Bedeutung hat, als Künstler.

Engelmeditation: **Kunst ist eine Erfahrung, die alles ein- und nichts ausschließt und mein Leben ständig bereichert.**

Sehnsucht nach Leben

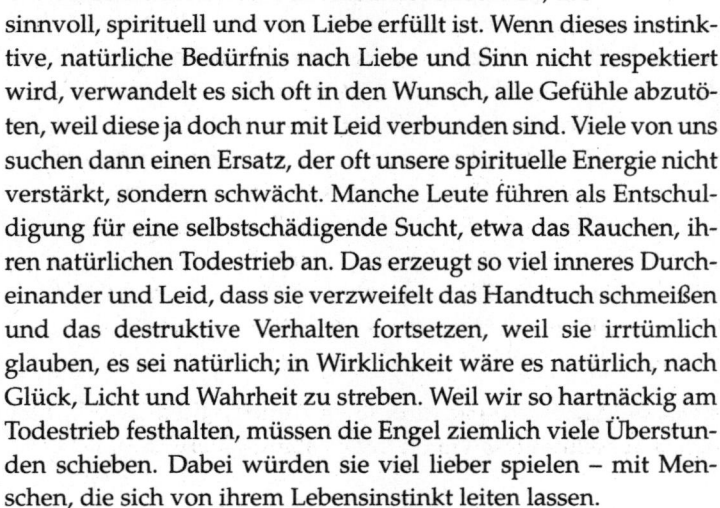

Engelbotschaft: **Gehen Sie nie davon aus, dass Menschen sterben wollen. Gehen Sie eher davon aus, dass sie vielleicht nicht wissen, wie sie leben sollen.**

Bei seinem Versuch, selbstzerstörerische Verhaltensweisen zu erklären, entwickelte Sigmund Freud die Theorie, die meisten Menschen hätten einen Todestrieb. Wenn er eine weniger intellektuelle, dafür mehr spirituelle Grundlage gehabt hätte, hätte er wahrscheinlich beobachtet, dass die Menschen sich in Wirklichkeit zutiefst nach einem Leben sehnen, das sinnvoll, spirituell und von Liebe erfüllt ist. Wenn dieses instinktive, natürliche Bedürfnis nach Liebe und Sinn nicht respektiert wird, verwandelt es sich oft in den Wunsch, alle Gefühle abzutöten, weil diese ja doch nur mit Leid verbunden sind. Viele von uns suchen dann einen Ersatz, der oft unsere spirituelle Energie nicht verstärkt, sondern schwächt. Manche Leute führen als Entschuldigung für eine selbstschädigende Sucht, etwa das Rauchen, ihren natürlichen Todestrieb an. Das erzeugt so viel inneres Durcheinander und Leid, dass sie verzweifelt das Handtuch schmeißen und das destruktive Verhalten fortsetzen, weil sie irrtümlich glauben, es sei natürlich; in Wirklichkeit wäre es natürlich, nach Glück, Licht und Wahrheit zu streben. Weil wir so hartnäckig am Todestrieb festhalten, müssen die Engel ziemlich viele Überstunden schieben. Dabei würden sie viel lieber spielen – mit Menschen, die sich von ihrem Lebensinstinkt leiten lassen.

Haben Sie Verhaltensweisen, die Sie einem unbewussten Todeswunsch zurechnen würden? Wie könnten die Engel Ihnen helfen, Ihr Verhalten zu verändern?

Engelmeditation: **Ich akzeptiere meine Sehnsucht nach Leben.**

Gedächtnis

Engelbotschaft: **Erinnern Sie sich, wer Sie sind.**

Die meisten Funktionen unseres Verstands hängen vom Gedächtnis ab. Fühlen, denken, wahrnehmen und urteilen haben mit dem Gedächtnis zu tun. Es hält länger als der Körper. Das Zellgedächtnis überdauert das Leben der Zelle; deshalb sind Gewohnheiten oft so schwer zu verändern. Unsere Zellen erinnern sich an das, was vorher war. Das lateinische Wort für erinnern, *memorari*, bedeutet »achten auf«. In unseren Gedächtnisbanken speichern wir Informationen, die wir für wichtig halten. Es heißt, dass die Erinnerung an unser gesamtes Leben, auch die früheren, in unserem Unbewussten gespeichert ist. Wenn wir achtsam sind, erinnern wir uns vielleicht an frühere Erfahrungen mit den Engeln, als die Schleier zwischen den Welten transparenter waren, oder an noch frühere Erfahrungen, als wir im Himmel waren.

Haben Sie Erinnerungen, die Sie quälen? Wenn ja, bitten Sie die Engel, Ihnen zu helfen, eine Lösung für sie zu finden und sie zu verstehen. Gibt es etwas, an das Sie sich gern erinnern würden, das sich aber jedes Mal verflüchtigt, wenn sie es wachrufen wollen? Wenn ja, gehen Sie auf eine tiefere Bewusstseinsebene und meditieren Sie über das Gedächtnis. Denken Sie bei allem, was Sie tun, vermehrt an die Macht der Erinnerung.

Engelmeditation: **Ich erinnere mich an Liebe.**

Guter Tag

Engelbotschaft: **Der vor uns liegende Tag wird vollkommen, wenn wir nicht nur unsere Termine, sondern auch unsere Einstellung planen.**

Abends denken wir oft darüber nach, wie der Tag war. Aber wie viele von uns denken im Voraus darüber nach, wie der kommende Tag aussehen soll? Mit den Engeln als Helfern können wir dafür sorgen, dass jeder Tag ein guter Tag wird. Planen Sie am Vorabend im Geist den folgenden Tag voraus; sehen Sie, wie Sie gut gelaunt und zuversichtlich aufstehen, sich gesund und energiegeladen fühlen und Ihren Pflichten gelassen und effizient nachkommen. Atmen Sie dann beim Wachwerden ein paar Mal tief ein und aus, begrüßen Sie voll Dankbarkeit den neuen Tag und die Erfahrungen, die er für Sie bereithält, wie immer sie sein mögen. Fangen Sie sofort damit an, die entspannte, fröhliche Energie weiterzugeben, die die nächsten 24 Stunden zu einer positiven Erfahrung machen werden.

Bitten Sie vor dem Einschlafen die Engel, Ihnen die perfekte Energie für Ihren vollkommenen Tag zu schicken. Nehmen Sie ein Stück Papier und schreiben Sie den folgenden Tag so auf, als wäre er schon vorbei. Ihr Engelterminkalender könnte so aussehen: »Um halb sieben wach geworden und mich wunderbar gefühlt; war dankbar, lebendig zu sein, und ganz aufgeregt wegen des neuen Tages. Geduscht, die Sonne begrüßt und entspannt ein Power-Frühstück eingenommen. Die Fahrt zur Arbeit verlief absolut problemlos, ich hatte sogar noch Zeit, eine Viertelstunde spazieren zu gehen, bevor ich das Büro betrat ... Meine Arbeit habe ich super geschafft, die Besprechung mit ... verlief sogar noch besser als erwartet ...« Seien Sie kreativ und genießen Sie die nächsten 24 Stunden.

Engelmeditation: **Ich bestimme, wie mein Tag verläuft.**

Stimmungen

Engelbotschaft: **Unsere Stimmungen sind wie der Wind – mal toben sie heftig, mal säuseln sie sanft, aber immer sind sie in Bewegung.**

Unsere Stimmungen können eins unserer wichtigsten Hilfsmittel sein, denn sie zeigen uns die vielen interessanten Facetten unserer Persönlichkeit. Und sie ersparen uns die Peinlichkeit, absolut langweilig und berechenbar zu sein. Vielleicht sind wir selbst von den vielen Nuancen und Tönungen überrascht, die unsere Emotionen in Reaktion auf unterschiedliche Reize annehmen. Die Engel ermuntern uns, mit unseren Stimmungen zu arbeiten, aber gleichzeitig einen Schritt von ihnen zurückzutreten. Weil Stimmungen ziemlich viel Energie haben, können sie Treibstoff für unsere Kreativität sein. Aber wir dürfen uns nicht von ihnen beherrschen lassen, denn schließlich sind sie nur vorübergehende Phasen unserer Persönlichkeit, keine dauerhaften Aspekte unseres Wesens.

Registrieren Sie Ihre verschiedenen Stimmungen. Welche Reaktionen werden in welchen Situationen warum ausgelöst? Setzen Sie Ihre Stimmungen kreativ ein. Egal ob Sie »gut« oder »schlecht« gelaunt sind, versuchen Sie, sich durch die jeweils aktuelle Emotion auszudrücken, und beobachten Sie, ob Sie dadurch zu mehr Frieden und Klarheit kommen.

Engelmeditation: **Ich lerne von meinen Emotionen, aber ich lasse mich nicht von ihnen auffressen.**

Sensitive

Engelbotschaft: **Sensitive Menschen können alt werden, wenn sie gut für sich sorgen.**

Wer sensibel ist, kann Eindrücke und Nuancen schnell erkennen; er nimmt die Gefühle anderer wahr und ist für sie empfänglich. Menschen sind in unterschiedlichem Maß sensibel; wer sehr sensibel ist, wird als *Sensitiver* oder *Medium* bezeichnet. E. M. Forster beschreibt in *Two Cheers for Democracy* eine »Aristokratie der Sensitiven«: »Die Mitglieder finden sich in allen Nationen, Schichten und Altersstufen, und wenn sie sich begegnen, erkennen sie sich ohne Worte. Sie verkörpern die wahre Tradition des Menschen, den dauerhaften Sieg unserer kuriosen Rasse über Grausamkeit und Chaos ... Sie reagieren auf sich und andere sensibel, sind umsichtig, ohne aufgeregt zu sein, ihr Mut ist nicht Prahlerei, sondern die Kraft des Erduldens. Und sie verstehen Spaß.«

Sensibilität hat ihren Preis. Auf das laute, aggressive Leben reagieren Sensitive oft überempfindlich, sie sind schnell beleidigt, leicht gereizt und haben das Gefühl, dass das Leben auf sie einprasselt wie ein Bombardement. Wenn Sie sensibel sind, müssen Sie gut für sich sorgen. Stimmen Sie sich vor allem voll auf die Engel ein; und tun Sie ganz normale Dinge, um psychisch gesund zu bleiben: Sorgen Sie für genug Schlaf, halten Sie sich von lauten und groben Menschen fern, machen Sie lange Spaziergänge im Park und nehmen Sie sich jeden Tag Zeit, um still Ihre Sensitivität und Ihre sensitiven Freunde zu genießen.

Engelmeditation: **Ich werde zu einem Teil des dauerhaften Siegs über Grausamkeit und Chaos, indem ich gut für meine sensible Seite sorge.**

Papier ist geduldig

Engelbotschaft: **Hören Sie auf, Papiertigern nachzujagen.**

Manche Leute sehen auf dem Papier ganz toll aus. Sie haben einen beeindruckenden akademischen Grad, begehrte Auszeichnungen und ein intelligent angelegtes Vermögen, aber das alles existiert nur auf dem Papier und gibt ihnen kein wirkliches Selbstwertgefühl. Bildung und ein Doktortitel sind schön und bewundernswert, aber was ist das ganze Papier wert, wenn Sie nicht mit Menschen zurechtkommen und keine liebe- und sinnvollen Beziehungen haben? Der Wert eines Menschen lässt sich nicht mit einem Stück Papier belegen. Wenn Sie sich benachteiligt fühlen, weil Sie kein Stück Papier haben, das schwarz auf weiß Ihre Vorzüge nennt, können Sie immer noch den Zauberer von Oz besuchen.

Denken Sie über den wahren Wert des Lebens nach, den Wert, den Sie in Ihrem Herzen tragen. Fehlt Ihnen etwas? Bitten Sie die Engel, Sie zu einer Bildung zu führen, die Ihr Selbstwertgefühl steigert. Suchen Sie nach Investitionen, deren Wert das Papier überdauert. Überlegen Sie, wie Sie sich fühlen würden, wenn die Engel Ihre gesamten wertvollen Papiere verbrennen würden und Sie in Zukunft ohne sie auskommen müssten.

Engelmeditation: **Die Liebe und Vollkommenheit, die ich in meinem Herzen trage, haben länger Bestand als alles, was auf dem Papier geschrieben steht.**

Mandala

Engelbotschaft: **Alles im Himmel und auf Erden ist eine Einheit.**

Das Hinduwort *Mandala* bedeutet »magischer Kreis«. Der Kreis repräsentiert Gott, »das Eine«. In diesem Kreis befinden sich grafische Darstellungen, welche die Einheit von Himmel und Erde veranschaulichen. Bei einem typischen chinesischen Mandala umgibt der Kreis das Yin/Yang-(männlich/weiblich-, Himmel/Erde-)Symbol der zwei ineinander verschlungenen Fische. Ein anderes bekanntes Mandala besteht aus einem Kreis, der die sich schneidenden Dreiecke des sechszackigen Sterns umgibt, dem christlichen Symbol für die Inkarnation. Mandalas gelten traditionell als Bilder einer inneren Realität, und wenn sie zum Kontemplieren oder Meditieren eingesetzt werden, können sie verschüttete Dimensionen der Psyche offenbaren. Mandalas sind nicht auf die östliche Mystik beschränkt; sie sind in jeder Kultur wichtige Symbole. Der Psychologe C. G. Jung widmete einen Großteil seines Lebens dem Studium von Mandalas und ihrer Heilkraft. Wir können unsere eigenen Mandalas entwerfen und dabei ein wirkungsvolles Instrument entdecken, mit dem wir Unbewusstes aufdecken, das innere Gleichgewicht wieder herstellen und die mediale Wahrnehmung verbessern können.

Zeichnen Sie einen Kreis und bestimmen Sie in ihm vier Hauptpunkte, die für die vier Himmelsrichtungen, die vier Jahreszeiten oder die vier Elemente stehen. Wählen Sie dann ein Bild oder ein Symbol, das in diesem Moment für Sie selbst steht, und malen Sie es in die Mitte des Kreises. Machen Sie Ihr Mandala zu Ihrem täglichen Begleiter. Kontemplieren oder meditieren Sie darüber, schöpfen Sie Energie daraus.

Engelmeditation: **Ich bin Teil des magischen Kreises, der Leben heißt.**

Ihr Prinz ist schon da

Engelbotschaft: **Das Glück kommt nicht in irgendeiner fernen Zukunft auf einem weißen Pferd, um uns aus unseren Illusionen zu erretten.**

Vor ein paar Jahren erschien eine wundervolle Bildergeschichte. Sie zeigt eine Frau, die auf einem Felsen sitzt und von Herrn Richtig träumt. »Irgendwann wird mein Prinz kommen«, denkt sie glücklich. Ein Mann auf einem weißen Pferd erscheint hinter ihr und verkündet: »Da bin ich.«

»Er wird groß, stattlich und charmant sein«, fährt sie fort, ohne ihren Besucher zu beachten.

»Madame«, wiederholt der Prinz. »Ich bin da. Ihr Märchenprinz.«

»Er wird ganz viel Humor haben und ein wunderbarer Liebhaber sein…«

»Hören Sie mir endlich zu«, fleht der Märchenprinz. »Ich bin schon da!«

»Er wird mich auf sein Pferd setzen und mit mir davonreiten, und wir werden für immer glücklich zusammenleben…«

An diesem Punkt zuckt der Prinz niedergeschlagen mit den Achseln, wendet sich ab und reitet davon. Auf dem letzten Bild der Geschichte starrt die Frau immer noch in den leeren Raum und seufzt: »Ja, irgendwann wird mein Prinz kommen…«

Sind Sie so mit der Zukunft beschäftigt, dass Sie das Glück und die Chancen nicht bemerken, die Sie in der Gegenwart haben?

Engelmeditation: **Weil ich die geistigen und spirituellen Instrumente für zukünftiges Glück besitze, habe ich alles, was ich brauche, um in der Gegenwart Glück zu erschaffen.**

Scharfeinstellung

Engelbotschaft: **Wie eine Kamera kann das Leben keine klaren Ergebnisse produzieren, wenn die Scharfeinstellung fehlt.**

Wir alle erleben jene frustrierenden Phasen, in denen es scheint, als ob wir nichts Sinnvolles zu Stande brächten. Dann müssen wir genau die Eigenschaft entwickeln, die uns am meisten zu fehlen scheint – die Konzentration auf das Wesentliche. Wenn wir fokussiert sind, haben wir ein Ziel und lassen uns nicht von Aktivitäten oder Menschen davon abbringen, es zu erreichen. Wir haben uns in punkto Zeit und Energie die richtigen Prioritäten gesetzt, und trotz Hindernissen oder Schwierigkeiten verlieren wir unser Ziel nicht aus den Augen. Wie richtet man sich auf das Wesentliche aus? Die Engel schlagen vor, dass wir mit kleinen Dingen anfangen. Wenn wir es schaffen, uns täglich kleine Ziele zu setzen und sie zu erreichen, können wir unsere Aufmerksamkeit größeren Projekten und Aktivitäten zuwenden – solchen, die unserem Leben einen Sinn und ein Ziel geben und unser Interesse und unsere Leidenschaft wecken. Weil es den Engeln gefällt, wenn wir das Leben mit der Leidenschaft des Liebhabers für die Geliebte umwerben, helfen sie uns bei der Beschäftigung mit dem, was uns Spaß macht und das Leben verbessert.

Legen Sie auf einem Blatt Papier zwei Spalten an. Tragen Sie in der einen Spalte die Bereiche Ihres Lebens ein, in denen Sie gerne zielgerichteter wären – etwa Beruf, persönliche Beziehungen, körperliche Fitness etc. In die rechte Spalte schreiben Sie zu jedem Ziel alles, was Sie tun können, um es zu erreichen. Bitten Sie dann die Engel, Ihnen die Konzentration und Klarsicht zu geben, die Sie brauchen, um Ihre Ziele zu erreichen.

Engelmeditation: **Ich bin auf mein Glück und den Sinn meines Lebens eingestellt.**

Sommer

Engelbotschaft: »Im Winter habe ich gelernt, dass es in mir einen unbesiegbaren Sommer gibt.« *Albert Camus*

Der Sommer ist die Zeit, in der alles heranreift und Früchte trägt. Alle Energien des Universums unterstützen nun die Fülle: Die Tage sind lang und warm, die Nächte schwer von den Düften der Erde. Die im Frühjahr gesäte Saat kommt zur Reife, und im Wechsel von heißer Sonne und sanftem Regen erreicht die Erde ihre maximale Fülle. Der Sommer ist auch die Zeit, in der wir uns entspannen und das Leben genießen; traditionell wird im Sommer Urlaub gemacht – wir stellen unsere Pflichten und Aufgaben beiseite, ruhen uns aus und regenerieren uns. Am Ende des Sommers ernten wir zufrieden die Früchte unserer Mühen, denn was wir mit Energie und Zuversicht betrieben haben, kommt jetzt zum Abschluss.

Haben Sie in Ihrem Leben gerade irgendwo Sommer? Genießen Sie ihn intensiv und machen Sie sich klar, dass Sie ihn verdient haben. Wenn Sie noch darauf warten, dass etwas Wichtiges Früchte trägt, raten die Engel Ihnen, sich in Geduld zu fassen, die Flinte nicht ins Korn zu werfen und daran zu denken, dass auf jede Jahreszeit die nächste folgt.

Engelmeditation: Ich genieße die Zeit der Fülle.

Verkehrte Welt

Engelbotschaft: **Die Welt ist vielleicht verrückt, aber die Unordnung hat eine Ordnung.**

Im 19. Jahrhundert legte ein Exzentriker, der beschlossen hatte, dass die Welt auf dem Kopf steht, testamentarisch fest, dass er auf dem Kopf stehend begraben werden wollte, damit er wenigstens als Toter die Befriedigung hatte, richtig herum zu stehen. Obwohl die meisten von uns nicht so weit gehen würden wie dieser Mann, um ihren Standpunkt deutlich zu machen, bewundern wir vielleicht insgeheim seine Kühnheit, denn wer von uns hat die Welt noch nicht für ein Tollhaus gehalten? Es gibt zu viel Sinnloses, zu viele Ungerechtigkeiten und zu viel willkürliche Gewalt, als dass wir einen Moment lang glauben könnten, alles sollte so sein. Die Engel wissen, dass die Welt zwar kein Paradies ist, dass wir aber keinen Kopfstand machen müssen, um die Welt richtig zu sehen. Wir können uns unsere Gelassenheit, unsere Spiritualität und unsere psychische Gesundheit bewahren, wenn wir daran denken, dass jeder Verrücktheit etwas Schönes entspricht. Genau das ist unser Job hier auf Erden – wir sollen in einem unvollkommenen Paradies Anker der Sensibilität, Oasen der Freude und Wegweiser der Hoffnung sein.

Wenn die Verrücktheit der Welt Ihnen den Atem verschlägt, ist es vielleicht Zeit, den Ernst des Lebens vorübergehend auf Eis zu legen. Verzichten Sie einen Tag lang auf Nachrichten aus Radio, Fernsehen oder Zeitung, und machen Sie sich klar, dass das einzige Mittel gegen den Wahnsinn in diesem Moment darin besteht, dass Sie glücklich sind und Spaß haben.

Engelmeditation: **Ich mache das Beste aus der Welt, wie sie ist.**

Geld

Engelbotschaft: **Geld ist unser Gehilfe, nicht unser Meister.**

Die Mythen über Geld wirken sich direkt darauf aus, wie wir es sehen und mit ihm umgehen. Hier ein paar Formulierungen, die Sie sicher kennen: Geld wächst nicht auf Bäumen. Glück oder Liebe kann man mit Geld nicht kaufen. Geld ist schlecht. In Wahrheit ist Geld an sich nur ein Stück Papier. Der Beweis? Werfen Sie einmal einen Tausendmarkschein ein paar Kätzchen hin und beobachten Sie, wie lange sie brauchen, um ihn zu zerfetzen. Die Engel erinnern uns daran, dass Geld nur die Macht hat, die wir ihm geben. Wenn wir begreifen, dass wir die Kraftquelle hinter dem Geld sind, dass wir steuern, wie viel davon wir haben und wie es uns zufließt, und dass wir bestimmen, ob wir es für echtes Glück oder egoistische Profite einsetzen, verliert es seine Macht über uns.

Nehmen Sie sich ein bisschen Zeit, um über Ihre Einstellung zu Geld nachzudenken. Haben Sie Angst davor? Sind Sie davon besessen? Beneiden Sie Menschen, die es haben? Ist es Ihnen gleichgültig? Wenn Sie wollen, dass Ihnen mehr Geld zufließt, sollten Sie es als Hilfsmittel sehen, das Ihnen Glück, Wachstum und Zufriedenheit bringt. Begrüßen Sie es mit Liebe, statten Sie es nicht mit irgendeiner Macht aus und bitten Sie die Engel, die notwendige Energie zu erzeugen, damit Ihnen mehr davon zufließt.

Engelmeditation: **Ich habe immer so viel Geld, wie ich mir gedanklich zugestehe.**

Kritik

Engelbotschaft: **»Kunstwerke sind von einer unendlichen Einsamkeit und mit nichts so wenig erreichbar wie mit Kritik. Nur Liebe kann sie erfassen und halten und kann gerecht sein gegen sie.«** *Rainer Maria Rilke*, Briefe an einen jungen Dichter

Kritiker genießen in unserer Gesellschaft hohes Ansehen. Professionellen Kritikern bezahlen wir viel Geld, damit sie uns ihre Meinung sagen, und den nicht professionellen Kritikern in unserem Leben schenken wir oft viel zu viel Beachtung. Wie oft haben wir zugelassen, dass Kritik unser Selbstwertgefühl oder unseren Ehrgeiz zerstört? Wie oft haben wir statt auf unser Herz auf Kritik gehört? Und wie oft haben wir andere kritisiert, um bewusst oder unbewusst unsere Überlegenheit zu unterstreichen? Obwohl Kritik notwendig zu sein scheint, damit Mittelmäßigkeit und Ichsucht nicht überhand nehmen, dient sie meist dazu, das Ego des Kritikers auf Kosten des Kritisierten aufzublähen. Zwischen einer persönlichen Meinung und der Wahrheit besteht ein großer Unterschied. Die Engel jedenfalls sind keine Kritiker; sie zeigen uns *anhand* unserer Fehler, wie wir das Beste aus uns herausholen können.

Wie beeinflusst Kritik Sie? Wenn Sie sich für überkritisch halten, oder wenn Kritik Sie leicht beeinflusst oder verletzt, oder wenn Sie ihr gegenüber absolut gleichgültig sind, sollten Sie die Bedeutung von Kritik in Ihrem Leben überdenken – die Rolle, die sie in der Vergangenheit gespielt hat, die Gefühle, die sie jetzt auslöst.

Engelmeditation: **Im Umgang mit anderen ersetze ich Kritik durch Anteilnahme und ein Urteil durch Liebe.**

Kommunikation

Engelbotschaft: **Ziel der Kommunikation ist nicht das Reden, sondern das Verstehen und Verstandenwerden.**

Oft verwechseln wir Kommunikation mit reden. Aber bei einer echten Kommunikation perfektionieren wir die Kunst des Zuhörens. Wenn wir mit der Natur, Gott oder den Engeln kommunizieren, hören wir auf die Gefühle, Gedanken und Ideen, die wir durch Meditation, Kontemplation und die stille Interaktion mit den stummen Kräften des Universums erhalten. Diese reflektierenden Fertigkeiten sollten wir auch in der zwischenmenschlichen Kommunikation verstärkt einsetzen. Wenn jemand mit uns spricht, sollten wir genau hinhören, was er sagt, anstatt das zu hören, was wir hören wollen, und sofort darauf zu reagieren. Wenn wir zuhören, sind wir mit dem anderen auf einer Ebene, wir wiederholen, was er gesagt hat, und fragen nach, ob wir ihn richtig verstanden haben. Es ist auch ratsam, auf wichtige nonverbale Hinweise zu achten, auf Stimmlage, Augenbewegungen und Körpersprache. Mit dem Zuhören lernen wir echtes Verständnis.

Beobachten Sie Ihr Kommunikationsverhalten. Bekommen Sie wirklich mit, was der andere sagt, oder quasseln Sie ihn voll, statt ihm zuzuhören? Nehmen Sie die Antwort des anderen vorweg, oder gehen Sie schnell in die Defensive? Versuchen Sie, so zu kommunizieren wie die Engel – aufmerksam, einfühlsam, liebe- und verständnisvoll –, und beachten Sie, wie Ihre Beziehungen sich zu verändern beginnen.

Engelmeditation: **Ich spreche vom Herzen her und höre auf die Seele.**

Bindungen

Engelbotschaft: **Liebe, nicht Abhängigkeit, soll Ihre Beziehungen zusammenhalten.**

Eine Bindung ist eine besonders intensive, sinngebende Beziehung zu anderen Menschen. Man spricht oft vom Bindungsprozess zwischen Mutter, Vater und Kind. Freundschaften sind Bindungen, bei denen zwei Menschen sich zusammentun, um sich gegenseitig zu unterstützen. Dauerhafte, liebevolle Bindungen machen das Leben interessant. Wichtig ist, dass unsere Bindungen frei von klebriger Abhängigkeit bleiben. Das gelingt nur, wenn wir uns und andere so sein lassen, wie wir und sie sind. Unsere menschliche Größe verhält sich proportional zu unserer Ganzheit. Wir müssen trotz unserer Bindungen ganz und unverwechselbar bleiben. Lassen Sie sich von den Engeln dabei helfen, nicht einen Teil von sich im anderen zu verlieren!

Denken Sie über Ihre Beziehungen nach. Beruhen sie auf Liebe, Freiheit und Respekt? Fällt es Ihnen als Mutter oder Vater leicht, Ihre Kinder so sein zu lassen, wie sie sein wollen? Können Sie akzeptieren, dass Ihr Partner/Ihre Partnerin so ist, wie er/sie ist, und einen eigenen Freundeskreis hat? Welche Beziehung haben Sie zu Gruppen? Wenn Ihre Bindungsfähigkeit ein bisschen Nachhilfe braucht, sollten Sie sich zuerst mit den Engeln verbinden, denn dann finden Sie Ihre wahre Verbindung zum Göttlichen und wissen, was in einer Beziehung richtig und wahr ist.

Engelmeditation: **Die Engel verbinden mich in Wahrheit und Schönheit mit anderen Seelen, die genauso lichtvoll sind wie ich.**

Worte

Engelbotschaft: **Worte sind die Bausteine der Gedanken.**

Worte sind wirkungsvolle Hilfsmittel, die wir ganz verschieden benutzen. In diesem Buch wurden Worte mit dem Ziel arrangiert, Informationen über ein Leben im Engelbewusstsein zu verbreiten. Trotzdem können wir Ihnen nicht sagen, wie Sie mit den Worten leben sollen, denn das Leben muss gelebt und erfahren werden. Worte können unseren Erfahrungen eine Richtung weisen, denn sie programmieren den Verstand. Deshalb sollten wir wissen, was wir sagen. Viele Menschen etwa reden ständig davon, dass etwas sie »krank macht« oder sie »umbringt«. Dabei wollen sie ganz bestimmt nicht wegen irgendeiner Lappalie krank werden oder sterben. Deshalb sollten wir nichts sagen, was ein unerwünschtes Ergebnis vorprogrammieren könnte.

Achten Sie mehr auf Ihre Worte. Wenn Ihnen etwas herausrutscht, das Sie als negative Programmierung erkennen, sagen Sie sofort »Streichen« oder »Löschen«. Es schadet auch nie, einen Tag oder auch nur eine Stunde lang ganz auf Worte zu verzichten. Lesen Sie nichts, hören Sie kein Radio, sehen Sie nicht fern, gehen Sie nicht ans Telefon und bitten Sie die Engel um Ohren zu hören und um Augen zu sehen, was Sie mit der Kraft Ihrer Worte erschaffen.

Engelmeditation: **Ich lasse nicht zu, dass die Macht von Worten mein Denken so programmiert, dass unnötige Schwierigkeiten entstehen; ich sage mir immer wieder, dass das Leben lebenswert ist.**

Mantra

Engelbotschaft: »**Ich verehrte Ihn weiter mit dem Gayadri Mantra... Und jetzt wohnt Er in meiner Seele und beflügelt all meine Gedanken.**« *Maharishi Devendranah Tagore*

Ein Mantra ist ein Hilfsmittel, um zur eigenen Mitte zu finden. Es kann aus einem heiligen Satz oder einem Klang bestehen, der uns auf unsere inneren Schwingungen einstimmt – jene reine Frequenz, durch die wir mit der göttlichen Energie kommunizieren. Mantras sind seit langem ein wesentlicher Bestandteil östlicher Meditationsformen. Sie dienen vor allem als Fixpunkt für Verstand und Körper, sodass Atmung und Bewusstsein sich auf ein festes Zentrum richten und nicht abgelenkt werden. In religiösen Traditionen ist die Bedeutung des Mantras sehr wichtig, das aus einem einzigen Wort, etwa dem bekannten *Om* (»der verborgene Name Gottes«) oder auch aus einem ganzen Gebet bestehen kann. In der christlichen Kontemplation werden das Vaterunser und Litaneien als Mantras benutzt. Mantras prägen sich durch ihre Wiederholung tief in Psyche und Seele ein und werden schließlich zu einem lebendigen Gebet – einem aktiven Teil unseres Wesens.

Wählen Sie einen positiven Begriff, zum Beispiel Liebe, oder ein kurzes Gebet, und meditieren Sie darüber; wiederholen Sie es, während Sie tief und rhythmisch atmen. Wenn Sie ein Mantra langfristig als spirituelles Hilfsmittel verwenden wollen, sollten Sie mit spirituell erfahrenen Menschen darüber reden und etwas darüber lesen. Das richtige Mantra und der richtige Lehrer werden zu gegebener Zeit auf Sie zukommen.

Engelmeditation: **Ich erhebe mein Bewusstsein, und es vereint sich mit den reinen Klängen des Himmels.**

Einstellungen ändern

Engelbotschaft: **Wir können das, was wir sehen, dadurch verändern, dass wir einen anderen Blickwinkel einnehmen.**

Wenn eine Situation uns frustriert oder unglücklich macht, müssen wir manchmal überprüfen, wie wir sie wahrnehmen. Mit den Engeln als Helfern können wir uns eine andere Einstellung zulegen. Das verändert die Situation, denn wir sehen sie dann anders. Die neue Einstellung zu finden kann Spaß machen und zu einem Spiel werden, das jederzeit und überall möglich ist. Ziel ist, eine negative Einstellung durch eine engelhafte zu ersetzen und dann zu beobachten, wie die Erfahrungen sich verändern. Die für unser Glück und unsere Entfaltung hinderlichsten negativen Einstellungen sind Besorgnis, Angst, Hass, Verzweiflung, Egoismus, Undankbarkeit und Humorlosigkeit. Wenn wir sie gegen die engelhaften Gegensätze Zuversicht, Frieden, Liebe, Hoffnung, Großzügigkeit, Dankbarkeit und Fröhlichkeit eintauschen, garantieren die Engel, dass wir gar nicht mehr unglücklich sein können.

Wenn etwas Sie bedrückt, sorgt die passende Engel-Einstellung dafür, dass negative Folgen ausgeschlossen sind. Statt einen unangenehmen Kollegen zu hassen, könnten Sie zum Beispiel dafür dankbar sein, dass Sie nicht er sein müssen!

Engelmeditation: **Ich lasse in mir die Einstellungen wachsen, die mir mehr Kraft geben.**

Kometen

Engelbotschaft: **Heute hier, morgen fort, nie vergessen.**

Manche Menschen sind wie Kometen. Sie berühren unser Leben kurz und wecken Aufregung, Liebe und heilige Scheu. Dann sind sie weg, und wir sehen sie nie wieder, aber wir denken oft an sie. Kometenähnliche Menschen lassen sich nicht festhalten oder lenken. Sie müssen in Bewegung bleiben, ihr Licht über andere Himmel jagen. Leider sterben sie oft sehr jung; dann vermissen wir sie und leiden unter ihrer Abwesenheit. Aber die Engel wissen, dass jeder Kometenmensch, der in jungen Jahren von der Erde scheidet, ein Licht zurücklässt, das zum Wohl der Hinterbliebenen weiterleuchtet. Kein Komet würde wollen, dass wir sein Verschwinden betrauern. Auch Kometenmenschen wollen, dass wir an die Freude denken, die sie hinterlassen, und dass wir unsere Liebe zu ihnen wachsen lassen, damit sie andere glücklich macht.

Ist Ihr Leben von Kometenmenschen gestreift worden? Haben Sie sie mit Licht und Liebe ungehindert ziehen lassen, oder haben Sie allzu lange unter ihrem Verlust gelitten? Kometenmenschen lehren uns die höchste Form bedingungsloser Liebe und Akzeptanz. Wenn Sie das nächste Mal an Ihre Kometenmenschen denken, dann weinen Sie ein bisschen, wenn Ihnen danach zu Mute ist. Aber anschließend sollten Sie lächeln und ihnen eine Portion Liebe schicken. Das gibt ihnen ein bisschen zusätzlichen Treibstoff, sodass sie da, wo sie gerade sind, ein bisschen heller leuchten, und dieses Licht werfen sie in Ihr Herz zurück.

Engelmeditation: **Ich weiß in meinem Herzen, dass Liebe über die Grenzen von Zeit und Raum hinauswachsen kann.**

Morgendämmerung

Engelbotschaft: **Immer wieder wartet auf uns ein neuer Tag.**

In der Morgendämmerung erscheint das erste Licht des Tages, und wir begrüßen die aufgehende Sonne. Etwas Neues beginnt, und wir haben die Chance, mit dem neuen Licht noch einmal von vorn anzufangen. Bei Tagesanbruch wird die Welt heller. Wenn wir die Engel in unser Leben holen, haben wir auf einer bestimmten Bewusstseinsebene die Entscheidung getroffen, heller zu werden, das heißt der Erde mehr Licht zu geben. Wehren Sie sich nicht dagegen, dass die Engel Ihnen dämmern. Werden Sie heller, dann leuchten Sie wie das erste Licht des Tages.

Wenn Sie das nächste Mal ein Problem haben, dann überschlafen Sie es und bitten Sie die Engel, es morgen anders zu sehen. Mit dem Morgen dämmern Ihnen auch die Lösungen, wenn Sie das Problem nach oben geben und loslassen. Werden Sie engelleicht.

Engelmeditation: **Ich weiß, dass auch morgen die Sonne aufgeht, egal was in meiner kleinen Welt passiert.**

Träume

Engelbotschaft: **Träume haben wenig mit Logik und viel mit innerem Glück zu tun.**

Mit dem Wort *Traum* beschreiben wir sowohl die Bilder, die im Schlaf zu uns kommen, als auch unsere innigsten Wünsche und Hoffnungen. In gewisser Weise bedeutet das, dass ein Traum irreal und nur für den Teil von uns nützlich ist, der schläft. Die Engel indes wissen, dass Tag- und Nachtträume nicht unwirklich, sondern *nicht verwirklichte* Aspekte von uns sind. Die Träume, die wir im Schlaf haben, sind so etwas wie Alleen, auf denen die Engel uns Botschaften schicken, die uns den Alltag verständlicher machen können. Auch durch die Wachträume, die wir für unser Leben haben, sprechen die Engel zu unserer Seele; sie ermuntern uns, unsere erhabensten Bestrebungen zu denken und zu realisieren. Im Traum sind wir offen für Informationen, die der Intellekt nicht verarbeiten kann. Er ist ein magischer, mystischer, wundersamer Zustand, in dem Gedanken zu Einfällen und Einfälle zu Lösungen werden. Haben Sie nie Angst zu träumen, denn durch Träume entdecken wir unsere innere Realität.

Machen Sie eine Liste mit all den Träumen, an die Sie sich erinnern. Welche haben Sie verwirklicht? Wenn Sie zu den glücklichen Menschen gehören, die sich ihren Traum bewahrt haben und ihn leben, können Sie die Engel bitten, Ihnen immer weiter Ideen zu schicken, die Ihren Traum erweitern und erneuern. Seien Sie, wenn Sie einen noch nicht verwirklichten Traum haben, offen für Vorschläge und Eingebungen der Engel, und machen Sie sich klar, dass Sie Ihren Traum realisieren werden, wenn der Wunsch stark genug ist.

Engelmeditation: **Ich achte meine Träume und realisiere meine erhabensten Bestrebungen.**

Vorbereitung

Engelbotschaft: **Seien Sie immer auf das Beste vorbereitet.**

Jeden Tag bereiten wir uns vor. Wir bereiten das Abendessen vor, wir bereiten uns darauf vor, aus dem Haus zu gehen, und wir bereiten uns auf die Bewältigung von Situationen vor. Sich vorbereiten bedeutet, sich bereit zu machen und willens zu sein weiterzugehen. Eine Vorbereitung kann positiv oder negativ sein. Wenn Ihnen zum Beispiel gesagt wird, dass ein Orkan auf Sie zukommt und Sie sich darauf vorbereiten, indem Sie ängstlich und besorgt sind, erzeugen Sie Angst. Wenn Sie sich darauf einstellen, den Sturm mutig und mit den richtigen Hilfsmitteln zu bewältigen, haben Sie bessere Chancen, ihn unbeschadet und ohne Angst zu überstehen. Die Engel helfen uns immer, uns auf das Allerbeste vorzubereiten.

Affirmationen sind beim Vorbereiten hilfreich. Mit Hilfe der Engel können Sie Affirmationen finden, die Sie auf alle Eventualitäten vorbereiten. Affirmationen stellen etwas Wahres fest; also äußern Sie die Wahrheit, die Sie sich für die Zukunft wünschen, dann sind Sie besser auf das Leben vorbereitet.

Engelmeditation: **Ich bin auf das Beste vorbereitet, aber auch gewappnet für das Abenteuer.**

Glück

Engelbotschaft: **Grundloses Glücklichsein ist höchste Freiheit.**

Anders als häufig angenommen, bestimmen nicht die Umstände, ob wir glücklich sind. Wir selbst leiten durch unsere Reaktion auf die Umstände und unsere Einstellung dazu unser Glück oder Unglück in die Wege. Wahrhaft glückliche Menschen sind nicht wie Korken, die auf Gedeih und Verderb den Wellen der Umstände ausgeliefert sind; vielmehr sind sie der Kapitän auf ihrem Schiff. Wenn wir in einer Situation sind, die uns unglücklich macht, können wir nach Möglichkeiten suchen, herauszukommen. Wenn sie nicht veränderbar ist, können wir lernen, sie zu akzeptieren und mit ihr glücklich zu sein. Wenn wir bestimmte Dinge wollen, von denen wir wissen, dass sie uns glücklich machen, zum Beispiel ein liebevoller Partner, Gesundheit oder ein kreativer Beruf, können wir auf diese Ziele hinarbeiten, indem wir sie visualisieren und herausfinden, welche Schritte zu ihrer Realisierung notwendig sind. Aber auch bis wir sie erreichen, können wir glücklich sein; wir müssen nur beschließen, auf das Leben nicht besorgt, zögerlich, ängstlich und verzweifelt zu reagieren, sondern humorvoll, neugierig, liebevoll und zuversichtlich.

Die Engel sind Glückstrainer; ihr Trainingsprogramm tut wohl, nicht weh. Wenn Sie sich zu einem Glückstraining einschreiben wollen, müssen Sie nur bereit sein,

- *in der Gegenwart zu leben und für neue Erfahrungen offen zu sein;*
- *Ereignisse nicht für gut oder schlecht zu halten, sondern für interessant und lehrreich;*
- *Menschen so zu akzeptieren, wie sie sind, und nichts zu erwarten;*
- *Leid und Besorgnis nach oben abzugeben; und*
- *großzügig mit Ihrer Liebe zu sein.*

Engelmeditation: **Das Glück ist nicht nur in meiner Reichweite; es ist greifbar nah.**

Lebendig

Engelbotschaft: **Lebendig sein ist mehr als ein- und ausatmen.**

Wann haben Sie sich das letzte Mal so richtig lebendig gefühlt? Vieles von dem, was wir tun, stumpft nicht nur unsere Sinne ab – es lässt uns auch vergessen, was Lebendigkeit überhaupt ist. Für die Engel ist Lebendigkeit Verbundenheit – mit unserem Körper, unserer Seele, unserem Geist, der Natur, anderen, dem in jedem Atemzug lebendigen göttlichen Mysterium. Lebendigkeit ist der prickelnde Strom, der dafür sorgt, dass unsere Batterien nicht leer werden. Sie ist ein so starkes Gefühl, dass sie uns manchmal sogar bedroht. Wenn wir zu sehr im Alltagstrott festhängen, wenn unser Beruf oder unsere Beziehungen uns deprimieren, wenn wir stark angespannt sind, neigen wir dazu, den Stecker herauszuziehen und uns von unserer Lebendigkeit abzukoppeln; wir lassen uns auf Aktivitäten ein, die die Flucht vor dieser unruhigen Energie in uns erlauben, die kein adäquates Ventil mehr findet. Die Engel drängen uns, das zu tun, was uns wieder mit unserer Lebendigkeit verbindet, damit wir für uns das Leben erschaffen, das für uns vorgesehen ist.

Erinnern Sie sich an die Zeiten in Ihrer Vergangenheit, in denen Sie sich am lebendigsten gefühlt haben. Welche Umstände waren das? Wie hat die Lebendigkeit sich angefühlt? Wenn Sie sich die Lebendigkeit in Ihrem Leben erst wiederholen müssen, ist eine Liste mit den Aktivitäten hilfreich, bei denen Sie sich glücklich, begeistert, energiegeladen und aufgeregt fühlen. Gehen Sie ihnen dann möglichst oft nach!

Engelmeditation: **Ich heiße die Lebendigkeit in meinem Leben willkommen.**

Zuhause

Engelbotschaft: **Egal was Sie tun oder wie weit Sie weggehen, Sie können immer nach Hause kommen.**

Ein wahres Zuhause ist ein Ort, an dem Sie akzeptiert werden und von dem Sie wissen, dass dort immer ein Licht leuchtet, um Sie zu begrüßen. Einige von uns hatten das Glück, an einem solchen Ort groß zu werden; andere haben ein richtiges Zuhause nie gekannt. Aber egal, ob wir einen materiellen Ort als unser Zuhause bezeichnen können oder nicht – das Zuhause der Engel steht uns immer offen. Wir können vor den Sorgen der Welt dorthin flüchten und dorthin zurückkehren, egal wie weit wir uns davon entfernt haben. Genauso wie der verlorene Sohn nach seinem Egotrip mit Freuden wieder aufgenommen wurde, sind auch wir im liebevollen Herzen der Engel immer willkommen. Die Begrüßung fällt sogar jedes Mal, wenn wir von einem Abenteuer zurückkehren und durch unsere Fehler weiser und liebevoller geworden sind, ein bisschen herrlicher aus. Wir können gewiss sein, dass die Engel immer da sind – sie unterstützen unser Bedürfnis nach Risiko, Entdeckungen und neuen Erfahrungen, stellen für Herz und Seele aber auch einen Ort zur Verfügung, an dem sie ausruhen können.

Nehmen Sie jedes Mal, wenn Sie das Gefühl haben, weit weg von zu Hause zu sein, eine Auszeit, und meditieren Sie. Schließen Sie die Augen, atmen Sie tief, und stellen Sie sich so deutlich wie möglich vor, wie die Engel Sie in ihrem – und Ihrem – Zuhause willkommen heißen. Sehen Sie alle Details dieses Zuhauses, die inneren und die äußeren. Erschaffen Sie das ideale Zuhause für sich selbst, sehen Sie die Engel darin und machen Sie sich klar, dass Sie in der Meditation dorthin zurückkehren können, wann immer Sie Anleitung, Trost oder Ruhe brauchen.

Engelmeditation: **Im Zuhause der Engel sind die Türen nie verschlossen, und das Licht der Liebe ist immer für mich eingeschaltet.**

Verkaufen

Engelbotschaft: **Sie können sich nicht verkaufen, denn Sie sind unbezahlbar.**

Im Zeitalter des Materialismus hören wir immer wieder, wie wichtig es ist, »sich zu verkaufen«. Uns wird gesagt, wir sollten in die Welt hinausgehen und sie erobern, uns in den höchsten Tönen zu loben und Menschen und Pöstchen gewinnen, indem wir Zuversicht und Selbstsicherheit eindrucksvoll zur Schau stellen. Natürlich sollten wir uns schätzen und das Beste aus unseren Fähigkeiten machen. Aber sich verkaufen ist etwas anderes. Wir sind keine Ware, die man kaufen kann; wir müssen niemand – und am wenigsten die Engel – von unserem Wert überzeugen. Wir brauchen nur wir selbst zu sein, so gut wir können.

Haben Sie am Arbeitsplatz oder in Ihren Beziehungen das Gefühl, dass Sie sich verkaufen müssen, damit die Leute Sie bemerken und schätzen? Wenn ja, können Sie mit dieser Vorstellung ein bisschen spielen. Schreiben Sie auf ein Stück Karton »Zu verkaufen« und kleben Sie ein Bild von sich darauf. Listen Sie all Ihre wunderbaren Eigenschaften auf, und stellen Sie Ihr Licht nicht unter den Scheffel. »Das müssen Sie sehen! Traumfrau! Klug, fröhlich, einfühlsam, liebevoll! Jede Menge Energie, kaum Wartung ... Körper muss ein bisschen überholt werden, aber generell guter Zustand ...« Alles klar? Schreiben Sie dann Ihren Preis dazu, hängen Sie das Schild an den Kühlschrank und machen Sie sich bewusst, wie lächerlich das Ganze ist!

Engelmeditation: **Ich brauche mich nicht zu verkaufen, um meinen Wert zu kennen und zu respektieren.**

Visionssuche

Engelbotschaft: »**Ich musste mich völlig vom Physischen lösen. Ich brauchte keine Menschen, keine Nahrung, keine Unterbrechungen. Ich brauchte einen positiven Beweis für den Sinn meines Lebens. Ich brauchte eine Visionssuche.**«

Mary Summer Rain, Spirit Song

Die Visionssuche der amerikanischen Indianer ist ein besonders kraftvolles Ritual, bei dem durch Selbstaufgabe Einsichten ins eigene Schicksal gewonnen werden. Kennzeichen der Visionssuche ist absolute Einsamkeit. Der Suchende reinigt zunächst Körper und Seele durch Schwitzbäder und begibt sich dann an einen isolierten Ort, wo er wie Jesus in der Wüste tage- und nächtelang fastet, Gott und den bösen Geistern begegnet und von tiergestaltigen Boten des Übernatürlichen durch Träume und Visionen unterwiesen wird. Wenn wir uns zu dieser Visionssuche entscheiden, können auch wir mit der göttlichen Intelligenz kommunizieren, damit uns unser Lebenssinn klarer wird. Die anstrengenden Rituale der traditionellen Visionssuche sind dazu nicht unbedingt erforderlich, aber wir müssen Zeit einplanen, um alleine loszuziehen, mit den Rhythmen und Klängen der Natur zu verschmelzen und dem großen Mysterium zu erlauben, sich uns in der von ihm gewählten Form zu offenbaren.

Wenn Sie gern mehr über den Zweck Ihres Erdendaseins erfahren wollen, sollten Sie vielleicht mehr über Theorie und Praxis der Visionssuche lesen. Planen Sie dann Ihre persönliche Visionssuche; die Engel können dabei Ihre Führer und Boten sein.

Engelmeditation: **Absolut verletzlich und absolut friedvoll stehe ich vor dem Himmel, bereit, den Sinn meines Lebens zu erfahren.**

Warum eigentlich nicht?

Engelbotschaft: **Jeder Erfolg beginnt mit der Frage »Warum eigentlich nicht?«**

Wie viele unserer Ideen und Träume führen wir aus? In neun von zehn oder vielleicht auch in zehn von zehn Fällen lassen wir unsere Eingebungen unter den Tisch fallen und finden alle möglichen Gründe, aus denen sie in der Realität nicht funktionieren werden. Die Engel wollen, dass wir die Entschuldigungen aufgeben, die den kreativen Prozess ersticken, und sie durch eine einfache Frage ersetzen: »Warum eigentlich nicht?« Dann werden wir in neun oder vielleicht auch in zehn von zehn Fällen feststellen, dass nichts uns davon abhält, unsere Träume und Wünsche zumindest genauer zu untersuchen. Und erst dann können wir realistisch einschätzen, welche nicht nur durchführbar, sondern auch für uns angemessen sind.

Was würden Sie gerne tun, wenn Sie nicht Zweifel an der Durchführbarkeit hätten? Aus welchen Gründen können Sie Ihren Wunsch nicht verwirklichen? Versuchen Sie, zwischen Gründen und Entschuldigungen zu unterscheiden – realistischen Einwänden und solchen, die aus der Angst vor Ablehnung, vor dem Scheitern oder vor dem Erfolg stammen. Machen Sie, wenn Sie eine Eingebung weiterverfolgen wollen, jeden Tag nur einen einzigen Schritt, um sie eingehender zu erkunden.

Engelmeditation: **Ich sehe meine Ideen realistisch und habe keine Angst, die zu untersuchen, die meine Kreativität wecken.**

Pilgerreise

Engelbotschaft: »**Eine Pilgerreise beginnen Sie da, wo Sie gerade sind, und wandern dann in der Hoffnung, erneuert, bereichert und geläutert von ihr zurückkommen, auf einen heiligen Ort zu.**« *Frederick Franck*, Art as a Way

Früher war eine Pilgerreise gleichbedeutend mit einem radikalen Abschied vom Alltag. Ein Pilger war so mutig, alle vertrauten weltlichen Dinge zu Gunsten einer spirituellen Reise aufzugeben, die gefährlich, aber auch befreiend war. Ja, sie war umso befreiender, je riskanter sie war, denn erst inmitten echter Gefahr sind wir gezwungen, unsere Bindungen an scheinbar Wichtiges loszulassen, um das wirklich Wichtige zu entdecken. Aber wir müssen unser Selbst, unser Revier, nicht unbedingt verlassen, um auf eine Pilgerreise zu gehen. Da das ganze Leben eine Pilgerfahrt zum Tod ist – der das Ende oder die Transzendierung unseres materiellen Selbst sein kann –, betrachten die Engel uns alle als Pilger. Unsere inneren Reisen – unsere Suche nach dem Sinn und Zweck unseres Lebens, nach Frieden – sind unsere Pilgerfahrten, und unser Weg ist die Form, die unser Leben annimmt.

Wo würden Sie hingehen, wenn Sie ein Pilger wären? Denken Sie an Ihre spirituellen und kreativen Ziele, und stellen Sie sich vor, Ihr Leben wäre ein Pfad dahin. Was müssen Sie auf Ihrer Pilgerreise mitnehmen? Was müssen Sie zurücklassen? Was könnte Sie von Ihrem Ziel ablenken?

Engelmeditation: **Das, was ich jeden Tag tue und denke, bringt mich meinen spirituellen Zielen näher.**

Wärme

Engelbotschaft: **Ein warmes Herz fühlt mit.**

Sie wissen, wie es ist, wenn Sie einem Menschen gegenüber Wärme empfinden. Es fühlt sich gut und natürlich an, denn schließlich sind wir Warmblüter. Wenn wir Wärme spüren, lächeln wir innerlich. Wärme ist ein Zeichen, dass wir für- und nicht gegeneinander sind. Wärme kommt oft aus dem Bauch, was bedeutet, dass wir sie bei manchen Menschen spüren und bei anderen nicht, und dafür haben wir nicht immer eine logische Erklärung. Wenn wir Wärme ausstrahlen, signalisieren wir, dass wir freundlich und nett sind. Ein warmes Gefühl, das nicht an eine Handlung oder Bedingung gebunden ist, ist der Beginn wahren Mitgefühls.

Gibt es jemanden, für den Sie sich erwärmen können? Welche Ihrer Gefühle können Sie über das Feuer halten, um deren Kälte auszubrennen? Stellen Sie sich einen Menschen vor, dem Sie bislang die kalte Schulter gezeigt haben, und erfüllen Sie Ihr Wesen mit Frieden. Lassen Sie dann Ihre Gefühle zu diesem Menschen langsam, aber sicher wärmer werden. Spüren Sie, wie die Wärme von Ihrem Herzen zum Herzen des anderen strahlt. Sie brauchen nichts zu sagen; spüren Sie nur die Wärme.

Engelmeditation: **Ich bin ein Warmblüter, der keine Mühe hat, Wärme und Freundlichkeit auszustrahlen.**

Hemmnisse

Engelbotschaft:
»Auf dem Berg ist das Wasser:
Das Bild des Hemmnisses.
So wendet sich der Edle seiner eigenen Person zu
und bildet seinen Charakter.« *I Ging*

Hemmnisse können anzeigen, dass wir nicht auf dem richtigen Weg sind. Wenn wir uns extrem ins Zeug legen müssen, damit etwas funktioniert, kann das signalisieren, dass wir innehalten, tief durchatmen und unsere Fixierung auf das Ergebnis loslassen sollten. Die Engel wollen uns begreiflich machen, dass das, was für uns richtig ist, und das, was sein soll, sich reibungslos von selbst ergeben. Das bedeutet nicht, dass wir die Hände in den Schoß legen und uns nicht anstrengen sollten. Der Trick besteht darin, zwischen Anstrengung und Energieverschwendung zu unterscheiden. Im letzten Fall bestärken die Engel uns darin, loszulassen, nach innen zu gehen und dem Hemmnis nicht mit noch mehr Anstrengung, sondern mit Selbstforschung und Verständnis zu begegnen.

Wenn etwas, das Sie wollen, nicht gelingt, egal wie sehr Sie sich bemühen oder wie viele kluge Strategien Sie entwickelt haben, können Sie sich fragen, warum Sie mit dem Kopf durch die Wand wollen. Was würde passieren, wenn Sie losließen, sich auf das konzentrierten, was in Ihrem Leben klappt, und die Dinge zu ihrer Zeit auf sich zukommen ließen?

Engelmeditation: **Wenn die Dinge nicht so laufen, wie ich will, vertraue ich dem Zeitpunkt des Universums.**

Vergangenheit loslassen

Engelbotschaft: **Die Vergangenheit können wir nicht ändern, wohl aber ihren Einfluss auf die Gegenwart.**

Auch wenn wir fest davon überzeugt sind, dass die Vergangenheit vorbei ist, ist sie oft noch ziemlich präsent. So hängen wir vielleicht noch an Überzeugungen und Erfahrungen aus der Kindheit, die für unser Leben nicht mehr relevant sind. Oder alte Wunden und Ängste hindern uns, Fortschritte zu machen, und halten uns davon ab, froh und neugierig zu sein. Das hat zur Folge, dass wir nicht bewusst, sondern eher unbewusst agieren und Denk- und Verhaltensstrukturen verewigen, die unserem Wachstum nicht mehr gut tun – falls das überhaupt je der Fall war. Die Engel erinnern uns daran, dass wir nicht Gefangene unserer Vergangenheit oder Sklaven unserer Erinnerungen sind. Wir haben jederzeit die Freiheit, unsere Verhaltensmuster und Überzeugungen zu erkennen; dann können wir die behalten, die uns lebendig und glücklich machen, und die ausrangieren, die zu anderen Zeiten und Orten gehören.

Welche vergangenen Erfahrungen behindern Ihre Weiterentwicklung? Machen Sie sich klar, wie diese Erinnerungen Sie beeinflussen, und erkennen Sie, dass Sie sie steuern, und nicht die Erinnerungen Sie.

Engelmeditation: **Ich weiß, dass ich kein starres Endergebnis, sondern eine ständig sich ändernde Antwort auf das Leben bin.**

Tun, was Sie gern tun

Engelbotschaft: **Menschen, die tun, was sie gern tun, sind mit ihrem Lebenszweck in Einklang.**

Viele von uns sind zu der Ansicht erzogen worden, dass Arbeit keinen Spaß machen kann. Arbeit soll den Lebensunterhalt sichern, nicht uns begeistern, energetisieren oder erfüllen. Die Engel indes wissen, dass es genau umgekehrt ist. Wenn wir das tun, was wir gern tun, verdienen wir nicht nur unseren Lebensunterhalt; vielmehr sind wir es uns schuldig, dieses Ziel zu verfolgen. Wenn wir unsere Arbeit nicht gern tun, wenn sie uns frustriert, deprimiert oder auf andere Weise nervt, sagt unsere Seele uns, dass wir nicht am richtigen Platz sind. Wenn wir dagegen das tun, was wir gern tun, empfinden und verbreiten wir Freude und Begeisterung, und das verbessert nicht nur das Leben, sondern auch unser Umfeld. Die Engel wollen uns sagen, dass wir von dem, was wir lieben, auch leben können; sie sind sofort als Helfer zur Stelle, wenn wir unsere Seele mit unserer Einkommensquelle in Einklang bringen wollen.

Glauben Sie, dass Sie Ihren Lebensunterhalt verdienen können, wenn Sie tun, was Sie gern tun? Wenn Sie es gern glauben würden, können Sie eine Liste mit den Arbeiten machen, die Ihnen Spaß gemacht haben, und eine andere Liste mit Arbeiten, die Ihnen keinen Spaß gemacht haben. Versuchen Sie, das zu finden, was für jede Kategorie typisch ist. Wenn Sie entdeckt haben, welche Tätigkeiten Sie wann glücklich machen, können Sie den perfekten Job für sich zusammenstellen; verwenden Sie dazu alle aufgelisteten positiven Elemente. Sehen Sie sich in diesem Job, seien Sie überzeugt, dass Sie ihn haben werden, und bitten Sie die Engel, Ihnen die Energie und die Gelegenheiten zu schicken, die Sie brauchen, um ihn hervorzubringen.

Engelmeditation: **Wenn ich tue, was ich gern tue, erschaffe ich ein Umfeld, in dem der Überfluss gedeiht.**

Neugierde

Engelbotschaft: **Neugierde kann Katzen umbringen oder ihnen ein Festessen bescheren.**

Als Kind motiviert uns fast ausschließlich die Neugierde. Unser Staunen über die Welt, unser Wunsch, den Daseinsgrund und die Funktionsweise der Dinge um uns herum zu ergründen, weckt unseren Wissensdurst, unsere Träume, unsere Fantasie und unsere Begeisterung für das Leben. Wenn wir älter werden, geht vielen von uns die Verbindung zur natürlichen Neugierde verloren. Dann suchen wir Sicherheit im Bekannten; wir definieren uns durch unsere Überzeugungen; wir erstarren im Vertrauten. Die Engel wissen, dass Neugierde der Atem des Lebens ist, dass sie ganz real dafür sorgen kann, dass wir lebendig bleiben. Viele Wissenschaftler und Künstler etwa werden überdurchschnittlich alt und sind noch mit über 80 oder 90 aktiv und produktiv – einfach deshalb, weil sie immer noch neugierig sind und ständig neue Geheimnisse finden, denen sie auf den Grund gehen wollen.

Wie neugierig sind Sie auf das Leben? Macht es Ihnen Spaß, neue Orte oder Ideen zu erforschen? Tendieren Sie dazu, die Dinge so zu akzeptieren, wie sie sind, oder versuchen Sie herauszufinden, warum und wie sie so geworden sind? Überlegen Sie, was Ihre Neugierde weckt, und versuchen Sie, es verstärkt in Ihr Leben zu integrieren.

Engelmeditation: **Je neugieriger ich bin, desto lebendiger werde ich.**

Sinn

Engelbotschaft: **»Das kannst du nicht mitnehmen« ist eine Redewendung, die sich nur auf materielle Reichtümer und Besitzungen bezieht. Alle Gaben des Geistes können und werden Sie mitnehmen.**

Die meisten von uns suchen im Leben vor allem einen Sinn. Manchmal jedoch ist uns das nicht klar. Wir wissen nur, dass tief in uns eine quälende Leere ist, ein leerer Raum, der sich danach sehnt, mit etwas gefüllt zu werden, das unser Herz erwärmt und Freude in unser Leben bringt. Die Engel erinnern uns sacht daran, dass wir die Leere nur dann füllen können, wenn wir persönliche spirituelle Werte entwickeln. Wenn wir die Engel um etwas Bestimmtes bitten, kann es sein, dass sie uns nicht das bringen, was wir zu wollen glauben. Stattdessen bringen sie uns etwas Sinnvolles. Liebe, Frieden, Freude, Glück, Kreativität und Humor sind Gaben, welche die Engel großzügig verschenken, damit unser Leben sinnvoll wird. Diese Gaben schärfen auch unsere Wahrnehmung, und wir entdecken eher, was für unser Wachstum und unser Bewusstsein nicht sinnvoll ist.

Stellen Sie sich vor, Ihr Haus brennt und Sie können nur die fünf Dinge retten, die Ihnen am meisten bedeuten. Was würden Sie wählen? Warum? Denken Sie an Dinge, die Sie tun, die aber nicht besonders gut für Sie sind. Fragen Sie sich, ob Ihr Motiv dafür nicht vielleicht das Bedürfnis ist, in Ihrem Leben einen Sinn zu finden, einen leeren Raum in Ihrer Seele zu füllen.

Engelmeditation: **Die Engel wissen, dass die einzigen dauerhaften Gaben die des Geistes sind. Solange Liebe, Freude, Licht und innerer Frieden in meinem Leben sind, hat es Sinn.**

Schuldgefühle

Engelbotschaft: **Schuldgefühle hemmen das Wachstum.**

Die Engel wollen, dass wir Schuldgefühlen ein entschiedenes Nein entgegensetzen. Warum? Weil sie das Wachstum blockieren. Schuldgefühle sind wie ein Schlammloch; sobald wir hineingehen, versinken wir. Das Bedauern über etwas, das wir getan oder nicht getan haben, macht uns nur noch verzweifelter und behindert unsere Fähigkeit, Freude zu spüren und weiterzugeben. Okay – wir sind nicht vollkommen. Wir haben Fehler gemacht, andere verletzt. Aber statt uns deshalb schuldig zu fühlen, was uns nur lähmt, bitten die Engel uns sanft, uns bewusst zu machen, was wir warum getan haben, was wir aus der Erfahrung lernen können und wie wir uns mit der Schuld akzeptieren können. Dann können wir nämlich wieder anfangen zu leben.

Machen Sie eine Liste mit all dem, weswegen Sie Schuldgefühle haben. Fragen Sie sich, wie die Schuld Sie zu einem stärkeren, glücklicheren, produktiveren oder besseren Menschen gemacht hat. Beschließen Sie, wenn Ihnen keine Antwort einfällt, jetzt, in diesem Augenblick, jegliche Schuld in Ihrem Leben loszulassen und sie durch Selbstliebe und Bewusstsein zu ersetzen.

Engelmeditation: **Ich wachse durch Bewusstheit, nicht durch Schuldgefühle.**

Wohlstand

Engelbotschaft: **Wohlstand hat nichts mit Geld zu tun.**

Oft verwechseln wir Wohlstand mit Geld. Geld ist ein Hilfsmittel; Wohlstand ist ein Bewusstseinszustand. Wer viel Geld hat, muss sich nicht unbedingt wohlhabend fühlen, und wer wenig Geld hat, kann sich trotzdem für wohlhabend halten. Wohlstand bedeutet »gut stehen«. Dazu ist kein Geld erforderlich, bei den Engeln schon gar nicht. Für sie ist wahrer Wohlstand das zufriedene Gefühl, das sich einstellt, wenn wir uns geborgen, erfüllt und geliebt fühlen. Diese drei Grundbedürfnisse bilden immer den Kern bei unserem Streben nach Geld. Aber mit unseren Finanzen haben sie überhaupt nichts zu tun. Egal wie viel Geld wir zur Realisierung unserer Wünsche zu brauchen glauben – wir können immer Bereiche in unserem Leben finden, in denen wir uns schon geborgen, erfüllt und geliebt fühlen. Das heißt nicht, dass Geld uns nicht helfen kann, uns noch wohlhabender zu fühlen. Aber erst wenn wir uns innerlich wohlhabend fühlen, können wir Geld mit Blick auf höhere Ziele erwerben und einsetzen – für uns und andere.

Nehmen Sie bei sich einen Wohlstands-Check vor. Welche tieferen Bedürfnisse liegen Ihrem Wunsch nach Geld zu Grunde? Denken Sie an ein paar Bereiche Ihres Lebens, in denen Sie sich schon mächtig, sicher und wertvoll fühlen. Denken Sie an angenehme Aktivitäten, denen Sie auch ohne all das Geld, von dem Sie träumen, nachgehen können. Verbinden Sie sich mit dem Gefühl von Wohlstand, das Sie schon in sich haben, und fangen Sie an, es nach außen zu projizieren.

Engelmeditation: **Ich brauche nicht mehr Geld, um mich wohlhabend zu fühlen.**

Gelassenheit

Engelbotschaft: »**Genauso wie ein einziges Streichholz die Finsternis erhellt, verändert ein Hauch Gelassenheit unsere Sichtweise für jeden einzelnen Aspekt unseres Daseins.**«

Joseph V. Bailey

Gelassenheit ist eine Mischung aus Akzeptanz, Dankbarkeit, Bereitwilligkeit, tiefem Frieden und Seelenruhe. Sie entsteht tief in uns, wenn wir die Vorstellung aufgeben, dass wir das Leben unter Kontrolle haben. Die Gelassenheit ist immer bei uns, auch dann, wenn der Tumult des Lebens uns aus der Fassung bringt. Die Seele bleibt ruhig und still und signalisiert dem Verstand, dass wir uns nicht zu beruhigen brauchen. Manchmal empfangen wir diese Signale nicht deutlich, denn wir sind zu sehr damit beschäftigt, eine Situation zu bereinigen oder zu verändern. Die Signale der Gelassenheit werden klarer, wenn wir still werden und auf die weise Stimme in unserem Inneren hören.

Wenn wir ruhig und gelassen sind, lernen wir, mit Weisheit zu leben. Wir lernen Gelassenheit, wenn wir die durcheinander wirbelnden Gedanken in uns immer wieder zur Ruhe bringen. Das gelingt, wenn wir regelmäßig meditieren und für Orte, an denen andere Menschen Gelassenheit gefunden haben, sensibler werden. Überlegen Sie, was Sie gelassen macht, und tun Sie es regelmäßig.

Engelmeditation: **Mein Leben wird vom Meer der Gelassenheit getragen; mein Körper ist das Boot, mein Verstand das Segel, meine Seele das Wasser.**

Farben

Engelbotschaft: **Engel äußern sich oft durch Farben.**

Farben sind in unterschiedliche Wellenlängen gebrochene Lichtschwingungen. Auf der verfeinerten Schwingungsebene des Engelsreichs sind Farben genauso wie Musik ein Ausdruck des Denkens und Fühlens, der zahllose Nuancen annimmt. Als Lichtwesen sind die Engel auch Farbwesen, und es kann sein, dass sie uns durch unterschiedliche Farben erreichen, die in unserem Unbewussten etwas aufblitzen lassen. Bestimmte Farben zum Beispiel werden traditionell mit Gefühlen und spirituellen Eigenschaften assoziiert: Rot steht für Leidenschaft und Lebenskraft; Rosa für bedingungslose Liebe; Blau für Frieden und Heilung; Violett für Intuition und inneres Wissen; Gelb für Glaube, Intelligenz und Freude; Grün für die Natur und spirituelle Genesung. Die Engel meinen, dass wir bewusster wahrnehmen sollten, wann eine bestimmte Farbe uns unerklärlich anzieht oder unsere Schönheit und Lebendigkeit besonders betont; diese Farben geben unserem Verstand wichtige Botschaften über Gefühle und Eigenschaften, mit denen wir uns beschäftigen sollten.

Machen Sie eine Liste mit Ihren Lieblingsfarben und schreiben Sie auf, welche Gefühle sie Ihnen vermitteln. Welche Farben harmonieren mit Ihrem natürlichen Hautton und lassen Ihr Gesicht strahlen? Sehen Sie sich an, welche Bedeutung diesen Farben zugeordnet wird, und denken Sie über ihre mögliche Beziehung zu Ihrem Leben und Ihren Zielen nach.

Engelmeditation: **Ich werde von den Farben angezogen, die meine innere Schönheit verstärken und meine spirituellen Ziele anzeigen.**

Zauberworte

Engelbotschaft: **Kein Problem.**

Worte, die eine Situation entspannen und zum Besseren wenden, sind magisch. Wenn etwa ein Kind die Milch auf dem Tisch verschüttet hat, weiß es bei den Zauberworten »Das macht nichts«, dass es nichts falsch gemacht hat und die Situation nicht eskalieren wird. Die magischen Worte *Es macht nichts* können wir bei jedem Missgeschick verwenden. Sie entspannen die Lage sofort. Andere Zauberworte für ärgerliche Situationen sind »Kein Problem« und »Das kriegen wir schon hin«. Oder sagen Sie doch einmal »Superinteressant«, wenn Sie ein bisschen Nervenkitzel brauchen.

Sagen Sie sich in der nächsten nervigen Situation immer wieder die Zauberworte vor, bis Sie locker und humorvoll reagieren können. Stellen Sie sich vor, dass die Engel Ihnen die Zauberworte vorsprechen, wenn Sie sie brauchen. Bitten Sie die Engel, Ihnen vor dem Einschlafen »Es ist alles in Ordnung, alles ist gut, du wirst geliebt« ins Ohr zu flüstern.

Engelmeditation: **Alles ist gut, und das Leben ist zumindest interessant.**

Inspiration/Atem

Engelbotschaft: **Atmen inspiriert.**

Das Wort *Inspiration* hat drei Bedeutungen. Normalerweise bezeichnet es einen Augenblick kreativer oder spiritueller Erleuchtung, aber von seinem lateinischen Ursprung her bedeutet es »einatmen«. Und wenn wir andere inspirieren, beflügeln wir sie. Das Wort hat also eine körperliche, eine seelische und eine spirituelle Komponente. Wenn wir atmen, »inspirieren« wir – wir ziehen den Atem tief ein, lassen ihn durch den Körper strömen vom Zwerchfell zum Bauch, in die Lunge, und durch die Nase wieder nach außen. Wenn unser Körper gereinigt, unser Blut neu aufgeladen, unser Wesen beruhigt und zugleich gekräftigt wird, schmelzen seelische Blockaden dahin, und die Chakras öffnen sich; diese Energiezentren des Körpers erleichtern den Zugang zur göttlichen Energie, die uns kreativ und spirituell macht. Wenn wir derart inspiriert sind, geben wir den Atem des Lebens an andere weiter. Der Yoga-Meister Paramahansa Yogananda meinte: »Wenn Sie sich in der Meditation auf den grenzenlosen Geist einstimmen, strömen Ihnen Inspiration, kreative Kraft und Energie zu, und die göttliche Glückseligkeit dehnt sich von Ihnen auf alle Wesen aus.«

Achten Sie darauf, wie Sie atmen, und nehmen Sie sich jeden Tag Zeit für eine meditative Tiefenatmung. Beobachten Sie, wie Ihre mentale und Ihre körperliche Energie sich verändern, wenn mehr Sauerstoff durch Ihren Körper fließt. Registrieren Sie Inspirationen und kreative Durchbrüche.

Engelmeditation: **Der Atem der göttlichen Liebe und Inspiration durchströmt mich.**

Versteckter Segen

Engelbotschaft: **Ein Segen ist eine Gunst Gottes.**

Meist sehen wir die Engel in unserem Leben nicht, und deshalb wissen wir nie, wie oft sie in unser Schicksal eingreifen. Aber wir können entsprechende Vermutungen anstellen und nach Zeichen ihrer Anwesenheit suchen. Das ist auch eine amüsante Methode, das Engelbewusstsein lebendig zu halten. Stellen Sie sich zum Beispiel das nächste Mal, wenn Sie hinter einem langsamen Auto herschleichen müssen, vor, dass die Engel Sie dadurch vor einer drohenden Gefahr retten. Denken Sie daran, dass Sie zur rechten Zeit am rechten Ort sind, wenn die Engel in Ihrem Leben sind. Machen Sie immer Ihre Augen, Ihre Ohren und Ihr Herz auf, damit Sie die versteckten Wohltaten der Engel entdecken.

Die Wohltaten der Engel retten uns nicht nur aus Gefahren, sondern bringen generell mehr Glück und Wohlbefinden in unser Leben. Versuchen Sie, die versteckten Wohltaten der Engel zu zählen, und seien Sie dankbar für jede einzelne. Bewahren Sie sich ein Gefühl für das Wunderbare, und haben Sie keine Angst, jedes kleinste Zeichen für die Anwesenheit der Engel zu registrieren. Sie müssen anderen nichts davon erzählen, wenn Sie fürchten, dass sie Ihnen nicht glauben. Das, was für Sie eine versteckte Wohltat ist, ist für jemand anders vielleicht ein Problem.

Engelmeditation: **Ich zähle meine versteckten Wohltaten und bin dankbar dafür, dass die Engel auf so vielerlei Weise zu meinem Leben beitragen.**

Natürlich

Engelbotschaft: **Jeder von uns hat eine natürliche Seinsweise, die dem Lauf der Natur folgt.**

Wenn wir tun, was unserer Natur entspricht, verstellen wir uns nicht. Wenn wir uns eine Maske aufsetzen, täuschen wir nach außen hin etwas vor. Ein solches Verhalten ist nicht echt, und wir brauchen es nicht, auch wenn wir das vielleicht meinen. Wenn wir uns verstellen, haben wir im Allgemeinen Angst, so zu sein, wie wir wirklich sind. Wir zweifeln an unserem inneren Wert und meinen, um akzeptiert zu werden, müssten wir der Welt ein anderes Gesicht zeigen als das unsere. Die Engel tragen keine Masken. Sie sind unsere wertvollsten natürlichen Helfer, denn sie fördern die heiligen Eigenschaften Liebe, Mitgefühl, Wahrheit und Authentizität, die uns mit dem Schöpfer in Einklang bringen. Es ist natürlich und normal, dass wir diese Eigenschaften bekommen und ausbauen. Es ist natürlich und normal, dass wir glücklich und mit unserem wahren Selbst zufrieden sind. Oft schlagen wir im Leben einen Kurs ein, der für uns nicht natürlich ist, und die wunderbaren Engel-Eigenschaften scheinen sich uns zu entziehen. Wenn wir erkennen, was für uns natürlich ist, können die Engel uns zu einem natürlichen Leben verhelfen. Die Engel sind ein natürlicher Bestandteil unseres Lebens, wenn unser Körper, unser Geist und unsere Seele im Frieden sind.

Denken Sie an eine Maske, eine künstliche Ergänzung, die Sie sich auf Ihrer Lebensreise möglicherweise zugelegt haben. Wenn Sie bereit sind, sich der Welt ohne Verstellung zu zeigen, können Sie sich von den Engeln dabei helfen lassen, freudvoll Ihre wahre Natur zu entdecken.

Engelmeditation: **In meinem Leben geben die natürlichen Eigenschaften des Himmels den Ton an.**

Wissen

Engelbotschaft: **Die Engel kennen uns, ohne an unsere Existenz glauben zu müssen.**

Glauben Sie an Engel? Den Engeln wäre es lieber, wenn Sie sie *kennen* und Ihre Zeit nicht mit dem Versuch verschwenden würden, an sie zu glauben. Glaube macht die Tür zu; Wissen macht sie auf, sodass Veränderung und noch mehr Wissen ungehindert eintreten können. Die Kehrseite des Glaubens ist der Zweifel; es gibt keinen Glauben ohne ihn. Aber wenn wir etwas in unserem Herzen wissen, haben wir Vertrauen, und das ist das Mittel gegen den Zweifel. Wenn wir wissen, dass die Engel in unserem Herzen sind, geht das über menschliche Glaubenslehren hinaus. Sie brauchen Ihr Wissen niemandem zu beweisen; behalten Sie es bei sich, hegen und pflegen Sie es. Wenn es die Engel betrifft, wird Ihr Leben zu einem Beweis für den Himmel.

Denken Sie an das, was Sie glauben, und fragen Sie sich, wo Sie es her haben. Welche Informationen lassen Sie daran festhalten? Fangen Sie an, Ihre Glaubensvorstellungen weniger ernst zu nehmen, und genießen Sie die Leichtigkeit, die es bringt, etwas vom Herzen her zu wissen.

Engelmeditation: **Mein Herz ist voll Frieden, denn es kennt die Engel.**

Sabbat

Engelbotschaft: **Aktivität schadet, wenn wir für Gott und die Engel keine Zeit mehr haben.**

In der jüdischen Tradition sollte man am Sabbat, dem siebten Tag, nichts tun, außer sich über die Schöpfung freuen. Es darf nicht gearbeitet, ja noch nicht einmal gekocht werden. Heutzutage wird oft der Sabbat entweder ignoriert, weil man ihn für eine überholte Tradition hält, die in das schnelllebige 21. Jahrhundert nicht mehr passt, oder er wird damit verwechselt, dass man zur Kirche geht und kurze Zeit der Religion Genüge tut. Die Engel dagegen betrachten den Sabbat als eine Möglichkeit zum Auftanken, die jedem gut tut, egal welcher Religion er angehört. Die wöchentliche Sabbatruhe baut Spannungen sehr viel besser ab als eine starke Arznei und kann in punkto Gesundheit und Zentriertheit Wunder wirken. Wir denken über den wahren Grund nach, aus dem wir hier sind – wir sollen nicht nur arbeiten oder uns amüsieren, sondern uns immer wieder über das Geheimnis der Schöpfung freuen.

Versuchen Sie, einen Tag ausschließlich für Ausruhen und Besinnung zu reservieren. Bitten Sie Ihren Partner und Ihre Kinder, sich Ihnen anzuschließen. Sie können jeden beliebigen Tag dazu auswählen; es muss nicht der Samstag oder Sonntag sein. Vereinbaren Sie mit sich, dass Sie an diesem Tag nicht arbeiten, kochen, telefonieren, fernsehen, ins Kino gehen oder sich sonst wie ablenken. Verwenden Sie die Zeit dazu, den Engeln näher zu kommen und Ihre private Welt zu befrieden. Beobachten Sie, welche Wirkung dies auf Sie hat, wenn der Alltag wieder anfängt.

Engelmeditation: **Ich mache spirituelle Ruhepausen zu einem regelmäßigen Bestandteil meines Lebens.**

Wenn nur

Engelbotschaft: **Wenn das Wörtchen Wenn nicht wär, wär ich heute Millionär.**

In den »Wenn nur«-Zustand geraten wir, wenn wir meinen, uns würde etwas fehlen, und nicht sehen, was wir schon haben. »Wenn ich nur« eine Million Mark, eine super Beziehung, den perfekten Job, einen attraktiven Körper, ein großes Haus, verständnisvolle Eltern hätte, wenn auf der Welt Frieden, der öffentliche Personennahverkehr gratis, die Rente höher wäre, *dann*, ja dann wäre mein Leben endlich vollkommen. Auf eine solche Argumentation antworten die Engel: »Wenn du begreifen würdest, dass das, was du hast, für dich im Augenblick vollkommen ist, könntest du noch mehr Überfluss hervorbringen. Denn das Leben wird nicht dadurch perfekt, dass wir beklagen, was wir nicht haben, sondern dadurch, dass wir das, wir haben, schätzen, von ihm lernen und mit ihm arbeiten.«

Welche Wenns stehen Ihrem Glück im Weg? Werden Wünsche durch Wenn-Sätze wahr? Stellen Sie jedem »Wenn…« die Ressourcen gegenüber, die Sie schon haben und die Ihnen helfen könnten, das zu erreichen, was Sie wollen.

Engelmeditation: **Ich bin kein Opfer des Schicksals, sondern zusammen mit den Engeln sein Gestalter.**

Glaubenssysteme

Engelbotschaft: »**Wenn Sie meinen, es gäbe eine Lösung, haben Sie ein Problem.**« *George Carlin*

Ein Glaube ist etwas, das wir für wahr halten und auf das wir bauen. Wir alle integrieren unsere Glaubenssätze in ein System. Manche übernehmen das Glaubenssystem einer bestimmten Religion, andere basteln sich eins zusammen. In jedem Glaubenssystem gibt es Regeln und Prinzipien, die es intakt halten sollen. Glaubenssysteme stecken voller Probleme, denn die breite Palette menschlicher Erfahrungen lässt sich nicht in ein Raster pressen. Konflikte entstehen, wenn das, was wir glauben, nicht dem entspricht, was wir erleben. In diesem Fall kann es sein, dass wir auf andere losgehen oder einen Sündenbock suchen. Die Engel meinen, dass wir rigide Dogmen loslassen und neue Informationen ohne Angst akzeptieren sollten. Glaubenssätze sind wie Regeln; sie können angepasst und verändert werden.

Es zeugt von Weisheit, wenn wir uns nicht mit dem Teufel in anderen beschäftigen, sondern Gott in unserem Leben mehr Raum geben. Wir alle versuchen von Zeit zu Zeit, die Überzeugungen anderer zu verändern. Als Vegetarier zum Beispiel wollen wir, dass die ganze Welt kein Fleisch mehr isst. Die Fleischesser werden für uns zur Zielscheibe, auf die wir viel Energie richten, und irgendwann sind wir nur noch mit ihnen beschäftigt. Die Engel-Lektion hier lautet: Leben Sie Ihr Leben so, wie Sie es für richtig halten; wenn es gut läuft und Sie bewundernswert und echt sind, werden andere sich von ganz allein für Ihr Glaubenssystem interessieren.

Engelmeditation: **Ich fürchte Veränderungen nicht, ich gebe meinen Überzeugungen Raum zur Entfaltung und lege rigides Denken ab.**

Richtig

Engelbotschaft: **Das, was das Universum mir zur rechten Zeit gibt, ist für mich richtig.**

Woher wissen wir, ob wir versuchen sollen, einen Wunsch zu realisieren? Die Faustregel der Engel lautet, dass wir alles haben können, was unsere Entwicklung und unser Glück fördert, wenn es anderen nicht schadet. Natürlich wollen wir manchmal etwas, das nicht richtig für uns ist; das kann so weit gehen, dass wir meinen, wir hätten ein Recht darauf. Aber weil es nicht in unserem ureigenen Interesse ist, ergeben sich bei seiner Realisierung entweder unüberwindliche Hindernisse, oder wir erleben am Schluss Leid, Unzufriedenheit und Enttäuschung. Wenn wir etwas unbedingt haben wollen, sollten wir uns über unsere Motive klar werden und gründlich bedenken, wie es sich auf uns und andere auswirkt. Wenn etwas, das wir wollen, nicht angemessen ist, müssen wir ehrlich mit uns selbst sein und unseren Wunsch an die Engel abgeben; denn sie bringen uns das, was für uns richtig ist, genau zur rechten Zeit.

Sind Sie froh, dass einige Ihrer früheren Wünsche sich nicht realisiert haben? Welche waren das? Was wollen Sie jetzt? Warum? Bitten Sie die Engel, Sie immer zu den Dingen zu führen, welche die Bedürfnisse Ihres höchsten Selbst befriedigen.

Engelmeditation: **Ich lasse mir vom Universum zeigen, was für mich richtig ist.**

Heiliger Garten

Engelbotschaft: **Die schönsten Gärten sind die, die mit den Samen der Hoffnung bepflanzt, mit Liebe gepflegt, mit Freude gegossen und mit Dankbarkeit bestellt werden.**

Unser Leben ist wie ein Garten. Manche Gärten strotzen vor Schönheit, Farbe und Kreativität. Andere sind nützlich und funktional und geben uns Nahrung. Viele sehen so aus, als hätten sie Angst, zu wachsen und zu schön zu werden. Und manche werden vernachlässigt und nicht bestellt; das Gras ist trocken und leblos, die Nutz- und Zierpflanzen werden von Unkraut überwuchert und gehen ein. Weil ein Garten ein lebendes, sich änderndes Wesen ist, können wir ihn zum Glück immer wieder hochpäppeln, indem wir Unerwünschtes entfernen und durch Neues ersetzen. Genauso können wir es mit unserem Leben machen. Wenn wir es als trist empfinden, können wir es mit einem Klecks Farbe auffrischen. Wenn wir noch nicht aufgeblüht sind, können wir neue Ausdrucksformen für uns finden. Wenn wir frustriert sind, können wir aussondern, was uns erstickt und unseren Fortschritt behindert. Die Engel können die Samen für Hoffnung, Fröhlichkeit, Ehrgeiz und Vertrauen in uns anpflanzen und diese Samen gießen, bis sie zu einem Leben voller Freude, Weisheit und Vitalität erblühen.

Stellen Sie sich Ihr Leben als Garten vor. Zeichnen Sie ihn, wenn Sie wollen, auf Papier. Strahlt und gedeiht er? Oder müssten Sie ein bisschen jäten? Welche Blumen und Pflanzen sollen in ihm wachsen? Welche neuen Artikel aus dem Samenkatalog der Engel würden Sie bestellen?

Engelmeditation: **Mein Leben ist voll von Farbe, Schönheit und gesunden Einstellungen; sie erfreuen und ernähren die Menschen, die in meinen heiligen Garten kommen.**

Urlaub

Engelbotschaft: **Der beste Urlaub ist der, der uns von der normalen Realität befreit.**

Nehmen Sie das Leben so ernst, dass Sie sich oft darüber wundern, dass andere sich amüsieren oder sich mit einer scheinbar banalen Existenz zufrieden geben? Fragen Sie jedes Mal »Warum schon wieder ich, lieber Gott?«, wenn die Dinge nicht so laufen, wie Sie wollen? Verbringen Sie viel Zeit damit, unwichtige Aspekte von sich und anderen zu analysieren? Fällt es Ihnen schwer, die Schokoladenseite des Lebens zu sehen? Wenn Sie eine dieser Fragen mit Ja beantwortet haben, sind Sie vorgemerkt für ein wunderbares Urlaubspaket, das nur die Engel verschenken – Ferien vom Ich. Diese Ferien werden Ihre Reaktionen auf das Leben völlig verändern, denn Sie fangen an, Ihre Alltagsprobleme aus der Sicht des Himmels zu sehen. Mag sein, dass Sie sogar darüber lachen. Zumindest werden Sie sich mit den kosmischen Freudenhütern über die besorgte Aufgeregtheit der Menschen amüsieren.

Auch wenn in der Realität eine Auszeit vom üblichen Tagesablauf nicht möglich ist, können die Engel Ihnen einen wunderbaren Urlaub verschaffen. Achten Sie zunächst bewusst darauf, wann Sie anfangen, sich nur noch mit sich selbst zu beschäftigen. Bitten Sie die Engel, Sie sacht daran zu erinnern, dass es an der Zeit ist, sich wieder auf die äußere Welt zu besinnen. Erlauben Sie sich und anderen, auch ohne bestimmten Grund Spaß zu haben.

Engelmeditation: **Mit Humor bin ich jederzeit und überall in Urlaub.**

Platz der Freiheit

Engelbotschaft: **Der Himmel ist ein freier Staat.**

Schon das Wort *Freiheit* bringt in uns eine Saite zum Klingen, denn wir lieben sie sehr. Im tiefsten Inneren sehnen wir alle uns danach, an Seele, Körper und Geist frei zu sein. Es ist wichtig, dass wir unseren »Platz der Freiheit« finden. Das kann ein Tagebuch sein, in das wir unsere Gedanken schreiben; ein Ort, an dem wir akzeptiert werden; ein spezieller Raum im Verstand, der genauso eingerichtet ist, wie wir wollen, und in dem wir unserer Fantasie freien Lauf lassen können; oder ein Material, mit dem wir uns kreativ und künstlerisch ausdrücken können, etwa eine Leinwand oder ein Klumpen Ton. Die Engel sind frei von vielen der Probleme, die unsere gedankliche Freiheit behindern. Sie können uns helfen, über die Grenzen der Materie hinauszusehen. Dann entdecken wir, dass die Überzeugungen, die die Freiheit begrenzen, Illusionen sind, denn wir sind immer frei gewesen. Sie sind jetzt frei.

Um herauszufinden, wie frei Sie sich jetzt fühlen, können Sie sich die folgenden Fragen stellen: Habe ich freie Zeit – Zeit, das zu tun, was ich im Augenblick tun will? Lasse ich meinen Geist die Galaxien des Denkens frei durchstreifen? Oder plane ich ständig meine Flucht in die Freiheit, weil ich meine, sie läge in der Zukunft?

Engelmeditation: **Ich bin eine freie Seele.**

Warten

Engelbotschaft: **»Der Regen wird kommen zu seiner Zeit. Man kann ihn nicht erzwingen, sondern muss darauf warten.«**

I Ging

Manchmal ist es schwierig, darauf zu warten, dass das Leben weitergeht. Oft versuchen wir dann, es vorwärts zu puschen oder Dinge zu erzwingen, bevor ihre Zeit gekommen ist. Weil wir Ergebnisse sehen wollen, vergessen wir, dass das Warten ein genauso wichtiger Teil des Lebens ist wie das Tun. Das Warten hat einen Sinn; Richard Wilhelm bemerkt in seiner Übersetzung des *I Ging*, dem chinesischen *Buch der Wandlungen*: »Das Warten ist kein leeres Hoffen. Es hat die innere Gewissheit, sein Ziel zu erreichen.« Interessanterweise wird das Hexagramm mit dem Titel »Das Warten« im *I Ging* auch »Die Ernährung« genannt. Das Warten ist eine wertvolle Phase, in der wir unsere inneren Ressourcen stärken können. Wenn wir in einer Situation nichts tun können außer warten, ist das eine Chance, um Pläne zu schmieden, uns zu entspannen, zu forschen und nachzudenken – alles sehr nützliche Aktivitäten, die unweigerlich zur Erleuchtung führen. Im altnordischen Pendant zum *I Ging*, den Runen, heißt es: »Wenn Fischer nicht aufs Meer hinausfahren können, reparieren sie die Netze.«

Sind Sie zur Zeit in einer »Warteschleife«? Wie können Sie sie produktiv nutzen? Welchen Sinn vermuten Sie hinter dem Warten in Ihrem Leben? Anstatt frustriert zu sein oder zu verzweifeln, können Sie dem Warten dafür danken, dass es Ihnen eine Atempause verschafft, eine Chance, sich körperlich, seelisch und geistig zu erholen und die Situation neu zu sehen.

Engelmeditation: **Wie alles andere auch kann ich das Warten zu meinem Vorteil verwenden.**

Anpassungsfähigkeit

Engelbotschaft: **Die Engel vermitteln Anpassungsfähigkeit; sie führen uns behutsam durch Veränderungen.**

Eine positive Begleiterscheinung der Beschäftigung mit unserem persönlichen und spirituellen Wachstum ist eine bessere Anpassungsfähigkeit: Wir können uns leichter auf neue Situationen einstellen und akzeptieren Veränderungen, anstatt ihnen Widerstand entgegenzusetzen. Ein anpassungsfähiger Mensch genießt neue Herausforderungen und lernt, auch unter Druck gelassen zu bleiben. Durch Anpassungsfähigkeit bleiben wir aufgeschlossen für Veränderungen, und das hält auch unser Herz jung. Anpassungsfähigkeit muss geübt werden, aber die Mühe lohnt sich. Ein wirklich anpassungsfähiger Mensch macht sich kaum Sorgen, ist im Umgang mit anderen flexibel, toleriert ihren Standpunkt, bleibt seinen Werten treu und plant Zeit für die Freuden des Lebens ein.

Sind Sie anpassungsfähig und offen für Veränderungen? Sind Sie meist gelassen, und lassen Sie sich selten von den Stimmungen und Verhaltensweisen anderer aus der Ruhe bringen? Wie könnten Sie noch anpassungsfähiger werden? Lassen Sie sich nicht von weniger anpassungsfähigen Zeitgenossen bis an Ihr Limit treiben oder kontrollieren. Gutmütige, sehr anpassungsfähige Menschen werden manchmal für leichte Gegner gehalten. Wenn Sie wirklich anpassungsfähig sind, erkennen Sie das jedoch, bevor es zu einem Problem wird. Die Engel beschützen Sie, wenn Sie sich dadurch schützen, dass Sie Ihre Grenzen setzen.

Engelmeditation: **Ich bin anpassungsfähig und offen für Veränderungen. Ich akzeptiere Veränderungen und passe mein Denken meinen Erfahrungen an.**

Sünden

Engelbotschaft: **Bei einer Sünde entfernen wir uns von unserem höheren Bewusstsein.**

Mahatma Gandhi erkannte sieben Sünden in der Welt: (1) Reichtum ohne Arbeit, (2) Lust ohne Gewissen, (3) Wissen ohne Charakter, (4) Handel ohne Moral, (5) Wissenschaft ohne Menschlichkeit, (6) Gottesverehrung ohne Opfer, (7) Politik ohne Prinzipien.

Als Sünde lässt sich eine Handlung definieren, die das Gleichgewicht stört und unser Ego und unser Vergnügen vor das Allgemeinwohl stellt. Für Gandhi war der schädlichste Aspekt der Sünde nicht die Tat als solche, sondern die Leere eines Menschen, der das höhere Bewusstsein zurückgewiesen hat. Reichtum ohne Zufriedenheit und ohne die Freude, ihn verdient zu haben, ist bedeutungslos. Lust ohne Gewissen ist nichts anderes als Sucht. Wissen ohne Charakter ist nutzlos; Gottesverehrung ohne Opfer ist Heuchelei. Weil wir Intelligenz, Bewusstsein und freien Willen mitbekommen haben, tragen wir dem Universum gegenüber eine Verantwortung. Es erwartet von uns, dass wir nicht blind oder egoistisch handeln, sondern mit einem höheren Bewusstsein, das auf einer soliden moralischen und spirituellen Grundlage aufbaut.

Schreiben Sie ein paar Tage lang alles auf, was Sie tun. Notieren Sie in einer ersten Spalte die Handlung als solche und in einer zweiten Spalte dahinter Ihre Gründe für sie. Sehen Sie sich Ihre Aufzeichnungen nach drei Tagen an und denken Sie über das nach, was sie Ihnen zeigen. Zumindest erkennen Sie, wie bewusst oder unbewusst Sie leben.

Engelmeditation: **Meine Befähigung zu einem bewussten, einfühlsamen Verhalten lebe ich voll aus.**

Reichlich

Engelbotschaft: **Die Engel sorgen für ein reichliches Angebot an himmlischer Liebe.**

Reichlich bedeutet, dass mehr als genug von etwas da ist. Gott und die Engel geben uns mehr als das, worum wir gebeten haben. Erkennen Sie, dass Sie reichlich versorgt werden. Schönheit, Liebe, Glück und Freude stehen Ihnen jederzeit unbegrenzt zur Verfügung. Reichlich kreative Energie steht für Sie bereit, damit Sie Ihr Leben interessant machen können. Aufregende neue Abenteuer sind reichlich für Sie im Angebot. Geld ist im Überfluss vorhanden; sie brauchen nur zu wissen, wie Sie darankommen. Jede Menge Freunde warten überall auf der Welt darauf, Sie irgendwann kennen zu lernen. Und auch die Engel werden Ihnen nie ausgehen, mit denen Ihr Leben Sinn und Segen erhält.

Was brauchen Sie zur Zeit, was auf der Erde reichlich im Angebot, in Ihrem Leben aber nur spärlich vorhanden ist? Wenn es existiert, können Sie es haben. Wenn Sie etwas brauchen, können Sie Gott und die Engel bitten, es in Co-Produktion mit Ihnen hervorzubringen. Sie werden immer dafür sorgen, dass Sie mehr als genug haben, wenn Sie bereit sind, es anzunehmen.

Engelmeditation: **Ich bin reichlich eingedeckt worden.**

Selbstbild

Engelbotschaft: **Sie brauchen Ihr Selbstbild nicht zu konservieren; lassen Sie es los und seien Sie Teil des Ganzen.**

Ihr Selbstbild kann Ihnen eine Menge Ärger machen, wenn Sie Ihre vergangenen Erfahrungen zu wichtig nehmen und sich von ihnen definieren lassen. Wenn Sie zum Beispiel einmal Schulden hatten, identifizieren Sie sich möglicherweise immer noch mit dem verschuldeten Menschen von damals. Als Geschäftsfrau identifizieren Sie sich vielleicht anhand Ihrer Erfolge und Ihres materiellen Wohlstands. Ein positives Selbstbild ist durchaus wünschenswert, aber wir sollten nicht zulassen, dass es uns von neuen Erfahrungen abhält. Es ist extrem befreiend, das Selbstbild loszulassen und sich mit der Einheit des Lebens zu verbinden. Dann sehen wir uns nicht mehr als Schublade, in der eine starre Persönlichkeit, stramme Überzeugungen und ein Bankkonto stecken.

Hatten Sie schon einmal das Gefühl, als wären Sie in einem zeitlosen Raum und würden nicht wissen, wo die äußere Welt beginnt und Sie enden? Wenn ja, sind Sie mit der Einheit des Lebens verschmolzen, der wahren Lebenskraft, der das Image oder Ihr Bankkonto vollkommen schnuppe ist. Was könnten Sie tun, um den festgezurrten Gürtel Ihres Selbstbildes zu lockern? Hier ein paar Vorschläge: Verändern Sie Ihre Frisur, fangen Sie mit einem ungewöhnlichen Hobby an, tragen Sie zur nächsten gesellschaftlichen Veranstaltung etwas »Unpassendes«, und achten Sie vor allem auf Ihre Verbindung zum Leben.

Engelmeditation: **Ich bin kein Abbild meiner Vergangenheit. Ich bin ein leuchtender Widerschein des Augenblicks.**

Persönlicher Raum

Engelbotschaft: **Gott respektiert Ihre Privatsphäre.**

Das Recht auf Privatheit verliert zunehmend an Wert. In einer Welt, in der Telefone problemlos angezapft und uns auf geschickte, gefährliche Art Informationen abgeluchst werden, haben wir vielleicht das Gefühl, dass für private Gedanken und Augenblicke der Raum fehlt. Vielleicht wird uns eingeredet, wir hätten kein Recht auf eine Privatsphäre. Aber das haben wir, und im Himmel wird es respektiert. Haben Sie keine Angst, private Gedanken zu denken. Auch wenn Sie ihren Inhalt nicht mögen, können Sie sie untersuchen, ohne sich zu verurteilen. Privatheit ist ein Segen, eine Gnade Gottes, und es ist unsere Aufgabe, sie zu schützen. Die Engel sind dabei gute Helfer. Wenn wir sie an unseren Geheimnissen teilhaben lassen, beschäftigen sie eventuelle Eindringlinge anderweitig, sodass wir unseren heiligen persönlichen Raum genießen können.

Wer seinen privaten Raum schützt, macht oft gerade dadurch zudringliche Zeitgenossen neugierig. Manche Leute halten ein Bitte-nicht-Stören-Schild für eine Einladung. Denken Sie über Ihre privaten Bereiche nach und lernen Sie, sie zu schützen. Wenn Sie das nächste Mal ein bisschen Zeit für sich brauchen, können Sie die Engel bitten, Ihnen bei der Herstellung eines heiligen Raums zu helfen. Stellen Sie sich außerdem reflektierende Schilde um sich herum vor, die Menschen, die Ihnen zu nahe treten, in eine andere Richtung umlenken.

Engelmeditation: **Mein persönlicher Raum gehört nur mir. Ich kann denken, träumen, fantasieren, sein und tun, was ich will. Ich respektiere und pflege mein Recht auf Privatheit.**

Freiberufler

Engelbotschaft: **Erschaffen Sie selbst die Umstände Ihres Lebens.**

Heute hören wir oft den Begriff *freiberuflich*. Es gibt freiberufliche Schriftsteller, Künstler, Erfinder und Berater. Früher waren die Ritter in ihrer glänzenden Rüstung Freiberufler. Sie waren unabhängig, nicht den Gesetzen irgendeines Lehnsherren unterworfen und durchstreiften auf der Suche nach Abenteuern das Land. Heutige Freiberufler haben keinen Chef und unterliegen nicht dem Gruppenzwang am Arbeitsplatz. Sie folgen ihren eigenen Grundsätzen. Als Freiberufler schaffen Sie in Ihrem Leben mehr Freiheit – wenn Sie den Mut haben, die damit einhergehenden Risiken auf sich zu nehmen.

Seien Sie ein Freiberufler im Dienste Gottes. Als solcher unterstehen Sie nicht der Herrschaft irgendeines Menschen, sondern nehmen Ihre Hinweise von der höchsten Macht im Universum entgegen. Die Engel helfen Ihnen, sich als Freiberufler zu etablieren. Sie brauchen nur den Entschluss zu fassen, an Ihren Werten festzuhalten, Ihre Arbeit gut gelaunt und individuell zu erledigen, und Ihrem höheren Ziel treu zu bleiben.

Engelmeditation: **Ich kann meinen Weg durchs Leben und meine Lebensarbeit frei wählen.**

Hinter Ihnen

Engelbotschaft: **Es ist immer gut zu wissen, was hinter einem ist.**

Am besten finden wir heraus, was hinter uns ist, wenn wir uns gut umsehen. Unser Schatten ist hinter uns. Er folgt uns, wohin wir auch gehen; solange wir einen Körper haben, gehört er ganz natürlich zu uns. Er kann uns in Schwierigkeiten bringen, wenn wir ihn für böse und uns für gut halten – wenn wir also versuchen, uns von unserem Schattenselbst abzuspalten. Wir alle bilden uns gern ein, wir wären durch und durch gut und würden anderen nie schaden. Aber die Möglichkeit, anderen zu schaden, ist in jedem von uns immer da, und wenn wir das erkennen und akzeptieren, können wir beschließen, es nicht in die Tat umzusetzen.

Lernen Sie kennen, was hinter Ihnen ist. Stellen Sie sich vor, dass Ihr Schutzengel immer hinter Ihnen ist und Sie in jeder Situation in Kenntnis aller Umstände anleitet. Lassen Sie die Vergangenheit hinter sich, aber leugnen Sie sie nicht. Akzeptieren Sie Ihren Schatten und lassen Sie zu, dass er Ihnen folgt.

Engelmeditation: **Wenn die Engel mich führen, kann ich dem ins Auge sehen, was hinter mir ist.**

Mutter Erde

Engelbotschaft: **Wie oben, so unten.**

Viele von uns machen sich Sorgen um Mutter Erde. Kann die Umweltverschmutzung, die Manipulation der Naturkräfte wirklich das Ende unseres Planeten herbeiführen? Oder maßen wir uns mit der Meinung, das Schicksal eines ganzen Planeten steuern zu können, zu viel Einfluss und Macht an? Die Engel haben ein Geheimnis für uns: Sie wissen, dass Mutter Erde uns alle jederzeit vertreiben könnte, wenn sie wollte. Ist uns das vielleicht im tiefsten Inneren bewusst, und beunruhigt uns daher eher unser Schicksal als das von Mutter Erde? Es scheint, als würden wir nach einem Grabstein für sie suchen, denn wir verschwenden jede wertvolle Energie, die ihr helfen könnte. Statt das Leben zu achten und zu etwas Schönem zu machen, warten wir auf das Jüngste Gericht. Aber der Erhalt, nicht der Missbrauch natürlicher Ressourcen ist unsere Aufgabe. Behandeln Sie Mutter Erde weise, lieben Sie ihre Schönheit – die auch aus Zerstörung entstanden ist – und streben Sie nach innerem Frieden, einer Spezialität der Engel. Das rettet Mutter Erde mehr als alle Autoaufkleber.

Wie könnten Sie Ihre Kräfte mit den Engeln verbinden, um die Menschheit zu retten? Konzentrieren Sie sich darauf, Ihren Alltag und Ihr Tun mit Frieden und Harmonie zu erfüllen, und überlassen Sie die Sorge um das Schicksal von Mutter Erde Gott.

Engelmeditation: **Ich weiß, dass die Entwicklung von innerem Frieden der erste und wichtigste Schritt zum Weltfrieden ist.**

Charisma

Engelbotschaft: **Charisma ist eine natürliche Eigenschaft.**

Das Wort *Charisma* ist griechisch und bedeutet »göttliche Gabe«. Wenn wir sagen, jemand hätte Charisma, meinen wir, dass er die begeisterte Aufmerksamkeit anderer anzieht und Gruppen geschickt und hingebungsvoll lenken kann. Vielleicht meinen Sie, nur bestimmte Menschen wären mit Charisma geboren; Tatsache ist, dass jeder es hat. Jeder von uns hat eine göttliche Gabe, und Charisma stellt sich auf ganz natürliche Weise ein, wenn wir unsere göttlichen Gaben mit Liebe im Herzen weitergeben. Charisma bedeutet, dass wir in anderen die Begeisterung wecken, und das können wir nur, wenn wir das, was wir tun, wirklich lieben.

Haben Sie Ihre göttlichen Gaben erkannt? Wenn nicht, ist jetzt, da die Engel in Ihrem Bewusstsein sind, der richtige Zeitpunkt dafür gekommen. Haben Sie schon einmal die positive Aufmerksamkeit und die Bewunderung anderer genossen? Überlegen Sie, warum und wie es dazu gekommen ist. Wie alles Gute verlangt Charisma ein Gleichgewicht von Körper, Seele und Geist; also gehen Sie achtsam mit Ihren göttlichen Gaben um. Überlegen Sie, wo und wie Sie sie weitergeben. Was würden Sie großzügig weitergeben?

Engelmeditation: **Ich weiß, dass meine Seele charismatisch ist. Mein Leben brilliert vor Liebe, wenn ich meine göttlichen Gaben an die Welt weitergebe.**

Weggehen

Engelbotschaft: **Geh nicht wütend weg. Geh einfach weg.**

Eine der schwierigsten Prüfungen im Leben ist die ungewollte Verwicklung in die Dramen anderer Leute, in denen wir eine Rolle spielen, für die wir nicht geprobt haben. Wenn der andere jemand ist, der sich chronisch beklagt, werden wir zu einem Sympathisanten oder Ratgeber. Wenn der andere uns angreift, versuchen wir, zurückzuschlagen. Egal wie das Spiel heißt, das Ende vom Lied ist, dass wir wertvolle Zeit und Energie mit Frust und Wut vergeuden. Die Engel haben eine einfache Lösung für Leute, denen mit Vernunft nicht beizukommen ist. Gehen Sie einfach weg – nicht wütend oder ängstlich, sondern ungerührt. Wenn Sie dabei Angst oder Schuldgefühle haben, können Sie daran denken, dass Ihre Weigerung, sich von diesen Leuten Energie rauben zu lassen, nicht Feigheit, Flucht oder Hartherzigkeit ist, sondern Mut, Weisheit und Mitgefühl.

Versuchen Sie nicht zu kämpfen oder zu argumentieren, wenn jemand Sie unnötig frustriert. Entfernen Sie sich einfach aus dem negativen Kraftfeld dieses Menschen. Wenn Sie sich zu Hause oder am Arbeitsplatz im selben Raum mit ihm aufhalten müssen, können Sie sich immer noch einen seelischen Schutzschild zulegen. Lächeln Sie entweder oder sagen Sie gar nichts oder bemerken Sie ruhig und bestimmt: »Ich glaube nicht, dass ich dir im Moment irgendwie helfen kann.« Machen Sie dann gleichmütig mit dem weiter, was Sie gerade tun. Die Botschaft wird dem anderen vielleicht nicht gefallen, aber er wird sie verstehen.

Engelmeditation: **Ich brauche mich von Negativität nicht beeinflussen oder einschüchtern zu lassen. Ich kann immer weggehen.**

Singen

Engelbotschaft: »**Lernen Sie singen, lernen Sie, Ihr Leben und Ihre Arbeit als Lied des Universums zu sehen.**« *Brian Swimme*

Sie brauchen kein professioneller Sänger zu sein oder das absolute Gehör zu haben, um am Singen Spaß zu haben. Früher wurde immer gesungen, wenn Menschen zusammen kamen. Unsere Chancen, in einer Gruppe zu singen, sind heute nicht mehr so zahlreich wie früher, aber das bedeutet nicht, dass wir mit dem Singen aufhören müssen. Die Engel singen den ganzen Tag und preisen Gott mit wunderschönen Liedern. Unser Leben kann ein herrliches Lied sein, das wir mit den Engeln zum Ruhm Gottes singen. Singen zu wollen ist etwas Natürliches. Wenn wir ein natürliches Bedürfnis unterdrücken, haben wir das Gefühl, dass unserem Leben etwas fehlt. Lassen Sie sich nicht die Chance entgehen, Ihr Lied zu singen!

Singen Sie sich alles vom Herzen. Singen Sie Ihre Sorgen. Erfinden Sie zu irgendeiner Instrumentalmusik eigene Texte, die aufgreifen, was in Ihrem Leben gerade passiert. Singen Sie bei der Arbeit und in der Freizeit. Singen Sie, und die Engel singen mit. Pfeifen Sie ein Lied mit, das Sie im Radio hören, dann werden Sie bald vor Freude kichern. Pfeifen und lachen gleichzeitig geht nicht; also los!

Engelmeditation: **Ich singe froh mein Lied und verbinde mich mit der universellen Melodie der Liebe.**

Erlaubnis

Engelbotschaft: **Gestatten Sie sich, interessant zu sein.**

Gott hat den Menschen einen freien Willen zugestanden. Genauso müssen wir lieben Menschen zugestehen, zu straucheln und zu fallen, wenn das für ihre Entwicklung und die Erweiterung ihres Wissens notwendig ist. Wenn wir anderen die Erlaubnis geben, Fehler zu machen und aus ihnen zu lernen und dann da sind, wenn sie unsere Liebe brauchen, ist das das Beste, was wir für sie tun können. Dazu müssen wir natürlich umsichtig abwägen und klar wahrnehmen, denn manchmal sind wir aufgerufen, einzugreifen und denen zu helfen, die sich nicht selbst helfen können. An einem missbrauchten Kind zum Beispiel würden Sie kaum vorbeigehen, ohne das Ihre zur Beendigung seines Leids beizutragen. Die Hypothese vom freien Willen kann verwirrend sein, aber er ist wirklich das wertvollste Geschenk, das wir Menschen bekommen haben. Wenn wir unseren freien Willen dazu einsetzen, aus Fehlern zu lernen, sodass das ganze Leben zu einer Lernerfahrung wird, die uns der Gotteserkenntnis näher bringt, dann erfüllen wir den Zweck unseres Daseins auf Erden. Geben wir uns also die Erlaubnis zu wachsen.

Lassen Sie andere sie selbst sein oder versuchen Sie, sie und ihr Schicksal zu ändern? Macht es Ihnen etwas aus, wenn andere Leute Dinge anders machen als Sie? Können Sie Leute, die Sie nicht ganz verstehen, tun lassen, was sie wollen? Erlauben Sie sich, Sie selbst zu sein, und lassen Sie zu, dass das Leben sich auf seine Weise entfaltet.

Engelmeditation: **Ich erlaube der Welt, sich zu entfalten, und ich gestehe mir und anderen den freien Willen zu.**

Himmelskönigin

Engelbotschaft: **Maria ist die göttliche Mutter der Barmherzigkeit. Sie verkörpert echtes Mitgefühl und bedingungslose Mutterliebe.**

Maria, die Mutter Christi, wird oft als Himmelskönigin bezeichnet. Wer im Engelbewusstsein lebt, wird von ihr tief berührt. Marias Botschaft ist universell. In Medjugorje spricht sie davon, dass Frieden und Verwandlung durch das Herz und tägliches Beten entstehen. Sie sagt, dass der Glaube nicht ohne das Gebet existieren kann. Wichtig ist nicht der Glaube an diese Marienerscheinungen, sondern der Zeitpunkt der Botschaft. Tief greifende Veränderungen geschehen auf der Welt. Wir müssen die göttlichen Eigenschaften Mitleid und Barmherzigkeit wieder erwecken, und deshalb berührt Maria unser Herz, und deshalb sind die Engel heute überall.

Kuan Yin ist der chinesische Boddhisattva des Mitleids und der Barmherzigkeit. Ihr Name bedeutet »Die, die die Schreie der Welt beachtet«. Die meisten Kulturen auf der Welt haben einen Mutter-Maria- oder Kuan-Yin-Archetyp. Wenn Sie das nächste Mal Trost oder Barmherzigkeit brauchen, können Sie den Archetyp der göttlichen Mutter bitten, sich in Ihrem Leben zu zeigen. Sie ist besonders hilfreich in Notsituationen, die unerträglich und überwältigend erscheinen. Lernen Sie, um göttliche Hilfe zu bitten, und beten Sie täglich, dann wird vieles leichter.

Engelmeditation: **Ich weiß, dass eine göttliche Energie darauf wartet, die Hoffnung in meinem Herzen zu wecken, egal wie schwierig eine Situation ist.**

Lernen

Engelbotschaft: **Echtes Lernen ist eine Teamarbeit von Verstand und Herz.**

Im traditionellen Verständnis geht es beim Lernen um den Erwerb von Wissen über Fakten und Ideen. Dieses Wissen ist zweifellos wichtig, aber ohne ein entsprechendes Wissen vom Herzen her ist es letztlich wenig wert. Für die Engel ist Lernen der Erwerb von Einsicht in uns und andere. Wenn wir unsere Verhaltensmuster und die Motive hinter unserem Tun erkennen und immer besser verstehen, warum andere so handeln, wie sie handeln, haben wir unser Leben immer besser im Griff. Von Gewohnheitsgeschöpfen werden wir zu reifen Individuen, die aus allen Erfahrungen etwas lernen und sie als Anstoß für Veränderungen verstehen. Auf diese Weise werden unsere Misserfolge zu Erfolgen, und wir erwerben wahre Weisheit – ein Wissen, das aus Mitgefühl hervorgeht, durch Bewusstheit gestärkt wird und dem Wachstum dient.

Wenn eine spezielle Schwierigkeit Sie dazu veranlasst hat, diese Seite aufzuschlagen, können Sie sich fragen, was Sie aus Ihrem Problem lernen können. Was will es Ihnen sonst noch sagen? Betrachten Sie die Schwierigkeit als Geschenk der Engel, als eine ideale Chance, mehr über sich und die Gründe für Ihre Situation zu erfahren. Wie könnten Sie Ihr Problem durch Einsicht und die Veränderung von Schlüssel-Verhaltensmustern lösen?

Engelmeditation: **Alle meine Erfahrungen sind wertvolle Gelegenheiten, etwas zu lernen und mich zu verändern.**

Stopp

Engelbotschaft: **Hören Sie auf, sich um Dinge zu kümmern, die Sie nicht ändern können.**

Wenn Sie sich ständig darüber ärgern, wie andere Sie behandeln, oder wenn Dinge, die andere tun, Sie stören, ist es für ein ausgeglichenes Leben am besten, wenn Sie sich darum nicht mehr kümmern. Das bedeutet nicht, dass Sie sich um die Menschen selbst und ihr Wohl nicht mehr kümmern sollten; es bedeutet, dass Sie sich nicht mehr um das kümmern, was sie tun. Wenn wir uns zu sehr auf das einschießen, was wir von den Menschen, die uns wichtig sind, nicht zurückbekommen, richtet sich unsere Aufmerksamkeit ausschließlich auf das, was fehlt. Kümmern Sie sich nicht um das, was andere tun, und lassen Sie die dadurch eingesparte Energie sich selbst zufließen.

Überlegen Sie, um was Sie sich kümmern, und warum. Fragen Sie sich, warum es Ihnen so wichtig ist, was jemand in einer bestimmten Situation tut. Was haben Sie in das Verhalten anderer investiert? Wenn es Ihr Selbstwertgefühl, Ihre Würde oder Ihr Essensbon ist, sollten Sie darüber nachdenken, welche authentischen Dinge Ihr Selbstbewusstsein verbessern, und sich damit beschäftigen. Setzen Sie das nächste Mal, wenn Ihre Gedanken anfangen, um das negative Verhalten anderer zu kreisen, ganz bewusst ein Stopp oder sagen Sie sich: Ich beschließe, mich darum nicht zu kümmern; es hat nichts mit mir oder meiner Lebensplanung zu tun.

Engelmeditation: **Ich kümmere mich mehr um die Schönheit des Lebens und weniger um das Verhalten anderer Leute.**

Energie

Engelbotschaft: **In jedem Augenblick unseres Lebens reagieren wir auf Energie, und in jedem Augenblick bringen wir Energie hervor.**

Unaufhörlich senden und empfangen wir Energie, nicht nur durch Worte, sondern auch durch Gedanken, Gefühle und die Körpersprache. Die Engel ermuntern uns, auf die Wirkung dieser oft unbewussten Übertragung von Energiewellen als Sender und als Empfänger mehr zu achten. Dann sind wir für äußere Einflüsse weniger anfällig und mehr mit unseren eigenen Entscheidungen in Kontakt. Wir können die Energie, die ständig in uns und unserer Umgebung pulsiert, auf eine höhere, reinere Schwingung einstellen, die beides verändert. Wenn wir uns bewusst machen, welche Gedanken und Gefühle wir in die Welt hinaussenden, und unserer inneren Führung und Intuition vertrauen, können wir vorhandene Energie besser erspüren und interpretieren und nur die Energie abstrahlen und empfangen, die wir wollen.

Fangen Sie an, die Energie um sich herum zu spüren. Achten Sie darauf, mit welcher Energie Sie morgens aufstehen und wie sie sich im Lauf des Tages verändert. Erkennen Sie, wie die Gegenwart anderer sich auf Ihre Energie auswirkt. Scheinen manche Menschen Ihnen Energie zu geben, während andere sie Ihnen abziehen? Achten Sie darauf, wie Ihre nonverbalen Energiewellen andere zu beeinflussen scheinen, und fangen Sie an, die Art von Energie auszustrahlen, die Sie gerne empfangen würden.

Engelmeditation: **Meine unausgesprochenen Gedanken und Gefühle haben starken Einfluss auf mein Leben und meine Umgebung.**

Bestätigung

Engelbotschaft: **Sie brauchen keine Appro-
bation; Sie haben das Plazet des Himmels.**

Wie schneiden Sie in punkto Bestätigung ab? Wenn Sie es wissen, haben
Sie ein Problem. Denn wie können wir
auf dem Bestätigungs-Barometer irgendwelche
Punkte sammeln, wenn das, was wir tun, keiner bil-
ligen muss? Die Suche nach Bestätigung bringt uns in alle möglichen Kalamitäten. Wir tun etwas, das wir eigentlich gar nicht
tun wollen, weil wir Angst haben, dass der, der uns darum gebeten hat, bei einem Nein nichts mehr von uns wissen will. Manche
Leute gehen im Wunsch nach Anerkennung so weit, dass sie sich
selbst verleugnen. Es ist normal, anerkannt – positiv gesehen –
werden zu wollen, aber problematisch wird es, wenn wir von anderen anerkannt werden wollen, bevor wir uns selbst anerkennen. Den Engeln ist diese ganze Thematik fremd. Für sie ist sie
lediglich eine weitere Methode, mit der Menschen ihre Freiheit
weggeben.

*Fragen Sie sich das nächste Mal, wenn Ihnen eine Vereinbarung
sauer aufstößt, ob Sie sie getroffen haben, um anerkannt zu werden.
Hören Sie auf, an den falschen Stellen nach Anerkennung zu suchen,
indem Sie von vornherein nicht auf sie aus sind. Bitten Sie die Engel,
Ihnen zu helfen, nur Absprachen zu treffen, die Sie wirklich treffen wollen, nicht solche, die einer illusionären Anerkennung dienen. Die Ironie
der ganzen Sache liegt darin, dass andere uns sowieso nie wirklich
anerkennen; sie sind viel zu sehr damit beschäftigt, selbst um Anerkennung zu buhlen.*

Engelmeditation: **Der Himmel hat mir seinen Segen erteilt; die
Engel haben mich sanktioniert; ich kümmere mich nicht um
Anerkennung und lebe ein ehrliches Leben.**

Poesie

Engelbotschaft: **Jeder von uns ist ein Gedicht, das eine Stimme sucht.**

»Ein Gedicht«, sagte Robert Frost, »beginnt froh und endet weise.« Das Gleiche gilt für das Leben, wenn es nach dem Willen der Engel geht. Poesie ist in Verse verwandeltes Leben – der sichtbare, erfrischende, ungezähmte Strom des menschlichen Denkens, Fühlens und Erlebens. Wir müssen keine Gedichte schreiben können, um diesen Strom zu spüren, denn überall in und um uns herum ist Poesie. Haben Sie je die lyrische Bewegung der im Wind sich wiegenden Bäume beobachtet, das rhythmische Aufsteigen der Vögel, das gemessene Auftauchen der Sterne am Abendhimmel? Haben Sie je auf Ihre innere Poesie gehorcht – Ihre Gedanken, Ihre Träume, das Lied Ihrer Seele? Die Engel haben Ihnen viele Gedichte gegeben; wie die Sterne warten sie darauf, sichtbar zu werden und den Himmel, der in Ihnen ist, zu erhellen. Die Engel glauben auch, dass ein Dichter der Inbegriff des Muts ist, denn er wagt es, verschütteten Sehnsüchten eine Stimme zu geben. Bringen Sie Ihre Sehnsüchte ans Tageslicht; geben Sie ihnen eine Stimme. Dann kann Ihr Leben froh beginnen und weise enden.

Welche Sehnsüchte hat Ihre Seele? Versuchen Sie, über eine von ihnen ein Gedicht zu schreiben. Wenn der Anfang Ihnen schwer fällt, bringt es Sie vielleicht in Stimmung, wenn Sie jeden Tag etwas Lyrisches lesen. Der Kontakt mit der Dichtkunst trägt dazu bei, die Poesie in Ihnen zu wecken.

Engelmeditation: **Ich erkenne und aktiviere die Gedichte meiner Seele.**

Wehen

Engelbotschaft: **Von nichts kommt nichts.**

Wenn Sie etwas zur Welt bringen, sei es ein Kind, ein kreatives Projekt, eine Firma oder einen Aspekt von sich selbst, haben Sie Wehen – Geburtsschmerzen. Wehen sind anstrengende, harte Arbeit, aber wenn wir sie nicht überstehen, bringen wir nichts Neues zur Welt. Warum wollen wir das überhaupt? Weil das Glück, das es bringt, jede Sekunde des Schmerzes wert ist. Der Schmerz ist vergessen, wenn er vorbei ist, und außerdem können wir kreativ mit ihm umgehen. Die Engel können unsere Geburtshelfer sein. Sie erinnern uns daran, dass wir uns um den Schmerz nicht kümmern und dafür sorgen sollen, dass die schöpferische Vision am Leben bleibt.

Haben Sie Angst vor Wehen? Wenn ja, bitten Sie die Engel, Ihre Geburtshelfer zu sein. Denken Sie an Zeiten in Ihrem Leben, in denen Sie etwas Neues geschaffen oder hervorgebracht haben, auf das Sie stolz waren. Hat der Schmerz sich gelohnt? Haben Sie keine Angst vor Schmerzen. Gehen Sie in sie hinein und tauchen Sie neu geboren daraus auf.

Engelmeditation: **Ich erkenne, dass ich mit Liebe im Herzen hart arbeiten und neue Wunder zur Welt bringen muss, wenn ich wachsen und gedeihen will.**

Ins Extrem gehen

Engelbotschaft: **Irrationale Handlungen führen nie zu rationalen Ergebnissen.**

Eines der größten Desaster der chinesischen Geschichte nahm seinen Anfang, als Mao Zedong den Spatzen den Krieg erklärte. Wegen ihrer Körnerfresserei bezeichnete er sie als »Feinde des Volkes« und befahl, jeder sollte seine Arbeit niederlegen und in den »Spatzenkrieg« ziehen. Und so schrien von den Dächern in ganz China Millionen Männer, Frauen und Kinder so laut sie konnten, sie schlugen auf Gongs und feuerten mit Gewehren, um die Spatzen zu erschrecken. Weil diese nirgendwo landen oder sich verstecken konnten, fielen sie schließlich tot vor Erschöpfung auf den Boden. Mao hatte die Spatzenpopulation Chinas erfolgreich dezimiert. Aber weil dies das ökologische Gleichgewicht stark durcheinander brachte, gab es im nächsten Frühjahr nichts gegen die Würmer. Sie vernichteten das Getreide im ganzen Land und lösten in China eine schreckliche Hungersnot aus, die drei Jahre dauerte und vielleicht genauso viele Leute umbrachte, wie zuvor Spatzen starben. Die Engel hätten es ihm vorher sagen können.

Erinnern Sie sich das nächste Mal, wenn Sie versucht sind, ins Extrem zu gehen und Ihre Wut oder Ihre Angst auszuleben, an Mao und die Spatzen. Warten Sie, bis Sie sich beruhigt und die Situation gründlich durchdacht haben. Bitten Sie dann die Engel, Ihnen bei der Wiederherstellung des natürlichen Gleichgewichts in Ihrem Leben zu helfen und eine rationale, sinnvolle Lösung für Ihr Problem zu finden.

Engelmeditation: **Ich lasse nicht zu, dass meine Emotionen meinen Verstand benebeln.**

Versprechungen

Engelbotschaft: **Ihre Beziehung zu den Engeln ist ziemlich viel versprechend.**

Ein Versprechen ist eine Erklärung, in der Sie zusichern, etwas Bestimmtes zu tun oder nicht zu tun. Heute, wo alles sich so schnell ändert, müssen wir vorsichtig sein mit dem, was wir anderen und uns selbst versprechen. Was ist wirklich viel versprechend – die Schönfärberei der Werbespots, das aufgeblasene Gerede der Leute, oder die Versprechungen Gottes? Gott hat uns die Chance versprochen, unser Leben auf Erden zu etwas Wertvollem zu machen. Gott hat versprochen, dass die Engel über uns wachen und es immer Schönheit geben wird, damit unsere Seele Nahrung erhält. Versprechen, die Menschen uns machen, können vergessen und gebrochen werden, aber Gott hält seine Versprechen immer.

Überlegen Sie, was Gott Ihnen persönlich versprochen hat. Sind Sie bereit, die Zusagen Gottes zu akzeptieren und ihnen zu vertrauen? Glauben Sie an eine viel versprechende oder an eine bedrohliche persönliche Zukunft? Glauben Sie, dass es ein Gelobtes Land gibt? Gibt es irgendwelche Garantien dafür, dass das Leben nicht ein riesiger Witz ist? Überlegen Sie, was Sie sich selbst vor langer Zeit versprochen haben, bevor Sie auf die Erde gekommen sind. Sehen Sie die Dinge locker. Sie sind ein verheißungsvoller aufgehender Stern, der vor anderen leuchtet.

Engelmeditation: **Gott hat mir Schönheit, Hoffnung, Freude und den Schutz der Engel versprochen, um mich auf all meinen Wegen auf Erden zu leiten. Ich verspreche, diese Geschenke uneingeschränkt zu akzeptieren.**

Mäßigung

Engelbotschaft: **Mäßigung gibt uns die geistige und körperliche Kraft, die für ein intensives Leben erforderlich ist.**

Wenn ältere Menschen nach ihrem Geheimnis für ein langes Leben gefragt werden, antworten sie oft, dass sie immer alles mit Maßen getan haben. Bewusst oder unbewusst haben sie eine wichtige Wahrheit verstanden und respektiert: Weil die Leistungsfähigkeit vieler Körpersysteme begrenzt ist, stellt Mäßigung einen wichtigen Schutzmechanismus dar. Zum Überleben brauchen wir Nahrung, Wasser, Luft, Sonnenschein, körperliche Bewegung, Spiel, Ruhe und Arbeit, aber wenn wir einen dieser Faktoren übertreiben, stresst das den Körper, was die kreative Energie blockiert und die Gesundheit gefährdet. Mäßigung ist nicht modern; Exzesse galten schon immer als gewagter und verlockender. Aber damit die göttliche Intelligenz des Universums uns ungehindert durchströmen kann, müssen wir unsere körperlichen, seelischen und geistigen Grenzen respektieren. Die Engel ermuntern uns, die Freuden des Lebens zu genießen, aber nicht zu übertreiben, und Leiden immer im Verhältnis zu sehen.

Unsere Reaktion auf Stress sieht oft so aus, dass wir genau das tun, was uns noch mehr stresst. Anstatt uns auszuruhen, vernünftig zu essen oder zu meditieren, treiben wir uns an, essen zu viel Süßes, trinken Alkohol, rauchen oder führen uns andere Stimulanzien zu, durch die wir uns vorübergehend wohler fühlen. Denken Sie über Ihre Reaktion auf Stress nach, und bitten Sie die Engel um kreative Vorschläge für ein maßvolles Verhalten, das dem Leben dient.

Engelmeditation: **Durch Mäßigung erreiche ich Gleichgewicht und Harmonie in Körper, Seele und Geist.**

Beziehungen

Engelbotschaft: **Versuchen Sie nicht, eine Beziehung hinzubiegen; geben Sie ihr Raum zur Entfaltung.**

Unsere Zufriedenheit in einer Beziehung hängt davon ab, wie sehr wir zulassen können, dass sie sich in ihrem Rhythmus und auf ihre Weise entwickelt. Oft bauen wir, ohne uns dessen bewusst zu sein, unsere Beziehungen auf vorgefasste Meinungen und Erwartungen auf, denen der andere sich anpassen soll, statt dass wir seine Einzigartigkeit akzeptieren. Anstatt die Realität wiederzugeben, werden Beziehungen so zu trügerischen Projektionen unserer eigenen Träume und Ängste. Wir verlieben uns und versuchen, den anderen so hinzubiegen, dass er unserem Ideal vom perfekten Partner entspricht. Wir zeichnen unseren Kindern einen klugen Weg durchs Leben vor und sind enttäuscht, wenn sie stattdessen ihr eigenes Leben leben wollen. Wir geben Freunden gute Ratschläge und sind verletzt, wenn sie sie nicht annehmen. Die Engel erinnern uns daran, dass eine Beziehung kein seelenloser Klumpen Lehm ist, den wir so formen können, wie wir wollen, sondern eine unabhängige, lebendige, atmende, ständig sich ändernde Wesenheit. Eine Beziehung braucht Freiheit und Raum, damit sie wachsen und reifen kann.

Welche Beziehungen pflegen Sie? Gestehen Sie anderen das Recht zu, sie selbst zu sein? Erlauben Sie sich, Sie selbst zu sein? Versuchen Sie, die Richtung, die eine Beziehung nimmt, zu steuern, oder genießen Sie ihre Freuden und Überraschungen?

Engelmeditation: **Ich respektiere die Einzigartigkeit jeder Beziehung.**

Boten

Engelbotschaft: **Die Engel erreichen unser Herz und unsere Seele durch unsere Augen und Ohren.**

Die Engel sind Boten, Gesandte des Himmels, die uns ihre Nachrichten auf allen möglichen Wegen und in allen möglichen Verkleidungen überbringen. Oft ändert unser Leben sich durch Ereignisse, die wir als glücklich oder zufällig betrachten. Unerwartet tauchen Menschen auf und bringen uns Weisheit, Freundschaft, eine günstige Gelegenheit oder Hilfe. Wir öffnen ein Buch, schalten das Fernsehen oder das Radio ein und stoßen zufällig auf eine Passage, eine Situation oder einen Liedertext, die genau zu unserer aktuellen Lage passen. Denken Sie daran, dass die Engel durch synchrone Ereignisse arbeiten, und dass wir, wenn wir für alle Möglichkeiten offen sind, ihre einsichts-, liebe- und hoffnungsvollen Botschaften über alle Kanäle der irdischen Kommunikation empfangen können. Wir brauchen nur aufmerksam hinzusehen und zuzuhören.

Können Sie sich an Vorfälle erinnern, bei denen Sie möglicherweise eine Botschaft der Engel erhalten haben? Sind in Ihrem Leben plötzlich – und offenbar zu einem bestimmten Zweck – bestimmte Menschen aufgetaucht und wieder verschwunden? Sind Sie schon einmal auf unerklärliche Weise vor einer Katastrophe oder einer gefährlichen Situation gerettet worden? Fangen Sie an, genauer auf Vorfälle zu achten, die Sie bislang vielleicht dem Zufall zugeschrieben haben, und seien Sie offen für neue Gedanken, Einsichten und Informationen. Vielleicht sind es Versuche der Engel, Sie zu erreichen.

Engelmeditation: **Aufgeschlossen registriere ich alle Quellen für Hilfe, Anleitung und Information. Meine Vernunft und meine Intuition helfen mir zu entscheiden, welche meinem höchsten Wohl dienen.**

Allgegenwärtig

Engelbotschaft: **Die Sonne scheint immer; Gott liebt immer.**

Allgegenwärtig bedeutet, überall zur gleichen Zeit vorhanden zu sein, ständig angetroffen werden können. Es heißt, Gott und die Engel seien allgegenwärtig. Für uns ist unser Selbst allgegenwärtig, denn wir begegnen ihm überall, wohin wir auch gehen. Überall hin nehmen wir Gepäck mit. Ein Teil von ihm ist wahrscheinlich nicht für jede unserer Reisen notwendig; auf dem spirituellen Weg jedenfalls reisen wir am besten leicht bepackt. Liebe ist allgegenwärtig; Sie finden sie überall, wohin Sie auch gehen, wenn Sie sich darin üben, sie hinter Ihren Reaktionen zu suchen. Sobald Sie bereit sind, ohne Zweifel in Ihrem Herzen zu sehen und zu fühlen, werden Sie feststellen, dass die Engel überall sind, besonders in der Schönheit der Natur.

Was bedeutet überall *eigentlich? Wie kann es überall gehen? Wenn Sie mit einer abstrakten Vorstellung spielen wollen, können Sie über Folgendes nachdenken: Überall ist nirgendwo.*

Engelmeditation: **Wohin ich auch gehe, ich bin bei mir.**

Arbeit

Engelbotschaft: »**Wir sollten nicht müde werden, kleine Dinge aus Liebe zu Gott zu tun, denn Er sieht sich eher die Liebe an als die Arbeit.**« *Bruder Laurentius*, Allzeit in Gottes Gegenwart

Bruder Laurentius, der im 17. Jahrhundert lebte, war ein französischer Mönch ohne Bildung, der in der Küche arbeitete. Aber seine Übungen zur Gegenwart Gottes bei dienenden Arbeiten haben die Geschichte der Spiritualität stark beeinflusst. Obwohl Bruder Laurentius die Küchenarbeit anfangs hasste, lernte er, in allem, was er tat, vom Abspülen bis zum Aufsammeln eines einzelnen Strohhalms, Freude und Sinn zu finden und dies anderen zu vermitteln. Als Menschen mit einzigartigen Fähigkeiten, Talenten und Empfindungen können wir alle aus unserer Arbeit eine bereichernde und regenerierende Erfahrung machen und andere durch unsere Einstellung beeinflussen. Die Tätigkeit selbst ist nicht so wichtig: denn egal ob wir reich oder arm, berühmt oder anonym, im Vorder- oder im Hintergrund stehen, unsere Aufgabe ist dieselbe: Wir sollen uns mit unserem höheren Selbst verbinden und andere dadurch inspirieren, dass wir den wahren Wert des Dienens erkennen.

Versuchen Sie, die nächsten Male, wenn Sie bei der Arbeit sind, jeden Tag ein paar Minuten lang die Gegenwart Gottes zu praktizieren. Seien Sie, egal was Sie tun – ein Haus anstreichen, einen Brief schreiben, telefonieren, ein Projekt managen – stolz darauf, Ihre Arbeit gut zu machen; überlegen Sie, wie dies anderen hilft und Sie noch besser und disziplinierter macht.

Engelmeditation: **Ich weiß, dass mein wahrer Arbeitgeber das Universum ist.**

Widerschein der Seele

Engelbotschaft: **Ein kleiner Spiegel, der ins Licht gehalten wird, kann einen starken Strahl zurückwerfen.**

Unsere Seele ist ein wunderschöner Spiegel, der versucht, das Licht Gottes zu reflektieren. Wir können den Widerschein unserer Seele nicht sehen, aber wenn es möglich wäre, sähen wir zahllose Heiligkeitsstufen. Einige von uns geben ein so starkes Licht ab, dass es ihren Weg und den Weg derer, mit denen sie in Kontakt kommen, für immer erhellt. Andere, die nicht mit ihrem spirituellen Selbst in Kontakt sind, haben ihr inneres Licht gedämpft und deshalb ist sein Widerschein schwach. Das Licht Gottes ist das Licht der Wahrheit; die Intensität des Lichts, das wir reflektieren, hängt davon ab, wie viel Wahrheit wir akzeptieren und praktizieren. Je mehr wir in der Wahrheit leben, desto mehr Licht spiegeln wir in die Welt zurück. Die Engel sind reines Licht und reine Wahrheit. Mit den Engeln in unserem Leben wird unser Licht auf natürliche Weise heller.

Stellen Sie sich vor, Sie wären ein Licht in der Finsternis der Welt. Wie könnten Sie die Welt um sich herum heller machen? Wie könnten die Engel Ihnen dabei helfen?

Engelmeditation: **Ich bin ein Spiegel für das Licht der Wahrheit. Je klarer mein Spiegel ist, desto mehr Licht reflektiere ich, und desto heller wird die Finsternis.**

Isolation

Engelbotschaft: **Die Engel schirmen uns gegen die Spannungen der Welt ab, ohne den natürlichen Energiestrom zu unterbrechen.**

Eine Isolation verhindert den Durchfluss von Energie. In der heutigen Welt ist sie eine beliebte Maßnahme. Wir isolieren uns von den Naturelementen, indem wir in unsere Häuser Klimaanlagen einbauen und unsere Körper in Kleidung stecken. Wir kappen die Verbindung zur Realität, indem wir andere die Drecksarbeit machen lassen: Sterbende begleiten, Müll einsammeln und entsorgen, Kinder erziehen, Straftäter bewachen, unser tägliches Brot backen. Natürlich kann die Energie der Realität uns erdrücken, aber wenn wir sie völlig aussperren, fühlen wir uns unlebendig. Die Engel wollen uns helfen, uns auf natürliche Weise abzuschirmen, sodass wir die Realität sehen und uns klar wird, wo wir der Menschheit sinnvoll helfen können, ohne dass negative Kräfte uns Energie rauben. Die Engel ermuntern uns, unser Leben durch Kreativität interessanter zu machen, und schirmen uns durch Hoffnung und Humor gegen die harte Realität ab.

Wie schotten Sie sich gegen die Realität ab? Wirkt sich das auf Ihr Leben positiv oder negativ aus? Denken Sie über die positive Isolationsmethode der Engel nach: Sie bieten himmlischen Schutz, verhindern das Einströmen negativer Energie, geben uns die Wärme göttlicher Liebe. Energien, die uns zu wachen, lebendigen Mitgliedern der Gesellschaft machen, werden von den Engeln nie blockiert.

Engelmeditation: **Ich trotze den Elementen und umarme das Leben mit den Engeln als einzigem Schutz.**

Wege

Engelbotschaft: **Ein prächtiger Boulevard beginnt direkt vor Ihrer Haustür.**

Die Reise durchs Leben muss kein gerader, schmaler Pfad sein. Wir können uns auf vielen attraktiven, von Engeln und Hoffnung gesäumten Boulevards bewegen und das Leben erkunden. Die gewählten Straßen helfen uns, unsere Reise einzugrenzen, und führen uns zu den Menschen und Orten, denen wir begegnen müssen. Wenn wir das Gefühl bekommen, dass der Weg, auf dem wir sind, langweilig und eintönig wird, sollten wir den Grund dafür herausfinden. Vielleicht ist es an der Zeit, einen anderen Boulevard zu nehmen, oder wir brauchen eine Portion Kreativität, damit unsere Wahrnehmung sich ändert und wir Möglichkeiten finden, das, was wir haben, besser zu nutzen.

Ein Weg ist ein Hilfsmittel, um irgendwohin zu kommen, ein Ziel zu erreichen und Fortschritte zu machen. Auf welchen Wegen erreichen Sie Ihre Ziele? Machen diese Wege Sie glücklich, unterstützen sie Ihren Seelenfrieden? Die Szenerie auf Ihrem Weg ist wichtig. Umgeben Sie sich mit vielen duftenden Rosen und erhellen Sie Ihren Weg mit Engeln.

Engelmeditation: **Ich halte mich fern von den Boulevards der Langeweile und des Grolls; mit den Engeln an meiner Seite bewege ich mich auf den Alleen des Lichts und des Lachens.**

Frust

Engelbotschaft: **Frust ist ein Geschenk, das darauf wartet, ausgepackt zu werden.**

Frust ist toll. Er kann der Beginn von Kreativität sein, die Kraft, die Sie zu dem antreibt, was Sie aus tiefster Seele erschaffen wollen. Er zeigt, dass Energie im Rohzustand in Ihrer Reichweite ist und darauf wartet, bearbeitet zu werden. Wenn wir frustriert sind, müssen wir uns entscheiden. Wir können den Frust zu Groll werden lassen, ihn in den finsteren Winkeln unseres Schattens festhalten, oder wir können seine Energie positiv nutzen. Frust signalisiert oft, dass wir kurz vor einem Durchbruch stehen, und wenn wir uns mit ihm auseinander setzen, werden wir vieles verstehen.

Vom Wortsinn her bedeutet frustrieren, dass die Erreichung eines Ziels oder die Erfüllung eines Wunschs verhindert wird. Fragen Sie sich bei den ersten Anzeichen einer Frustration, was Sie tun könnten, um diese ungeformte Energie kreativ umzusetzen. Es gibt immer eine Lösung. Manchmal sind wir frustriert, weil wir uns mit etwas abmühen, was wir gar nicht wollen; deshalb sollten wir herausfinden, was wir wirklich anstreben. Die Engel helfen Ihnen, Ihren Frust kreativ umzusetzen. Dann ist es an Ihnen, die Energie in eine neue Form fließen zu lassen.

Engelmeditation: **Frust macht mich nicht nieder, denn ich mache das Beste daraus.**

Integrität

Engelbotschaft: **Integrität ist Ihre persönliche Unabhängigkeitserklärung von der Mittelmäßigkeit.**

Integrität bedeutet Ganzheit, psychische Gesundheit, Rechtschaffenheit und Unbestech-
lichkeit. Um rechtschaffen und ganz zu sein,
müssen Sie wissen, wer Sie sind und was Sie vertreten. Wenn Sie Ihren Werten treu sind, sind Sie sich
selbst treu – Sie sind ganz und psychisch gesund.
Hat Ihre Integrität einen Preis? Würden Sie einen Ihrer
Werte aufgeben, wenn jemand Ihnen viel Geld dafür bieten
würde? Würden Sie gegen Geld die Hoffnung aufgeben? Den
Mut? Die Intelligenz? Wenn Sie etwas mit Geld beziffern können,
schätzen Sie es nicht. Wenn Sie etwas, das Sie schätzen, einen Preis
zuordnen können, wird dieser Wert käuflich, und Ihre Integrität
ist kompromittiert. Wenn wir integer leben, verpflichten wir uns,
hervorragend zu sein. Wir werten unser Leben auf, und zugleich
das der Menschen, mit denen wir in Kontakt kommen. Wir versuchen, in noch größere Harmonie mit den Gesetzen des Universums zu kommen. Dann stehen wir nicht ein bisschen niedriger
als die Engel, sondern sind mit ihnen auf einer Höhe.

*Welche Werte haben Sie? Wenn Sie es nicht genau wissen, machen
Sie eine Liste mit den Dingen, die Ihrem Leben einen Sinn geben – Dingen, die Sie schützen und vertreten würden. Zu Ihren wichtigsten Werten könnten gehören: Gott, Bildung, Kinder, Familie, Kreativität, Freiheit, Hoffnung, Gesundheit, Frieden. Fragen Sie sich, ob Sie in Ihrem
Alltag Ihren Werten treu sind. Wenn nicht: Wie können Sie anfangen,
integer zu leben?*

Engelmeditation: **Meine Werte folgen den Prinzipien der Integrität. Ich weiß, dass die Engel der Integrität Auftrieb geben und an
die Ganzheit und Unverdorbenheit aller Menschen glauben.**

Ausdruck

Engelbotschaft: **Das Leben ist ein Ausdruck der Liebe Gottes.**

Angesichts der heutigen Hektik ist es oft nicht leicht, lieben Menschen gegenüber alles auszudrücken, was man auf dem Herzen hat. Wie oft waren Sie froh darüber, sich geäußert zu haben, und wie oft sind Sie akzeptiert und gehört worden? Zwölf-Schritte-Programme wie das der Anonymen Alkoholiker sind zum Teil deshalb so genial, weil sie Menschen erlauben, sich und ihre Erlebnisse zu äußern, und die Gruppe sie versteht und unterstützt. Es ist wichtig, sich auszudrücken. Wenn Sie selten die Gelegenheit dazu haben, leidet die Harmonie in Ihrem Leben, und Sie versuchen, sich Leuten verständlich zu machen, denen Sie unwichtig sind. Es gibt viele Möglichkeiten, auszudrücken, wer wir sind, und es ist gut, sie alle zu erkunden. Wir erfahren dadurch, wer wir sind.

Wie drücken Sie sich aus? Kunst ist ein gutes Ventil. Auch in einer Selbsthilfegruppe können Sie sich ausdrücken und herausfinden, wer Sie sind. Es ist wichtig, dass Sie sich ausdrücken, aber auch, dass Sie anderen das gleiche Recht zugestehen. Die Engel helfen uns, uns auf ungewohnte und schöne Weise zu äußern, wenn wir ihre Liebe zum Ausdruck bringen.

Engelmeditation: **Ich weiß, wer ich bin, und bei Menschen, denen ich wichtig bin, bringe ich mein wahres Selbst zum Ausdruck.**

Positives Bewusstsein

Engelbotschaft: **Denken und Bewusstsein sind zweierlei.**

Über die Kraft des positiven Denkens ist so viel geschrieben worden, dass die ganze Vorstellung zu einem Klischee geworden ist. Oberflächlich wurde es oft als Leugnung des Negativen missverstanden, als Verschließen der Augen vor der Realität. Es wurde als Wundermittel gegen alle Übel angepriesen; wir sollten nur »positiv denken«, dann flösse uns alles Gewünschte zu. Die Engel meinen, dass wir statt eines positiven Denkens ein *positives Bewusstsein* entwickeln sollten. Bei ihm leugnen wir weder das Negative, noch versuchen wir, das Universum so zu manipulieren, dass es unsere Wünsche erfüllt. Vielmehr arbeiten wir daran, negative Gedanken durch liebevolle zu ersetzen, und betrachten alles, was auf uns zukommt, als Möglichkeit zu wachsen. Wenn unser Bewusstsein sich vom Negativen auf das Positive verlagert, wenn unsere Wahrnehmung liebe- und verständnisvoller wird, ziehen wir angenehme, erfüllende Erfahrungen an.

Machen Sie eine Liste mit Ihren häufigsten defätistischen Gedanken und schreiben Sie in einer Parallelspalte für jeden eine positive Alternative auf. Halten Sie jedes Mal inne, wenn Sie sich bei einem negativen, kritischen Gedanken ertappen, und ersetzen Sie ihn durch sein liebe- und verständnisvolles Gegenstück. Achten Sie auf entsprechende Veränderungen in Ihrem Leben.

Engelmeditation: **Wenn ich anfange, die Welt mit den liebevollen Augen der Engel zu sehen, ziehe ich ihre positive Energie an.**

Möglichkeiten

Engelbotschaft: **Hören wir auf, die Fragen zu beantworten, für die nur Gott die Antwort hat.**

Engelwissenschaftlern wird oft die folgende Frage gestellt: »Wenn jemand stirbt, wird er dann zu einem Engel, der vom Jenseits aus über seine Lieben wacht?« Die meisten Angelologen verneinen dies, weil sie Engel für eine besondere Kategorie von Wesen halten und nicht für verstorbene Menschen. Aber woher wollen die Angelologen das eigentlich wissen? Fragen über die Engel lassen sich am besten beantworten, wenn Sie auf das Gefühl in Ihrem Herzen achten und anerkennen, dass bei Gott alle Dinge möglich sind. Vielleicht verändert Gott Informationen und bringt sie auf den neuesten Stand; wer sind wir, dass wir zu Möglichkeiten ja oder nein sagen könnten? Wenn wir Gott begrenzen, begrenzen wir unsere Wahrnehmung dessen, was die Engel für uns tun können. Wenn Sie sich unbedingt begrenzen wollen, können Sie Fragen, für die Gott zuständig ist, natürlich weiter beantworten; wenn Sie im Reich der unbegrenzten Möglichkeiten leben wollen, dann verzichten Sie auf kategorische Antworten und überlassen Sie Gott das letzte Wort.

Erinnern Sie sich bei Ihrer nächsten Engelfrage daran, dass alles möglich ist. Was in Ihrem Herzen wahr ist, kann sich von der Wahrheit eines anderen unterscheiden. Ziehen Sie die Möglichkeit in Erwägung, dass letztlich alles wahr ist. Bitten Sie die Engel, Ihnen zu helfen, mit Ihren Vorstellungen zu spielen und bei der Wahrheit flexibel zu sein.

Engelmeditation: **Wenn ich wissen will, ob etwas wahr ist, lasse ich mein Herz antworten.**

Intuition

Engelbotschaft: **Verzweifeln Sie nicht, wenn Sie nach der Wahrheit suchen; lassen Sie sich von Ihrer Intuition führen.**

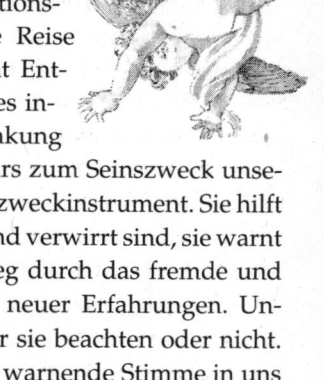

Die Engel haben uns mit allen Navigationsgeräten ausgestattet, die wir für die Reise durchs Leben brauchen. Das vielleicht Entscheidendste ist unsere Intuition – jenes innere Wissen, das die Untiefen der Ablenkung erkennt und uns auf dem richtigen Kurs zum Seinszweck unserer Seele hält. Die Intuition ist ein Mehrzweckinstrument. Sie hilft uns weiter, wenn wir unentschlossen und verwirrt sind, sie warnt uns vor Gefahr und weist uns den Weg durch das fremde und manchmal beängstigende Territorium neuer Erfahrungen. Unsere Intuition ist immer da, egal ob wir sie beachten oder nicht. Wie oft haben wir nicht schon die leise warnende Stimme in uns beiseite geschoben und etwas getan, das wir später bereut haben? Und wie oft sind wir, mit überraschendem Erfolg, unseren Ahnungen gefolgt? Lernen Sie, auf Ihre Intuition zu hören. Je stiller Sie werden, desto lauter spricht sie. Haben Sie dann keine Angst, ihr zu folgen. Sie führt Sie immer in die richtige Richtung.

Wie stark ist Ihre Intuition? Hören Sie auf sie? Werden Sie das nächste Mal, wenn Sie eine Antwort auf ein Problem oder mehr Klarheit brauchen, innerlich ruhig, atmen Sie tief und stimmen Sie sich auf Ihre innere Führung ein, die Gefühle aus dem Bauch. Schreiben Sie sie auf und denken Sie darüber nach. Die gesuchte Antwort wird kommen.

Engelmeditation: **Meine Intuition gehört zu meinen nützlichsten natürlichen Ressourcen. Je mehr ich ihr vertraue, desto sicherer schreite ich auf dem Lebensweg voran.**

Faszination

Engelbotschaft: **Das Leben ist eine faszinierende Reise.**

Wenn wir von etwas fasziniert sind, sind wir von ihm unwiderstehlich angezogen und regelrecht verzaubert. Wir müssen aufpassen, was uns verzaubert; manchmal geraten wir in den Bann von Dingen, die uns nicht gut tun. Die Faszination für das Leben als solches, egal ob wir es gut oder schlecht finden, macht es interessanter. Wenn das Leben uns fasziniert, werden wir für andere faszinierend. Wir sollten nicht zu sehr von den Engeln fasziniert sein, denn sie wollen, dass wir von Gott fasziniert sind.

Aus der Schwarz-Weiß-Welt von Gut oder Böse kommen wir leicht heraus, wenn wir uns ansehen, was uns fasziniert, und uns die Gefahren der Verzauberung bewusst machen. Seien Sie fasziniert, ohne etwas zu investieren, seien Sie interessiert, aber weise in Bezug auf den Gegenstand Ihres Interesses. Was genau fasziniert Sie an den Engeln? Denken Sie darüber nach.

Engelmeditation: **Das Wunder des Lebens zieht mich unwiderstehlich an.**

Moral

Engelbotschaft: Ein träger Verstand wird das wahre Wesen der Moral nie begreifen.

Aus Comics kennen wir wahrscheinlich alle den kleinen Engel, der auf der einen Schulter eines Menschen sitzt und ihm die Vorzüge des Gutseins zuflüstert, während auf der anderen Schulter ein kleiner Teufel hockt, der zum Bösesein rät. Das Unterscheiden zwischen 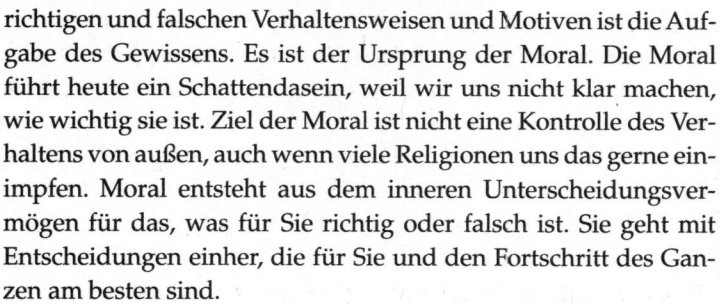 richtigen und falschen Verhaltensweisen und Motiven ist die Aufgabe des Gewissens. Es ist der Ursprung der Moral. Die Moral führt heute ein Schattendasein, weil wir uns nicht klar machen, wie wichtig sie ist. Ziel der Moral ist nicht eine Kontrolle des Verhaltens von außen, auch wenn viele Religionen uns das gerne einimpfen. Moral entsteht aus dem inneren Unterscheidungsvermögen für das, was für Sie richtig oder falsch ist. Sie geht mit Entscheidungen einher, die für Sie und den Fortschritt des Ganzen am besten sind.

Wenn die Moral unsere Motive und Verhaltensweisen bestimmt, kann das bedeuten, dass wir Genüsse aufschieben oder etwas, das wir haben oder tun wollen, aufgeben. Genau deshalb ist Moral so unpopulär; man hat uns gesagt, wir sollten das tun, was sich »gut anfühlt«, und viele von uns treffen ihre Entscheidungen auf der Basis dieses Klischees. Aber Klischees verändern sich, und mit ihnen müssen auch wir uns ändern. Denken Sie das nächste Mal, wenn Sie den Drang verspüren, etwas deshalb zu tun, weil es sich gut anfühlt, an die zwei kleinen Wesen auf Ihrer Schulter und hören Sie, was sie Ihnen zu sagen haben. Treffen Sie dann Ihre Entscheidung.

Engelmeditation: Ich höre dem Engel auf meiner Schulter zu.

Stimmen

Engelbotschaft: **Verlieren Sie nicht Ihre Stimme.**

Wir alle kennen die Geschichten über Menschen vergangener Zeiten, die Stimmen hörten und hart dafür bestraft wurden. Leute, die Stimmen hören, gelten als verrückt. Aber so etwas wie »verrückt« gibt es nicht, und wir alle hören den ganzen Tag lang Stimmen. Oft hören wir die Stimme des Kritikers in uns, vor allem wenn wir etwas Kreatives tun. Auch die Stimme des Erwachsenen, von Mutter oder Vater bricht sich oft Bahn und erinnert uns daran, dass wir uns zusammenreißen und erwachsen werden sollen. Die Stimme des Kindes ruft uns zu, alles stehen und liegen zu lassen und zu spielen. Wir kommen mit diesen Stimmen zurecht, wenn unser Leben im Gleichgewicht ist. Problematisch wird es, wenn eine dieser Stimmen die anderen übertönt. Dann dringen die Engel mit ihren Botschaften nicht mehr zu uns durch, und das Leben wird anstrengend. Wir haben eine laute Stimme, und wir haben die Macht, die unerwünschten Stimmen zum Schweigen zu bringen.

Die Vorstellung, das Stimmenhören sei ein Zeichen psychischer Labilität, kam wahrscheinlich deshalb auf, weil die unwillkommenen Stimmen im Allgemeinen dann auftreten, wenn jemand müde und ausgepowert ist. Die Batterien sind leer und die Energie ist schwach, sodass äußere Einflüsse mehr Macht haben. Wir sind erstaunlich zäh, wenn wir unsere Batterien immer wieder mit der richtigen Ernährung, mit Sonnenschein und Engelliebe aufladen.

Engelmeditation: **Ich höre auf die Stimme des Himmels und weiß, was zu tun ist.**

Gefühle

Engelbotschaft: **Ein gelegentlicher Abgleich mit der Realität ist eine gute Idee.**

Gefühle können ziemlich komplizierte Angelegenheiten sein. Wir versuchen, mit ihnen in Kontakt zu kommen, und haben gleichzeitig oft Angst, dass sie uns über den Kopf wachsen. So kann es dazu kommen, dass wir unsere Gefühle leugnen oder vor ihnen davonlaufen – oder uns mit Haut und Haaren darin verstricken. Um emotional ausgeglichen zu bleiben, müssen wir daran denken, dass Gefühle keine Fakten, sondern *Reaktionen* sind, auf die wir hören sollten, die wir aber auch kontrollieren müssen. Wenn wir zum Beispiel Angst, Wut oder Trauer spüren, müssen wir zunächst das Gefühl anerkennen. Anschließend müssen wir es von der Situation abkoppeln, etwa indem wir uns sagen: »Ich habe jetzt dieses Gefühl, aber das muss nicht so bleiben. Es ist eine Reaktion auf eine bestimmte Situation. Es ist vielleicht eine Warnung oder eine unbegründete Angst. Wie kann ich die Situation oder meine Reaktion darauf verändern, damit meine Gefühle mich nicht überwältigen?« Die Engel wollen, dass wir die ganze Palette unserer Emotionen genießen, gleichzeitig aber klar und ausgeglichen bleiben.

Mit welchen Gefühlen wären Sie gern mehr in Kontakt? Welchen wären Sie gern weniger ausgeliefert? Schreiben Sie sie auf. Versuchen Sie dann, alle Ängste zu benennen, die Ihre Fähigkeit zu fühlen oder Ihre Unfähigkeit, sich von Ihren Gefühlen frei zu machen, blockieren. Haben Sie Angst vor Nähe? Angst, nichts mehr fühlen zu können? Reden Sie mit der Angst. Fragen Sie sie, warum sie da ist und was sie Ihnen sagen will. Ersetzen Sie die Angst durch Bewusstheit.

Engelmeditation: **Ich lasse mich von meinen Gefühlen leiten, nicht beherrschen.**

Verlernen

Engelbotschaft: »**Das Hauptziel von Bildung ist nicht, etwas zu lernen, sondern etwas zu verlernen.**«   *G. K. Chesterson*

Bildung ist etwas Lustiges, vor allem wenn sie in der Schule erfolgt. Mark Twain hat einmal gesagt: »Ich habe nie zugelassen, dass der Schulunterricht meine Bildung beeinträchtigt.« Kunststudenten sind ein gutes Beispiel dafür, dass Dinge verlernt werden müssen. Kunstschulen sind schon von ihrer Konzeption her im Grunde absurd. In manchen Kursen werden Kunststudenten dazu angehalten, genau das zu zeichnen, was sie sehen, das heißt, sie lernen kopieren. Aber wenn wir uns ansehen, was im Bereich der Kunst neu und interessant ist, sind es selten die Kopien. Oft zieht Kunst uns an, die das Gesehene auf neue, ursprüngliche Weise interpretiert. Das Verlernen ist ganz wichtig, wenn wir ungewöhnliche, interessante Möglichkeiten finden wollen, etwas zu tun. Wenn wir etwas verlernen, geben wir uns die künstlerische Freiheit, das Leben zu leben.

Das Verlernen geht besser, wenn Sie fertige Rezepte ad acta legen; die Regeln brechen – am Anfang nur ein bisschen, notfalls auch mehr; gerade Linien, lineares Denken und vorgefertigte Antworten loslassen. Seien Sie nie ein Fall aus dem Schulbuch. Denken Sie daran, dass die Natur die beste Lehrerin ist. Bitten Sie die Engel jedes Mal, wenn Sie sich festgefahren fühlen, um Einsichten und neue Wahrnehmungen.

Engelmeditation: **Wahres Lernen bedeutet, dass ich meine eigenen Gedanken und Gefühle über das Leben entdecke.**

Humor

Engelbotschaft: **Gesegnet sind die, die Humor haben, denn sie werden mit Gott lachen.**

Bei unserer Erschaffung hat Gott uns ein Sicherheitsventil eingebaut, das verhindert, dass wir im Schnellkochtopf des Lebens explodieren. Dieses Sicherheitsventil ist der Humor. Er ist nicht albern oder oberflächlich; er hat wirklichen Einfluss. Studien haben gezeigt, dass Führungspersönlichkeiten, die sich den Humor bewahren und mit ihm ihre Gegner entwaffnen, sehr viel beliebter sind als Menschen, die nicht über sich selbst lachen können: Sie werden eher gewählt, wieder gewählt oder befördert. Norman Cousins und andere haben bewiesen, dass Lachen die Heilung lebensgefährlicher Krankheiten unterstützen kann, weil es das Immunsystem stärkt und die geistig-seelische Stabilität wiederherstellt. Wenn wir nicht mehr lachen können, besteht die Gefahr, dass wir unausgeglichen werden und die Negativität uns auffrisst. Die Engel wollen uns daran erinnern, dass wir uns nicht zu ernst nehmen sollen. Auch – und besonders – dann, wenn unsere Schwierigkeiten unerträglich scheinen, kann Humor der Verzweiflung die Spitze nehmen, eine neue Perspektive eröffnen und uns daran erinnern, dass hinter den Wolken immer die Sonne scheint – sie haben sie nur zeitweilig verdeckt.

Rufen Sie beim nächsten Anfall düsterer Steifheit die Engel zu Hilfe; sie finden überall versteckten oder offenen Humor und dirigieren uns zu Situationen und Menschen, die automatisch unsere Laune verbessern.

Engelmeditation: **Mit Humor als ständigem Verbündeten besiege ich die negativen Kräfte des Lebens.**

Höflich

Engelbotschaft: **»Ein unhöflicher Mensch könnte genauso gut tot sein.«** *Konfuzius*

In der schnelllebigen Welt von heute scheint Höflichkeit eine Tugend zu sein, die der Vergangenheit angehört; sie wird immer weniger praktiziert und geschätzt. Dabei ist Höflichkeit ein zentrales Requisit der Menschheit. Mit ihr ist unser wahrer Platz uns immer gewärtig; und wenn wir andere respektieren, im Rahmen des Schicklichen bleiben und unsere guten Manieren nicht verstecken, halten wir die Harmonie im Universum aufrecht, denn wir achten das Göttliche in allem und jedem. Konfuzius sagt, ohne Höflichkeit seien wir »bloße Tiere, die genauso gut sterben könnten, wobei der Tod das Ende der Unschicklichkeit ist.« Höflichkeit gehört zu den Eigenschaften, die uns am deutlichsten als Menschen definieren, uns von den Tieren unterscheiden und uns mit den Engeln verbinden.

Achten Sie zunehmend darauf, wann und wo in Ihrem Umfeld jemand höflich ist, und versuchen Sie, möglichst oft höflich zu sein. Da Höflichkeit im Allgemeinen Höflichkeit erzeugt, verstärken Sie dadurch die Harmonie und den Respekt in der Welt.

Engelmeditation: **Ich nehme Rücksicht auf andere und respektiere meinen Platz im göttlichen Plan der Dinge.**

Wunder

Engelbotschaft: **Jedes Mal, wenn wir negatives Denken in positives Bewusstsein verwandeln, entsteht Raum für ein Wunder.**

Viele Menschen identifizieren die Engel mit dem Bereich des Wunderbaren. Aber es ist nicht notwendig, dass die Engel mit Pauken und Trompeten erscheinen, damit ein Wunder geschieht. Die Engel wollen vielmehr, dass wir uns fragen: »Was ist ein Wunder?« Normalerweise wird es als ein Ereignis definiert, das sich über die Gesetze der Wahrscheinlichkeit hinwegsetzt und keine natürliche, sondern eine übernatürliche Ursache zu haben scheint. Aber für Engel besteht zwischen Natürlichem und Übernatürlichem kein Unterschied. Sie teilen das Universum nicht in zwei Kategorien: das Metaphysische und Wunderbare hier, das Materielle, Irdische da. Für sie ist das Leben an sich ein Wunder, und Wunder – egal ob so einfach wie die Existenz eines Grashalms oder so weltbewegend wie eine Vision, eine Vorahnung oder ein erstaunlicher Synchronismus – sind ein natürlicher Bestandteil des Lebens; jeder von uns kann sie wirken.

Die Welt ist voll von Menschen, die plötzlich in ihrem Leben ein Wunder erleben, weil sie ihre Einstellung, ihre Überzeugung und ihre Wahrnehmung verändern. Der erste Schritt zu einem Wunder besteht darin, Herz und Verstand für die Gegenwart der Engel zu öffnen und ihre liebevollen, positiven Eigenschaften in das eigene Denken und Tun zu integrieren. Der zweite Schritt besteht darin, sich die Wunder im unmittelbaren Umfeld – einschließlich des wunderbaren Organismus, der Sie sind – bewusster zu machen und sie zu schätzen. Und der dritte Schritt: ein Wunder erwarten. Sie werden nicht enttäuscht werden.

Engelmeditation: **Durch Dankbarkeit und Glauben, Bewusstheit und Erwartungsfreude wirke ich meine Wunder.**

Noblesse oblige

Engelbotschaft: **Erweisen Sie sich als Mensch von edler Geburt und akzeptieren Sie Ihren rechtmäßigen Platz im Leben.**

Die Redensart *Noblesse oblige* (»Adel verpflichtet«) bringt zum Ausdruck, dass man von hochgeborenen oder hoch gestellten Persönlichkeiten ein großzügiges, freundliches Verhalten erwartet. Privilegien bringen Verantwortung mit sich, und wer von edler Geburt ist, muss sich edel verhalten. Sie glauben vielleicht, dass das Gefasel von einer hohen Geburt mit Ihnen nichts zu tun hat, aber das stimmt nicht. Wir alle sind Kinder des Großen und Edlen Geistes des Lebens und damit von edler Geburt. Die Engel sind ein wichtiger Teil unseres Adels und erwarten von uns, dass wir dem Großen Geist mit unserem edlen Verhalten Ehre machen. Ein Edler besitzt hervorragende Eigenschaften, die den Engeln gefallen. Seien Sie edel und hüten Sie sich vor Kleinlichkeit und Gewöhnlichkeit, dann werden Sie von den Engeln bewundert.

Sind Sie ein gutes Beispiel für einen Menschen von edler Geburt? Erkennen Sie die Wichtigkeit Ihrer edlen Geburt! Denken Sie oft über sie nach! Was können Sie tun, um Ihre Einstellung zu verbessern? Anstatt in einer Situation schnell zu urteilen und zu reagieren, können Sie einen Schritt von ihr zurücktreten und Ihre Instinkte von einem gewissen Edelmut leiten lassen. Das Leben wird dann sehr viel erträglicher, und Sie machen dem Großen Edlen Geist Ehre, der alles Leben durchströmt, unabhängig vom sozialen Rang und der Herkunft.

Engelmeditation: **Je bewundernswerter ich handle, desto edler fühle ich mich.**

Unvergleichlich

Engelbotschaft: **Nur Gott und die Engel sehen das Leben anderer Menschen ganz.**

Wie oft spielen Sie das Spiel »Vergleichen«? Wir vergleichen uns mit anderen und beurteilen dann uns und sie. Wir meinen, wir wären aus dem Schneider, wenn wir das hätten, was sie haben, oder so glücklich wären wie sie. Dabei vergessen wir, dass Glück nichts mit dem zu tun hat, was wir haben, sondern entsteht, wenn wir die richtigen Entscheidungen treffen und unsere Werte nicht kompromittieren. Jeder muss seine eigenen Lektionen lernen und seine eigene Seelenreise absolvieren. Zufriedenheit entsteht erst, wenn wir uns nicht mehr mit anderen vergleichen. Die Engel lieben uns so, wie wir sind, und würden uns nie mit anderen vergleichen. Sie bitten uns, nicht zu vergleichen, sondern uns bewusst zu machen, was wir haben, dafür dankbar zu sein und jeden Aspekt unseres Lebens als Anregung zum Wachstum zu schätzen.

Wie oft vergleichen Sie sich mit anderen? Was scheinen sie zu haben, das Ihnen fehlt? Haben Sie schon einmal an das gedacht, was Sie haben, andere aber nicht? Fangen Sie jetzt an, Ihr Leben als ein Geschenk zu schätzen, das nur Ihnen gehört.

Engelmeditation: **Ich bin dankbar dafür, zu sein, wie ich bin, und zu haben, was ich habe. Die unendliche Kreativität Gottes sorgt dafür, dass nie zwei Erfahrungen gleich sind.**

Gastfreundschaft

Engelbotschaft: **Die Erde ist nicht unser fester Wohnsitz, nur unsere Unterkunft für die Nacht.**

Gastfreundschaft ist eine wunderbare Eigenschaft; sie ist auch eine Einstellung. Wirklich gastfreundliche Menschen betrachten ihr Zuhause – und ihr Herz – als offene Zuflucht für Menschen, die vorübergehend materiellen, emotionalen oder spirituellen Beistand brauchen. Dieses Verhalten macht ihr Leben zu einer Metapher für den Himmel. Die Engel wollen uns begreiflich machen, dass das ganze Universum auf den Gesetzen der Gastfreundschaft beruht, denn sind wir nicht alle Gäste Gottes? Als Gäste sind wir verpflichtet, unserem Gastgeber dankbar zu sein und im Rahmen unserer Möglichkeiten dieselbe Gastfreundschaft anderen zu gewähren. Wenn unsere Gastfreundschaft Herz und Herd umfasst, sind wir nicht enttäuscht, wenn unsere Gastfreundschaft ausgenutzt oder nicht erwidert wird. Denn wir wissen, dass wahre Gastfreundschaft sich nicht in Taten erschöpft, sondern eine Einstellung ist – die natürliche Reaktion auf die Großzügigkeit, die uns selbst vom Universum zuteil wurde.

Gastfreundschaft besteht zu gleichen Teilen aus Dankbarkeit und Großzügigkeit. Sie werden gastfreundlicher, wenn Sie zunächst einfach dafür dankbar sind, dass Sie als Gast hier auf Erden sind. Denken Sie an Bedürfnisse, die befriedigt, an Wünsche, die erfüllt wurden. Versuchen Sie dann, anderen gegenüber ein bisschen gastfreundlicher zu werden, indem Sie mit Ihrer Zeit, Ihrer Hilfe, Ihrem Interesse und Ihrer Liebe großzügiger umgehen.

Engelmeditation: **Ich nehme Gastfreundschaft ohne Gier in Anspruch und gebe sie ohne Angst weiter.**

Opfer

Engelbotschaft: **Seien Sie kein Opfer, das sich zum Opfer macht.**

Es ist eine weit verbreitete – aber nicht genau durchdachte – Vorstellung, dass es keine Opfer gibt. Ein Opfer ist ein Mensch, der leidet, weil ein anderer Mensch oder ein Ereignis, etwa eine Naturkatastrophe, ihm etwas Verletzendes angetan hat. Manche Leute glauben, dass wir jedes Ereignis, das uns widerfährt, angezogen haben, und dass wir alles Unangenehme selbst erschaffen. Aber man kann sich kaum vorstellen, dass ein unschuldiges Kind den Missbrauch angezogen hat oder dass Menschen, die bei einer Naturkatastrophe umgekommen sind, diese selbst verursacht haben. Diese Denkweise macht das Opfer zum Strippenzieher. Problematisch dabei ist, dass denen, die sich bewusst entscheiden, andere zum Opfer zu machen, das dicke Ende erspart bleibt. Jeder von uns hat einen freien Willen, und wenn jemand beschließt, andere zu betrügen oder zu verletzen, müssen wir in Betracht ziehen, dass er sich dazu entschieden hat und es ihm auch möglich gewesen wäre, sein Vorhaben nicht zu realisieren. Jemand muss den schwarzen Peter behalten. Warum dem Unschuldigen die Schuld in die Schuhe schieben?

Wenn Sie zum Opfer werden, können Sie immer noch entscheiden, ob das traumatische Ereignis Sie auf ewig zum Opfer machen soll oder nicht; Sie können Ihre Einstellung so verändern, dass Sie wieder selbst die Zügel in die Hand nehmen. Mit Engeln in Ihrem Leben sind die Chancen, dass Sie zu einem Opfer werden, kleiner. Auf jeden Fall sind Engel als Helfer immer da, wenn Sie Opfer geworden sind.

Engelmeditation: **Egal welche Entscheidungen andere für mein Wohlergehen treffen, mir geht es sehr viel besser, wenn ich die Engel in meiner Nähe habe.**

Kunstliebhaber

Engelbotschaft: **Nichts Schönes würde die Zeit überdauern, wenn es keine Kunstliebhaber gäbe.**

Kunstliebhaber verstehen und genießen Werke, die das Wahre und Schöne zum Ausdruck bringen. Sie respektieren, pflegen, schätzen und würdigen das, was Sie sehen, hören und fühlen; sie halten es in Ehren und sind dafür dankbar. Manchmal sind wir Schöpfer, manchmal Bewunderer der Werke anderer. Beides ist gleich wichtig. Jede große Kunst muss von kreativen Seelen anerkannt werden, die ihren wahren Wert sehen und respektieren. Kunstliebhaber sind dankbar für die Chance, Schönes würdigen zu können, und erreichen den Gipfel des Glücks, wenn sie große Kunst erkennen. Lernen Sie, Dinge zu würdigen, dann haben Sie neuen Respekt für die Menschen, die Sie lieben, und das Schöne, das Sie umgibt.

Sie können kein großer Künstler sein, ohne die Schönheit Gottes in der Natur zu würdigen. Und Sie müssen die Kunst Ihrer Kollegen würdigen. Wenn Sie nicht so recht wissen, wie Sie das Wahre und Schöne in der Kunst und in der Natur würdigen sollen, können Sie bei den Engeln in die Schule gehen. Große Kunst ist überall. Sie finden sie in der Architektur an der nächsten Ecke, dem Brunnen im Park, den Meisterwerken in den Museen und überall da, wo Bäume sind. Lernen Sie vor allem, die Menschen zu würdigen, die Sie lieben.

Engelmeditation: **Ich würdige den wunderbaren Ausdruck des Lebens.**

Mehr als das Auge sieht

Engelbotschaft: »Von Kindheit an kannte ich alle Sterne am Himmel ganz genau.« *Tycho Brahe*

An einem Abend des Jahres 1572 entdeckte der große dänische Astronom Tycho Brahe einen neuen Stern. Weil Brahe die herrschende christliche Lehrmeinung akzeptierte, dass Größe und Anzahl der Himmelskörper unveränderlich seien, war er überzeugt, dass das bislang unsichtbare Objekt »ein Wunder« war. In Wirklichkeit hatte Brahe die Explosion eines Sterns beobachtet. Und wie sollte er wissen, dass ein paar hundert Jahre später neue Teleskope Millionen Sterne sichtbar machen würden, die schon die ganze Zeit da gewesen sind? Die Engel erinnern uns daran, dass es immer zwei Realitäten gibt: die außerhalb von uns und die in uns. Um nicht zu viele unzutreffende Vermutungen anzustellen, sollten wir immer daran denken, dass es im Leben sehr viel mehr gibt, als das Auge sieht. Das Universum reicht über unsere begrenzte Wahrnehmung weit hinaus; es wird immer Sterne geben, die wir noch nicht gesehen haben.

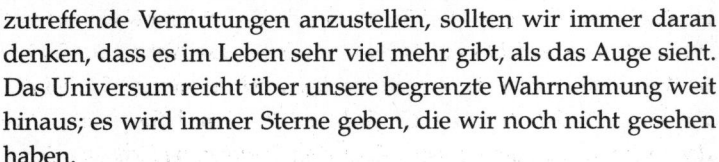

Meinen Sie, dass Sie zu einem bestimmten Thema alles wissen, was es zu wissen gibt? Wie oft teilen Sie die Welt kategorisch in Richtiges und Falsches ein? Seien Sie aufgeschlossen für die Möglichkeit, dass Sie nicht alles sehen und wissen, was es zu sehen und zu wissen gibt, und beobachten Sie, wie Ihr Blick auf die Welt sich dadurch verändert.

Engelmeditation: Ich akzeptiere die Tatsache, dass meine Wahrnehmung etwas Persönliches ist, und lasse Platz für andere Schlussfolgerungen.

Fantasie

Engelbotschaft: »**Fantasie ist wichtiger als Wissen.**«

Albert Einstein

In unserer rationalen, logischen Gesellschaft werden Dinge aus dem Bereich der Fantasie als irreal abgetan, obwohl sie in Wirklichkeit unsere direkte Verbindung zu wahrer Intelligenz und Größe darstellt. Im Schoß der Vorstellungskraft werden die großen Erfindungen der Welt ersonnen, die großen Kunstwerke visionär erschaut. Durch unsere Fantasie verbinden wir uns mit der Zukunft und begegnen den Engeln in ihrer reinsten Form. Im imaginativen Zustand sind wir für alle Möglichkeiten offen und für die Anleitung der Engel sehr empfänglich. Wenn wir ihr folgen, verwandelt sie das Vorgestellte in Realität. In der Fantasie sind Ihre unglaublichsten Träume bereits vorhanden und warten nur darauf, Wirklichkeit zu werden.

Stellen Sie sich etwas vor, das in Ihrem Leben passieren soll. Malen Sie sich dann mit Hilfe Ihrer Fantasie aus, wie Ihr Traum Wirklichkeit werden könnte. Schieben Sie keine Möglichkeit als zu lächerlich oder unmöglich beiseite; im Reich der Fantasie sind alle Dinge möglich.

Engelmeditation: **Ich habe keine Angst, meiner Fantasie freien Lauf zu lassen, denn in ihrem grenzenlosen Reich finde ich den Schaltplan für mein Leben.**

Herbst

Engelbotschaft: **Wir säen, wir ernten, wir bereiten den Boden.**

Der Herbst ist die Zeit der Ernte. Insofern hat er etwas Bittersü-
ßes, denn dazu gehören Reife und Niedergang. Traditionell kommen zur Erntezeit die Menschen zusammen; mit Freude und gutem Willen hilft man einander, die Früchte der Erde aufzulesen
und miteinander zu teilen. Aber trotz unserer Freude über die Gaben und die Schönheit des Herbstes wissen wir, dass die pracht-
vollen Farben der Blätter ein Zeichen des Nie-
dergangs sind. Die Dämmerung bricht früher
herein, die Luft wird kälter. So bringt der
Herbst Freude und Not; wir ernten, la-
gern ein und treffen die notwendigen
Vorkehrungen, um in den kommen-
den langen Winternächten zu überleben.

*Beginnt in irgendeinem Bereich Ihres Lebens der
Herbst? Was ernten Sie? Was müssen Sie einlagern, um
eine kommende Abbau- und Wartephase zu überstehen und für den
Frühling bereit zu sein?*

Engelmeditation: **Ich beteilige mich am geselligen Ernteleben,
bereite mich aber auch auf Zeiten der Innerlichkeit vor.**

Liebes-Link

Engelbotschaft: **Unsere Beziehung zu den Engeln ist ein Austausch von Geben und Nehmen.**

Ein Liebes-Link ist ein Gegenstand oder eine Aktion, um uns mit unseren Schutzengeln zu verbinden. Die Angelologin K. Martin-Kuri schlägt Folgendes vor: »Tun Sie ab und zu etwas für die Engel in Ihrem Leben. Holen Sie sich ein paar Blumen ins Haus, oder hören Sie schöne Musik. Wenn Sie etwas Schönes sehen oder hören, können Sie es ganz bewusst an die Engel weitergeben, damit sie es verteilen. So kann jemand es bekommen, der es vielleicht braucht. Es ist eine Form von Energie: Sie übersetzen eine Erfahrung in Energie, die dann in die Obhut Ihres Engels übergehen und sinnvoll eingesetzt werden kann.«

Was sind Ihre Liebes-Links zu den Engeln? Machen Sie jeden Tag etwas, das Ihre Beziehung zu Ihrem Schutzengel verstärkt. Es gibt viele Möglichkeiten, Ihre Liebe zu den Engeln auf eine breitere Basis zu stellen und die Beziehung zu ihnen zu fördern. Denken Sie daran, ihnen etwas zurückzugeben, und danken Sie ihnen jeden Tag.

Engelmeditation: **Meine Liebe zu den Engeln wird jeden Tag größer.**

Vollkommenes Leben

Engelbotschaft: **Wenn Sie Ihr Leben gegen das eines anderen Menschen eintauschen würden, hätten Sie nur andere Freuden und Sorgen.**

Eine Frau, die vier Katzen hat, amüsiert sich immer wieder über deren Verhalten zur Fressenszeit. Sie gibt den Katzen genau das gleiche Katzenfutter in genau der gleichen Menge, aber jedes Mal spielen die Katzen in der sicheren Überzeugung, dass im nächsten Napf etwas Besseres ist, »Reise nach Jerusalem«. Am Schluss frisst jede aus einem Napf, der ihr nicht zugedacht war; ob ihnen klar ist, dass in ihrem eigenen Napf auch nichts Besseres oder Schlechteres war, bleibt ihr Geheimnis. Für Engel ist das ein Gleichnis, über das wir nachdenken sollten, denn wie oft haben wir andere um ihr so viel besser scheinendes Leben beneidet? Aber weil wir nie um die inneren Kämpfe und Schwierigkeiten anderer wissen können, sind die Dinge im Allgemeinen nie so, wie sie bei oberflächlicher Betrachtung erscheinen. Und auch jemand, dem heute die Welt zu Füßen liegt, kann morgen ganz unten sein. Die Engel wollen uns daran erinnern, dass niemand ein perfektes Leben hat – oder besser: dass jeder es hat. Das Universum hat uns allen dasselbe aufgetischt – einen Teller voll Lektionen, die für *uns* genau richtig sind.

Gibt es Leute, auf die Sie neidisch sind, weil sie alles zu haben scheinen? Wer sind sie, und was scheinen sie zu haben, das Ihnen fehlt? Versuchen Sie, das ganze Bild zu sehen – was sie durchgemacht haben, um das zu bekommen, was sie haben, und welche ihrer Probleme Sie nicht haben.

Engelmeditation: **Ich habe das Leben, das für mich perfekt ist.**

Motivation

Engelbotschaft: **Nur Gottes Liebe zu den Menschen motiviert die Engel.**

Ein Motiv ist ein Impuls, der eine Bewegung erzeugt und uns zum Handeln anregt. Wenn wir motiviert sind, trägt uns das vorwärts. Es ist wichtig, dass wir den ursprünglichen Impuls erkennen, der uns zum Handeln inspiriert und uns die notwendige Energie gibt. Wenn in unserer Kindheit nicht viel Geld da war, motiviert dieser Mangel uns vielleicht zu Dingen, die uns Geld und materiellen Wohlstand bringen. Wenn uns Liebe gefehlt hat, kann die Suche nach ihr ein wichtiges Motiv sein. Wenn die Engel uns motivieren, stammen unsere Inspiration und unsere Energie aus dem Impuls, in unserem Leben eine höhere Form der Liebe zu verwirklichen. Wenn uns dies gelingt, wollen wir auch andere dazu motivieren, dieses Ziel zu erreichen.

Wissen Sie, was Sie motiviert? Bitten Sie die Engel um einen neuen Impuls, wenn Ihre Motive Läuterung brauchen. Sehen Sie sich als eine Kraft, die zur Freude motiviert.

Engelmeditation: **Die Engel motivieren mich, und höhere Impulse leiten mich.**

Dankbarkeit

Engelbotschaft: **Die Engel reagieren sofort auf dankbare Anrufungen.**

Dankbarkeit ist eine erstaunlich starke Kraft, die jede Erfahrung in etwas Erfreuliches verwandelt. Der Grund dafür ist einfach: Wenn wir uns ein Dankbarkeitsbewusstsein zulegen, existiert das Negative nicht mehr. Denn dann danken wir allem, was in unserem Leben ist, auch dem Negativen. Das mag zunächst lächerlich erscheinen, aber die Magie wirkt so: Wenn Sie etwas Negativem dafür danken, dass es passiert, oder einem negativen Gedanken dafür, dass er da ist, haben Sie das Negative negiert und in eine positive Energie verwandelt. Und dann geschehen Wunder. Je dankbarer Sie für den Überfluss werden, der Sie umgibt, desto mehr Überfluss strömt in Ihr Leben, und desto leichter können die Engel mit Ihnen kommunizieren. Also danken Sie allem, auch wenn Sie nicht genau wissen, ob Sie dafür dankbar sind. Irgendwann werden Sie es sein.

Danken Sie einen Tag lang allem, womit Sie in Kontakt kommen. Wenn Sie morgens die Augen öffnen, danken Sie der Nacht für die Ruhe und dem Tag für das, was er verspricht. Wenn Sie duschen, danken Sie dem Wasser. Wenn Sie Ihren Kaffee trinken, danken Sie der Pflanze, die die Bohne hervorgebracht hat, dem Menschen, der die Bohne gepflückt hat, und denen, die die Tasse gefertigt haben, aus der Sie trinken. Danken Sie natürlich auch den Engeln für all das Gute, das sie in Ihr Leben bringen.

Engelmeditation: **Ich halte immer wieder inne, um dem erstaunlichen Prozess des Lebens dankbar zu sein.**

Instrument des Friedens

Gebet des heiligen Franz von Assisi

Oh Herr, mach mich zu einem Werkzeug deines Friedens,
dass ich Liebe übe, wo man sich hasst,
dass ich verzeihe, wo man sich beleidigt,
dass ich verbinde, wo Streit ist,
dass ich die Wahrheit sage, wo Irrtum herrscht,
dass ich den Glauben bringe, wo Zweifel drückt,
dass ich Hoffnung wecke, wo Verzweiflung quält,
dass ich ein Licht anzünde, wo Finsternis regiert,
dass ich Freude bringe, wo Kummer wohnt.
Ach Herr, lass mich trachten,
nicht, dass ich getröstet werde, sondern dass ich tröste,
nicht, dass ich verstanden werde, sondern dass ich verstehe,
nicht, dass ich geliebt werde, sondern dass ich liebe.
Denn wer hingibt, der empfängt,
wer sich selbst vergisst, der findet,
wer verzeiht, dem wird verziehen,
und wer da stirbt, der erwacht zum Ewigen Leben.

Viele Menschen, in denen das Engelbewusstsein einen Widerhall findet, spüren eine starke Verbindung zu Franz von Assisi. Was empfinden Sie für ihn und sein Gebet? Inspiriert es Sie? Sind Sie bereit, für die Engel ein Instrument des Friedens zu sein? Meditieren Sie das nächste Mal, wenn Sie nicht wissen, wie Sie sich entscheiden sollen, über dieses Gebet, und bitten Sie die Engel, Sie zu führen; dann werden Sie bald wissen, was Sie tun sollen.

Engelmeditation: Ich bin ein Instrument des Friedens, und die Engel führen mich.

Einsamkeit

Engelbotschaft: **Einsamkeit ist eine Suche, die außen beginnt und innen endet.**

Einsamkeit ist ein Gefühl der Unverbundenheit. Wir fühlen uns unerwünscht, ungeliebt, nicht umsorgt, ja nutzlos. Wir meinen, wir wären von der äußeren Welt getrennt, aber in Wirklichkeit sind wir von uns selbst getrennt. Wenn wir begreifen, dass Einsamkeit nichts mit unseren Beziehungen zu anderen zu tun hat, sondern mit unserer Beziehung zu uns selbst, dämmert uns, dass wir nicht einsam, sondern allein sind – allein verantwortlich für unser Gefühl von Verbundenheit. Andere Menschen kommen und gehen in unserem Leben; wir können uns nicht darauf verlassen, dass sie immer bei uns sind. Aber wir können uns selbst kennen lernen, uns mit uns selbst wohl fühlen und mit innerer Kraft und Gelassenheit auf andere zugehen, nicht mit Angst und Verzweiflung. Wir können beschließen, uns als dankbarer und nicht als emotional bedürftiger Mensch wieder mit dem Leben zu verbinden, und eher geben als nehmen zu wollen. Dann sind wir nie allein.

Reden Sie mit dem Teil von sich, der sich einsam fühlt. Fragen Sie ihn, warum er sich verloren fühlt und sich bedauert. Sagen Sie ihm, dass Sie und die Engel ihn lieben. Fragen Sie ihn, ob er bereit ist, auf andere zuzugehen, anstatt darauf zu warten, dass sie auf ihn zugehen. Schreiben Sie ein paar Möglichkeiten auf, wie Sie Ihre Einsamkeit dadurch abbauen könnten, dass Sie anderen von Ihrer starken Mitte aus etwas geben. Könnten Sie irgendetwas Ehrenamtliches tun? Ihren Interessen in einer Gruppe oder einem Workshop nachgehen? Je mehr positive Verbundenheit Sie in Gang setzen, desto mehr fließt Ihnen zu.

Engelmeditation: **In meiner Einsamkeit entdecke ich die Kraft des Alleinseins.**

Demut

Engelbotschaft: »Es gehört alles den Menschen. Ich hatte nur das Privileg, es eine Zeit lang zu benutzen… Es war mir nur geliehen, und damit meine ich auch das Präsidentenamt.«

Harry S. Truman, in Merle Millers Plain Speaking

Vielleicht war der Sinn von Harry Trumans Leben nicht nur, Präsident der Vereinigten Staaten zu werden, sondern der Welt ein Beispiel für echte Demut zu geben. Demut ist für manche von uns eine schwierige Vorstellung, denn sie wird oft mit Selbstaufgabe verwechselt. In Wirklichkeit ist wahre Demut eine Kombination von Bewusstheit, Bescheidenheit und Dankbarkeit. Wenn wir wirklich demütig sind, kennen wir unsere Talente und Leistungen und brauchen sie nicht auszuposaunen. Zugleich sind wir dem höheren Ursprung von Macht und Weisheit für die Gaben dankbar, die wir besitzen. Wirklich demütige Menschen identifizieren sich mit ihren Fähigkeiten, nicht mit der sozialen Stellung oder der Macht, die damit einhergehen.

Denken Sie an die Talente und Fähigkeiten, die Sie besitzen. Können Sie stolz auf sie sein, ohne in Arroganz zu verfallen? Oder sehen Sie sich zu kritisch? Bitten Sie die Engel, Ihre Selbsteinschätzung in die Balance zu bringen und Ihnen gleich viel Selbstvertrauen, Bescheidenheit und Dankbarkeit für alles zu geben, das Sie der Welt zu bieten haben.

Engelmeditation: Gott und die Engel lieben mich für mein So-Sein, nicht für meine Leistungen.

Amateur

Engelbotschaft: »**Drei Dinge meide ich: Gedichte von einem Dichter, Gemälde von einem Maler, Mahlzeiten von einem Chefkoch.**« *Ryokan, Zen-Meister*

Heute sind Dinge modern, die selbst gemacht aussehen, selbst gemacht schmecken und sich selbst gemacht anfühlen. Der Grund? Selbstgemachtes wird von Menschen hergestellt, die das, was sie tun, lieben, und diese Liebe zieht unser Herz magisch an. Das Wort *Amateur* stammt vom lateinischen Wort für Liebhaber, *amator*. Fachleute sind oft besser angesehen, aber Amateure haben bei der Lust am Tun die Nase vorn. Fachleute tun etwas, weil sie entsprechend ausgebildet sind; es ist ihr Broterwerb. Amateure tun etwas, weil sie es gerne tun; es ist oft ein Hobby. Ein Hobby-Maurer kann möglicherweise genauso viel wie ein Fachmann oder mehr, und steckt mehr Zeit und Liebe in ein Projekt. Was würden Sie vorziehen? Ein köstliches Mahl, das mit Liebe zubereitet wurde, oder ein ausgefallenes Gericht, das ein Chefkoch mühelos herzaubert? Denken Sie daran, dass es nicht nur die Experten gibt, sondern auch liebevolle Amateure.

Wenn Sie im Spiel des Lebens vom begeisterten Amateur zum rationalen Fachmann geworden sind, sollten Sie verstärkt nach Dingen suchen, die Sie lieben. Auch Fachleute können ihre Arbeit lieben; deshalb ist das hier nur eine Idee, mit der Sie spielen können. Wenn Sie in alles, was Sie tun, eine Spur Kreativität einfließen lassen, lieben Sie es mehr und haben Engel als Assistenten.

Engelmeditation: **Ich vergesse nie, dass Menschen, die lieben, Großes hervorbringen.**

Pforte

Engelbotschaft: »**Doch eng ist der Pfad und schmal der Weg, der zum Leben führt, und wenige sind es, die ihn finden.**«

Matthäus 7; 14

Warum muss die sprichwörtliche Pforte, die zum ewigen Leben führt, so eng sein? Darauf kann die Hypothese vom freien Willen eine Antwort geben. Freier Wille bedeutet, dass wir nicht mit einer Reihe von Anweisungen auf die Erde gekommen sind, sondern frei entscheiden können, welchen Regeln wir folgen wollen und welchen nicht. Wenn ein Mensch also die Pforte findet, sie erkennt und aus eigenem Antrieb passiert, frohlockt der ganze Himmel. Der Entschluss, den freien Willen dazu einzusetzen, Gott auf unsere ganz persönliche, kreative Art zu lieben, führt uns durch die Pforte. Wir sind auf uns gestellt, aber nie allein; Engel sind immer mit Freuden an unserer Seite und inspirieren uns spielerisch zum ewigen Leben.

Wenn Sie eine spirituelle Entscheidung treffen wollen, aber meinen, Sie wären dafür noch nicht gut genug oder bereit, sollten Sie Folgendes bedenken: Wenn Sie sich für das Leben entscheiden, können Sie nie einen Fehler machen; mag sein, dass Sie sich verirren, aber letztendlich werden Sie Ihren Weg zum Seelenheil finden und im Bewusstsein Ihres höheren Selbst leben.

Engelmeditation: **Auch wenn die Pforte eng und der Weg schmal ist, weiß ich in meinem Herzen, dass sie breit genug sind, um alle Engel passieren zu lassen.**

Negatives löschen

Engelbotschaft: **Von wie vielen negativen Denkern haben Sie sich in letzter Zeit inspirieren lassen?**

Für unsere Gesundheit und unser Wohlbefinden ist es ganz wichtig, dass wir negative Gedanken löschen. Sie schwächen das Immunsystem, machen schlapp und wirken sich auch auf die Menschen in unserem Umfeld ungünstig aus. Negatives Denken lässt Sie nach negativen Ergebnissen suchen. Sie verschwenden Ihre Zeit mit der Vorbereitung auf eine möglicherweise negative Situation, anstatt positive Ziele anzustreben und kreativ zu leben. Negative Gedanken langweilen die Engel. Sobald Sie erkannt haben, wie uninteressant negative Gedanken sind, können Sie ein Warnsystem installieren, das negative Gedanken aufspürt und Ihnen ermöglicht, sich für eine hilfreichere Denkweise zu entscheiden.

Es ist wichtig, dass wir negative Gedanken erkennen. Dazu die folgende Checkliste: Schadet der Gedanke dem Leben? Regt er zu übertriebener Besorgnis an? Können Sie ihn schwer loswerden? Geht es Ihnen schlecht, wenn Sie ihn denken? Würden die Engel den Gedanken als Energieverschwendung betrachten? Wenn Sie diese Fragen mit Ja beantwortet haben, ist der Gedanke mit großer Wahrscheinlichkeit negativ. Denken Sie auch über die folgenden Fragen nach: Was löst der Gedanke in anderen aus? Gibt er wirklich das Resultat wieder, das Sie sich wünschen?

Engelmeditation: **Ich lösche das Negative und bejahe die positiven, liebevollen Aspekte der Engel.**

Nicht im Ganzen schlucken

Engelbotschaft: **Glauben Sie nicht alles, was Sie lesen, und verlassen Sie sich nie auf ein Etikett.**

Nahrung würden wir nicht schlucken, ohne sie zu kauen, und auch eine Portion Informationen müssen wir uns nicht einverleiben, ohne sie angemessen zu verarbeiten. Wir können an ihr genauso ersticken wie an einer Gräte. Genauso wie wir entscheiden können, welche Lebensmittel wir in den Mund nehmen, können wir entscheiden, welche Informationen Nahrung für unser Denken sein sollen. Menschen können analysieren, das Ganze in seine Einzelteile zerlegen, es prüfen und im Licht ihres persönlichen Verständnisses deuten. Analysieren Sie alle Informationen, egal woher sie kommen, und denken Sie Dinge zu Ende. Am wichtigsten ist, dass Sie zu eigenen Schlussfolgerungen kommen und keinen Gedankenmüll ansammeln.

Fangen Sie an, Ihre Analysefähigkeiten einzusetzen, und hören Sie nie mehr damit auf. Aber analysieren Sie auch bewusst – Sie sollten es weder übertreiben noch andere damit nerven. Wichtig ist das Gleichgewicht. Die Engel helfen Ihnen, das große Ganze zu zerlegen, damit Sie besser verstehen, wie es zusammengesetzt ist. Verständnis ist unser wirksamstes Instrument.

Engelmeditation: **Ich mache mir klar, was ich schlucke, und ernähre so meine Seele, meinen Geist und meinen Körper richtig.**

Engel-Erscheinungen

Engelbotschaft: **Halten Sie sich an das Pfadfinder-Motto und seien Sie allzeit bereit.**

Engel-Erscheinungen sind Teil fast aller kulturellen und religiösen Überlieferungen. Ob als geflügelte Götter des griechischen Pantheons, heilige Wesen der Hindus, kahle Jünglinge des Alten Testaments oder heiligenscheinbewehrte Himmelsboten des Christentums – Engel wurden immer als außergewöhnliche Wesen abgebildet, an deren Identität es keinen Zweifel gab. Die Engel bewohnen nicht nur das so genannte Himmelreich; oft bewegen sie sich mitten unter uns auf der Erde, wo sie demütig die Gestalt gewöhnlicher Sterblicher annehmen. Wir können Engeln in Freunden, Fremden, Kollegen oder Passanten begegnen; ihre Anwesenheit zeigt sich an einer plötzlichen Hilfe, Einsicht, Protektion, Inspiration oder Wohltat und an der Fröhlichkeit, der Verwunderung und dem Frieden, die wir anschließend erleben. Engel lieben es, hier und da aufzutauchen und das Leben interessant zu machen. Sie wollen, dass wir auf das Unerwartete vorbereitet sind, damit wir immer für die Gaben offen sind, die uns ohne unser Wissen übergeben werden.

Denken Sie an Menschen, die Sie kennen oder denen Sie begegnet sind und die Engel gewesen sein könnten. Welche Eigenschaften hatten sie, die Ihnen ihr Engelsein zum Bewusstsein gebracht haben? Wenn Sie möchten, dass Ihnen ein Engel erscheint, können Sie darum bitten, dass einer Ihren Weg kreuzt. Seien Sie dann bereit; stellen Sie Ihr Wahrnehmungsvermögen auf »fein« und versetzen Sie sich in eine Stimmung froher Erwartung.

Engelmeditation: **Ich lade die Engel ein, in meinem Leben zu erscheinen.**

Gipfel

Engelbotschaft: **Die Creme steigt nach oben.**

Ein Gipfel ist ein Symbol für spirituelles Bewusstsein, die Erhebung des Herzens und die Nähe zum Himmel. Moses stieg auf den Berg Sinai, wo er die Zehn Gebote empfing, und Jesus wanderte auf einen Berg, um seine wichtigsten Lehren zu verbreiten; er wusste, dass nur die wirklich Gläubigen ihm dorthin folgen würden. Jeder von uns muss seinen eigenen symbolischen Berggipfel erklimmen, der ihn den Himmel schauen lässt. Unser spiritueller Weg ist nicht immer einfach, aber von jeder neuen Anhöhe aus wird die Aussicht herrlicher. Unser Ziel ist der Gipfel, aber auf dem Weg nach oben sollten wir auch nicht übersehen, wie schön und lehrreich jede Teilstrecke ist. Wenn wir ohne fremde Hilfe oben ankommen, können wir im Ruhm Gottes Rast machen und die Gesellschaft der Engel genießen.

Wie weit oben auf dem Berg sind Sie? War der Aufstieg schwierig? Wenn er Ihnen zu steil erscheint, können die Engel Sie vielleicht von überflüssigem Gepäck befreien, damit es leichter wird. Bleiben Sie auf dem Weg. Je höher Sie kommen, desto einfacher wird er.

Engelmeditation: **Ich weiß, dass die Luft am Gipfel sauberer ist. Ich sehne mich danach, den Gipfel zu erreichen und die reine göttliche Inspiration einzuatmen.**

Ausgetretene Pfade verlassen

Engelbotschaft: **Wenn wir ausgetretene Pfade nicht verlassen, bemerken wir nie die Engel im Gebüsch.**

Oft behandeln wir das Leben so, als hätten wir schon alles gesehen. Wie Roboter erledigen wir unsere täglichen Pflichten und ersetzen Neugierde durch Gewohnheit, Wachheit durch Dumpfheit. Wie die Hamster im Rad laufen wir immer weiter im Kreis und meinen, wir würden vorwärts kommen, während wir in Wirklichkeit auf der Stelle treten. Was die finanzielle und emotionale Sicherheit anbelangt, haben eine Struktur und feste Verhaltensmuster sicher ihre Vorteile, aber sie werden gefährlich, wenn sie uns blind machen für die Schönheit neuer Erfahrungen. Die Engel wollen, dass wir uns umschauen, als wäre es das erste Mal; denn nur so entdecken wir die Schätze, über die wir in der systematischen Trance, die wir für Leben halten, oft hinweggehen. Aus eben diesem Grund leiten die Engel uns von den ausgetretenen Pfaden oft auf neue Wege, die uns zu einer höheren Bewusstseinsebene und Freude führen.

Nehmen Sie sich das nächste Mal, wenn Sie eine bekannte Strecke gehen wollen, die Zeit für mindestens einen Umweg abseits des ausgetretenen Pfades. Bleiben Sie stehen, sehen Sie sich um, hören Sie hin. Sehen Sie wirklich alles, was Sie umgibt: Biegen Sie woanders ab, erkunden Sie eine neue Strecke, einen neuen Weg. Wenn Sie mit dem Auto unterwegs sind, steigen Sie aus und gehen Sie herum. Erforschen Sie Ihre Umgebung. Seien Sie offen für die Begegnung mit einem neuen Menschen. (Wer weiß, vielleicht ist er ein Engel!) Könnte diese Erfahrung eine Metapher für Ihr Leben und eventuell anstehende Veränderungen sein?

Engelmeditation: **Ich öffne meine Augen für neue Realitäten und meinen Verstand für neue Möglichkeiten.**

Sprache

Engelbotschaft: **Wir haben die Sprache erfunden, damit unser Verstand sich äußern kann. Die Engel kommunizieren mit unserem Herzen.**

Haben die Engel eine Sprache, und wenn ja, welche? Verstehen sie Deutsch? Natürlich verstehen sie unsere Sprache, egal welche es ist, aber sie hören nicht auf die Worte; sie fangen die Absicht und den von uns erzeugten Impuls auf. Manche meinen, dass die Sprache der Engel aus einer Reihe von Symbolen besteht. Andere glauben, dass sie die Farben als Sprache verwenden. Eine göttliche Kommunikation mit den Engeln findet statt, wenn wir meditieren, wenn alle Gedanken den Verstand verlassen und wir in den so entstandenen leeren Raum hineinkommen – das ist Glückseligkeit. Wenn Sie einen solchen Augenblick des Nicht-Denkens erleben, wirkt das sehr stärkend und heilend, und Sie werden dieses Erlebnis oft wiederholen wollen.

Versuchen Sie, mit den Engeln per Nicht-Denken zu kommunizieren. Es mag seltsam erscheinen, von Kommunikation zu reden, wenn Sie Gedanken weder empfangen noch erzeugen, aber gehen Sie spielerisch an die Aufgabe heran. Üben Sie, zu meditieren und alle Worte zu vergessen. Wenn Sie den Augenblick des Nicht-Denkens erreichen, sind Sie mit der Quelle verschmolzen, von der alles Wissen ausgeht. Sie wissen dann, dass Sie mit Gott und den Engeln kommuniziert haben. Auch ohne Worte haben Sie viel Wissen erworben.

Engelmeditation: **Ich lerne die Sprache der Liebe. Dann kommuniziere ich mit den Engeln vom Herzen zum Himmel.**

Kosmisches Bewusstsein

Engelbotschaft: »Er sieht... dass die Seele des Menschen im grenzenlosen Ozean des Lebens genauso unsterblich ist wie Gott... und dass das Glück jedes Einzelnen langfristig absolut sicher ist.«   *Richard M. Bucke,*
Die Erfahrung des kosmischen Bewusstseins

1901 schrieb der kanadische Psychiater Richard M. Bucke eine bahnbrechende Abhandlung mit dem Titel *Die Erfahrung des kosmischen Bewusstseins*, in der er eine »neue Fähigkeit« beschrieb, die Meta-Selbstwahrnehmung, die im Verlauf der Geschichte ein paar Männer und Frauen ausgezeichnet hat. Bucke verglich so Erleuchtete wie Jesus, Buddha, Mohammed, Walt Whitman, Dante und Francis Bacon und stellte fest, dass sie alle eine »klare Konzeption bzw. Vision von der Ausrichtung und Bedeutung des Universums« hatten, die immer zu allgegenwärtiger Freude führte. Die Engel wollen uns sagen, dass das kosmische Bewusstsein nicht die Domäne von ein paar Privilegierten ist; jeder von uns kann es erreichen. Vielleicht ist es nur einen Atemzug weit weg.

Meditieren Sie über das kosmische Bewusstsein. Entspannen Sie sich, schließen Sie die Augen und atmen Sie tief und rhythmisch. Spüren Sie, wie Ihr Körper, Ihre Seele und Ihr Geist sich bei jedem Einatmen mit dem Licht der Unsterblichkeit erfüllen. Spüren Sie, wie Ihre Seele sich mit göttlicher Liebe und Frieden füllt und schließlich mit dem Ewigen Einen verschmilzt. Atmen Sie tief, ruhig und froh, bis Sie bereit sind, die Augen wieder zu öffnen.

Engelmeditation: Ich liebe das Leben und fürchte nicht den Tod, denn ich weiß, dass ich eins bin mit Gott.

Würde

Engelbotschaft: **Wenn wir unsere Würde schützen, achten wir unsere göttliche Individualität.**

Obwohl Würde zu unseren Geburtsrechten gehört, vergessen wir oft, sie zu schützen und in Ehren zu halten. Manchmal erkennen wir gar nicht, dass sie in Gefahr ist. Wenn andere uns ausnützen, leugnen wir das manchmal, nur um keinen Ärger zu bekommen. Wahre Freunde werden unsere Bedürfnisse und Entscheidungen immer akzeptieren und respektieren und nie versuchen, uns Schuldgefühle zu vermitteln, wenn sie ihren Willen nicht bekommen. Wenn jemand uns missbrauchen oder zwingen will, müssen wir uns klar machen, dass dieser Mensch kein wahrer Freund ist. Die Engel arbeiten hart, um unsere Würde zu schützen. Machen Sie es ihnen ein bisschen leichter, indem Sie selbst für Ihre Würde eintreten. Wenn Sie sich für wertvoll und redlich halten, sind Sie ein starker Pfeiler des Engelbewusstseins. Ihr Leben wird andere inspirieren, und höheren Orts haben Sie auf immer viele wahre Freunde.

Registrieren Sie, wann Ihre Würde angegriffen wird oder gefährdet ist. Was würden Sie verlieren, wenn Sie Ihre Bedürfnisse und Überzeugungen respektieren würden? Was würden Sie gewinnen?

Engelmeditation: **Ich bin meinen Gefühlen und Überzeugungen treu und behandle andere mit demselben Respekt, den ich von ihnen erwarte.**

Sensationell

Engelbotschaft: **Das Leben ist kein Zirkus, in dem die Engel zu unserer Unterhaltung Kunststücke vorführen.**

Die Engel sind wirklich sensationell. Sie wecken bei vielen Leuten Aufregung, Bewunderung und eifriges Interesse, besonders zurzeit. Es ist leicht, angesichts der sensationellen Aspekte der Engel in Begeisterung zu verfallen, aber das liegt nicht in der Absicht der Engel. Das Engel-Interesse entzündet sich zunächst oft an einem – selbst erlebten oder vom Hörensagen bekannten – erstaunlichen Vorfall, der allen Gesetzen der Logik widerspricht. Vielleicht haben die Engel jemand aus einer drohenden Gefahr gerettet. Das ist faszinierend und regt die Leute dazu an, mehr über Engel herauszufinden; aber eigentlich retten die Engel einen Menschen oder greifen in sein Leben ein, weil Gott dies gebilligt hat. Engel sind nicht auf Beifall aus und wollen nie, dass ein Vorfall, in den sie verwickelt sind, zu einem Zirkus wird. Fixieren Sie sich nicht auf das Sensationelle, dann sind Sie wie die Engel – frei, für den Schöpfer Großes zu vollbringen.

Sind Sie aus den lautersten Gründen an den Engeln interessiert? Machen Sie sich klar, dass die Energie hinter Ihrem Engel-Interesse Sie zur wahren Weisheit und Wahrnehmung Gottes führt. Die Engel sagen nie: »Hallo, hier sind wir, sieh mal wie toll wir sind, was wir alles für Wunder wirken können!« Sie sagen eher: »Sieh hinter uns; wir zeigen nach oben!«

Engelmeditation: **Ich achte verstärkt auf die weise Botschaft der Engel und weniger auf ihre übernatürlichen Kräfte.**

Vögel

Engelbotschaft: »Mutter Natur beauftragt die Engel, den Vögeln zu sagen, sie sollten nachsehen, ob es den Menschen gut geht. Die Vögel sagen den Engeln, ob wir in Gefahr sind. Deshalb fliegen die Vögel über unser Auto, und deshalb sieht man überall Vögel.«   *Orianne Thomkins (5 Jahre)*

Vögel leben an den merkwürdigsten Orten. Sie könnten ihre Nester in Parks und Wäldern bauen, aber oft sind sie unter Autobahnunterführungen und an den Dachgesimsen überfüllter Innenstädte zu finden. Im Gegensatz zu anderen Wildtieren bleiben sie in der Nähe der Menschen. Vögel galten schon immer als göttliche Boten. Vielleicht haben sie eine Botschaft für Sie. Denken Sie das nächste Mal, wenn Sie einen Vogel zwitschern hören, darüber nach, wie sehr der Himmel Sie liebt. Stellen Sie sich vor, die Vögel wären die Augen und Ohren der Engel. Beobachten Sie, wie die Vögel spielen und übermütig umherschwirren. Sie sind von Natur aus Komiker und bringen Sie leicht zum Lachen.

Achten Sie auf Vögel. Beobachten Sie sie, und wenn einer in Ihrer Nähe ist, halten Sie inne und bewundern Sie ihn. Sobald Sie die Vögel in Ihrer Umgebung verstärkt registrieren, unterhalten sie Sie mit ihrer guten Laune. Vielleicht bringen sie Ihnen eine Botschaft von den Engeln. Sie werden feststellen, dass manche Vögel Sie stärker anziehen als andere. Legen Sie sich ein Vogelhäuschen zu, damit Sie Ihre Lieblingsvögel näher bei sich haben.

Engelmeditation: Ich freue mich über das fröhliche Gezwitscher der Vögel, und jedes Mal, wenn ein Vogel mein Herz rührt, denke ich daran, wie sehr der Himmel mich liebt.

Höhenflug

Engelbotschaft: »Die düsteren Bande der Erde habe ich abge-
streift, und auf silberlachenden Schwingen durchtanze ich die
Himmel...«
                                                    John G. Magee Jr.

Wie viele von uns hatten schon einmal das Gefühl, sich hoch hinauf
in den Himmel zu schwingen? Abzuheben, aufzubrechen in die
Freiheit, Grenzen zu überschreiten? John G. Magee, ein junger bri-
tischer Kampfpilot, der im Zweiten Weltkrieg umkam, konnte sich
in seiner Arbeit in den Himmel erheben; sie war für ihn nicht nur
ein Job, sondern eine tief spirituelle Erfahrung. Wir brauchen Mut,
um uns emporzuschwingen. Viele von uns sind mit der begrenzenden Überzeugung groß geworden, wenn wir zu viel Glück hätten,
würde es uns ganz gewiss wieder genommen, und einem zu hohen
Aufstieg könnte nur der Absturz folgen. Also bleiben wir vorsichtig in der Nähe der Erde und überlassen es verwegenen Despera-
dos, das zu tun, von dem wir nur träumen. Aber die Engel wollen,
dass wir uns in die Lüfte schwingen und die Ängste hinter uns lassen, die uns an der Verwirklichung unseres Potenzials hindern. Die
traditionelle Darstellung der Engel als geflügelte Wesen ist von
treffender Symbolik; als Manifestationen des reinen Geistes sind sie
frei und jubeln über den Einklang mit ihrer inneren Weisheit.

*Fühlen Sie sich in irgendeinem Bereich Ihres Lebens blockiert, frustriert
oder unerfüllt? Wenn ja, sollten Sie vielleicht an einen Höhen-
flug denken. Wo sind Sie erdgebunden? In welchen Bereichen würden Sie gerne abheben? Was hält Sie zurück?
Was würde passieren, wenn Ihrer Seele Flügel wachsen würden? Was passiert, wenn dies nicht der Fall ist?*

Engelmeditation: **Ich bin der Pilot meines Flugzeugs; ich
kann und will mein Ziel bestimmen. Ich heiße das Unbekannte willkommen, denn sobald ich es erreicht habe,
wird es zu etwas Bekanntem.**

Interpretationen

Engelbotschaft: **Keine Panik, es ist nur eine Interpretation.**

Bei allen Ereignissen oder Krisen versuchen wir sofort herauszufinden, wie es dazu kam. Aber die Gründe, die wir finden, sind im Allgemeinen nicht die wahren, denn unser Selbstbild und unsere auf Gefühlen beruhenden Wahrnehmungen haben unsere Einschätzung verfärbt. Wenn es uns gut geht, interpretieren wir das, was in unserem Leben geschieht, als gut. Wenn es uns schlecht geht, empfinden wir auch die Ereignisse als negativ. Was können wir daraus lernen? Fixieren Sie sich nicht auf eine Interpretation. Die Dinge sind nie so, wie sie scheinen.

Wenn wir uns gut oder selbstbewusst fühlen, interpretieren wir Schwierigkeiten oder unerwünschte Ereignisse als positive Herausforderungen. Wir wissen dann, dass wir die Kraft haben, unsere Gefühle und Reaktionen so zu steuern, dass das bestmögliche Ergebnis herauskommt. Also wäre es wichtig, dass wir uns meistens gut fühlen. Aber wir können nicht davon ausgehen, dass wir uns immer gut fühlen. Daher besteht die wahre Lösung darin, mit Hilfe der Engel die Ereignisse aus der Sicht des Himmels zu interpretieren.

Engelmeditation: **Bei der Interpretation von Ereignissen gehe ich nicht von meinen momentanen Gefühlen aus. Ich klebe nicht am ersten Eindruck. Ich bin offen für das Geschenk des Lebens und versuche nicht, es zu begründen.**

Gesetz des Denkens

Engelbotschaft: »**Das Licht des Leibes ist das Auge. Wenn nun dein Auge gesund ist, wird dein ganzer Leib Licht sein.«**

Matthäus 6; 20

Wir sehen das, auf das wir unser Augenmerk richten. Wenn wir oft genug an etwas denken, holen wir es in unser Leben. Die Energie folgt dem Denken, und da, wo unsere Gedanken hingehen, sammeln wir Energie an. Wenn Probleme uns besorgt und ärgerlich machen, geben wir Energie an sie ab, und das deprimiert. Zahlt es Ihre Schulden zurück, wenn Sie darüber nachdenken, wie mies Sie sich ihretwegen fühlen? Nein, aber wenn Sie kreativ an die Sache herangehen und störende Gedanken eine Zeit lang verbannen, haben Einfälle zur Tilgung der Schulden eine Chance und können ausgesponnen werden. Unser Verstand kann unser größter Aktiv- oder unser größter Passivposten sein; es kommt nur darauf an, mit welchen Gedanken wir ihn füllen. Das Auge des Verstandes ist die Lampe unseres Körpers; wenn in ihr das Öl der klaren, einfallsreichen und positiven Engel-Energie brennt, sind unser Körper und unser Geist hell und froh.

Kreisen Ihre Gedanken um Sorgen und Schwierigkeiten? Wenn ja, sagen Sie jedes Mal, wenn Sie anfangen, sich Sorgen zu machen, laut »Stopp!«. Schließen Sie die Augen, atmen Sie tief und konzentrieren Sie sich auf das Bild Ihrer inneren Lampe. Sehen Sie, wie die Engel diese mit dem herrlichen goldenen Öl positiver Gedanken füllen; sehen Sie, wie die Lampe Gelassenheit ausstrahlt und Ihr Unbewusstes erhellt. Vergessen Sie vorübergehend Ihre Probleme und lassen Sie sich von den Engeln kreative Ideen und Lösungen bringen.

Engelmeditation: **Mein Verstand gehört mir; ich entscheide, womit ich ihn fülle.**

Fundament

Engelbotschaft: **Ein Leben, das auf Liebe aufbaut, wird zu einer spirituellen Festung, die von den Engeln beschützt und dirigiert wird.**

Auf welchem Fundament haben Sie Ihr Leben aufgebaut? Was erhält Sie? Vielleicht antworten Sie »Das Geld, das ich verdiene.« Mit diesem Geld können Sie Ihre Miete, Ihr Essen und Ihre sonstigen irdischen Kosten bezahlen, aber Ihr Leben erhält es nicht. Dazu eignet sich die spirituelle Liebe am besten, die auf eine liebende, höhere Macht aufbaut, der wir vertrauen. Alles ist vergänglich; nur Gottes Liebe hat Bestand. Bauen Sie Ihr Leben auf die höhere Liebe auf, dann bleiben Sie auch in den dunkelsten Stunden stark und sind nie allein.

Wenn wir begreifen, dass Gottes Liebe unser Fundament ist, können wir es bewusst stärken. Beten, spirituelle Übungen und die Einstimmung auf die Engel sind solide Ecksteine für das Fundament Ihres Lebens. Ihr Leben ist ein einmaliges Werk, und mit der Anleitung der Engel finden Sie die Bereiche, in denen Sie am stärksten sind und auf die Sie aufbauen können. Vergessen Sie nie, Gott anzurufen, wenn Sie meinen, Ihr Fundament würde bröckeln.

Engelmeditation: **Liebe ist ein Fels in der Brandung. Gott wird mich nie verlassen, egal wie stürmisch die See ist.**

Den eigenen Traum verwirklichen

Engelbotschaft: **Für die Engel ist Begeisterung wichtiger als Perfektion.**

Mitten im Zweiten Weltkrieg erfüllte eine Frau sich ihren Traum: Florence Foster Jenkins gab in der Londoner Carnegie Hall Opernabende. Es spielte keine Rolle, dass sie damals schon über siebzig und einer der fürchterlichsten Koloratursoprane aller Zeiten war. Ihre Begeisterung, ihr Flair und ihre unerschütterliche Hingabe an ihren Traum machten das fehlende stimmliche Talent wett. Sie war der Star dieser Bühne; in prächtige Kostüme gewandet, warf sie Rosen ins Publikum und lebte ihren Traum voll aus. Florence starb kurz nach der Verwirklichung ihres Traums – zweifellos mit einer Zufriedenheit, die viele von uns gerne erleben würden. Das Publikum betete sie an, und die Engel natürlich auch. Für sie waren die unsauber gesungenen Arien die süßesten Lobgesänge auf das Göttliche, denn sie hatte den Mut, den Angriffen der Kritiker und Spötter zu trotzen und das, was ihre Seele auf Erden erfüllte, zu verwirklichen.

Haben Sie einen Traum, dem Sie nicht gefolgt sind? Wenn Sie Angst haben, nicht gut genug zu sein oder abgelehnt zu werden, können Sie an Florence Foster Jenkins denken. Stellen Sie sich vor, wie sie auf der Bühne der Carnegie Hall steht und sich glücklich ihren Weg zur Unsterblichkeit ersingt.

Engelmeditation: **Ich habe den Mut, dem innigsten Wunsch meines Herzens zu folgen und ihn zu verwirklichen.**

Glamour

Engelbotschaft: **Nicht alles, was glänzt, ist Gold – oder ein Engel.**

Glamour ist eine Illusion, eine falsche Wahrnehmung der Realität, ein irreführendes Bild. Glamour lockt uns mit den Worten: »Sieh mal, wie aufregend, zauberhaft und wunderschön ich bin. Komm und sei Teil dieser Magie.« Glamour ist schwer fassbar, wir verfehlen ihn immer nur um Haaresbreite und verschwenden unsere Energie, wenn wir nach dieser Fata Morgana greifen. Wenn Glanz und Glitter uns verführen, meinen wir, man hätte uns um ein gutes Leben betrogen. Aber Glamour ist nichts Reales. Die Glamour-Größen, die wir beneiden, beneiden jemand anderen. Sie haben in ihrer angeblich magisch-schönen Glitzerwelt das Glück nicht gefunden, und uns würde es genauso ergehen. Wahre Magie, Verzauberung und Schönheit entstehen, wenn Sie mit dem glücklich sind, was Sie jetzt haben und sind. Die Engel lassen sich von Glitter nicht beeindrucken, weil sie ihn nicht sehen; sie sehen nur die Wahrheit.

Hat die Glamourwelt für Sie etwas Verführerisches? Sind Sie willens, sich nicht mehr von ihr anziehen zu lassen? Sie engt ein, und wenn Sie frei sein wollen, müssen Sie in allen Dingen die Wahrheit sehen. Das können Sie, wenn Sie mehr auf den normalen Alltag achten und die Engel bitten, Ihnen bei der Ausrichtung auf ein grundloses Glück zu helfen.

Engelmeditation: **Ich sehe durch die Illusion von Glanz und Glamour hindurch und finde die Wahrheit.**

Disziplin

Engelbotschaft: **Disziplinieren Sie sich, dann haben Sie mehr Spaß!**

Schon die Vorstellung von Disziplin ist vielen von uns ein Gräuel, weil wir damit Arbeit und Schwierigkeiten verbinden. Das Versagen ist oft vorprogrammiert, wenn wir uns eine regelmäßige Tätigkeit vornehmen, die einfach nicht in unseren Tagesablauf passt. Niemand steht gerne als Versager da, und deshalb assoziieren wir Disziplin mit Enttäuschung. Es ist an der Zeit, dass wir unsere Meinung über Disziplin ändern und Disziplin so einsetzen, dass sie uns nützt. Sie ist keine Bestrafung; sie ist ein Instrument, das zu einer Fertigkeit führt. Die Engel wollen, dass wir uns diszipliniert damit beschäftigen, weniger zu arbeiten und das Leben mehr zu genießen. Dann fliegt die Welt nicht mehr an uns vorbei wie die Landschaft an einem Transrapid. Wir tun weniger, aber das effizienter und mit mehr Spaß.

Überlegen Sie, wie Sie sich disziplinieren – darin üben – könnten, weniger zu tun. Denken Sie an unwichtige Aktivitäten, die Sie sein lassen oder mit mehr Freude tun könnten. Wenn Sie zum Beispiel jeden Morgen mit dem Auto fahren müssen, könnten Sie sich angewöhnen, sich dabei eine inspirierende Geschichte auf Kassette anzuhören. Oder stehen Sie fünf Minuten früher auf und nehmen Sie Ihr Frühstück mit den Engeln ein. Hören Sie auf, sich unrealistische Ziele zu setzen, und halten Sie jedes Mal inne, wenn Sie das unangenehme Gefühl bekommen, zu viel zu tun. Bitten Sie dann die Engel um die Erlaubnis, weniger zu tun. Sie werden Ihnen nie die kalte Schulter zeigen.

Engelmeditation: **Es macht Spaß, ein Schüler der Engel zu sein, denn sie wollen, dass wir langsam tun und leben, nicht rasen und stürzen.**

Freundlichkeit

Engelbotschaft: **Wenn Sie viele Freunde haben wollen, müssen Sie freundlich sein.**

Freundlichkeit erzeugt eine Atmosphäre von Herzlichkeit, Wohlgefühl und Zuwendung. Freundliche Menschen hat man gern in seiner Nähe; man hat das Gefühl, sie zu kennen und ihnen vertrauen zu können. Nicht nur extrovertierte Menschen können freundlich sein; introvertierte zeigen ihre Freundlichkeit vielleicht nicht so offen. Freundlich sein bedeutet nicht unbedingt, dass Sie Tausende von Freunden haben müssen. Es ist besser, ein paar gute Freunde zu haben, denen Sie vertrauen, als viele Freunde, die Sie nicht besonders gut kennen. Entscheidend ist, dass Sie Menschen aussuchen, auf die Sie – und diese auf Sie – ansprechen und deren Innerstes mit denselben Engelklängen schwingt wie Ihres. Auf diese Weise zieht Ihre Freundlichkeit Gleichgesinnte an, und Ihr Leben ist voll von den Segnungen wahrer, inspirierender Freundschaften.

Nicht jeder ist Ihr Freund – deshalb sind Freundschaften so etwas Besonderes. Nehmen Sie Ihre Intuition und Ihr Gefühl zu Hilfe, um zu wissen, ob Sie auf freundlichem Territorium sind oder nicht. Bitten Sie die Engel, Sie zu einer freundlichen Seele zu machen, die in punkto Freundschaft stark und weise ist. Wir können uns jederzeit entscheiden, der Welt ein freundliches Gesicht zu zeigen, und mit den Engeln an unserer Seite ist die Welt unser Freund, nicht unser Feind.

Engelmeditation: **Die Welt ist ein freundlicher Ort, wenn ich bei meinen Freunden bin.**

Heiler

Engelbotschaft: **Wenn Sie zum Engelbewusstsein erwachen, betreten Sie das Reich der Heiler.**

Die bloße Entscheidung, dieses Buch zu lesen, bedeutet, dass Sie Ihr Engelbewusstsein geweckt haben und jetzt beschließen können, es voll in Ihr Leben einzubinden. Wenn Sie das tun, akzeptieren Sie die Verantwortung, ein Heiler zu sein. Heiler in der Tradition des Engelbewusstseins fangen mit dem Elementarsten an. Sie wissen, dass Heilen bedeutet, Ganzheit, Gleichgewicht und Harmonie wiederherzustellen. Wir können beschließen, jede Situation auf unsere kreative Art zum Besseren zu wenden, und genau darum geht es beim Heilen. Engelheiler wollen Menschen nicht verändern, sondern Bewusstseinsprozesse in Gang zu setzen. Sie heilen mit Liebe und nie aus Profitgier oder Geltungsdrang.

In jeder Situation, in der Sie sich befinden, können Sie heilend tätig werden. Vielleicht braucht Ihre Firma Ihre Liebe, oder Sie sind ein Künstler, der mit der Schönheit seiner Gemälde heilende Liebe aussendet. Wenn Sie mit einem Sterbenden zusammenleben, ist das Einzige, was Sie tun können, Liebe auszustrahlen. Egal, wie Ihre Situation aussieht – die Engel helfen Ihnen, die Heilung in Gang zu setzen. Sie erinnern Sie daran, dass Sie jetzt zum Reich der Heiler gehören und auf Ihre ganz besondere Weise jede Situation, der Sie begegnen, mit der göttlichen Energie der Liebe heil machen werden. Sind Sie bereit? Sie brauchen nur Liebe.

Engelmeditation: **Ich erkenne, dass ein Augenblick reiner, bedingungsloser und göttlicher Liebe stärker heilend wirkt als alle Substanzen aus einer Pflanze oder dem Reagenzglas.**

Geschwindigkeit

Engelbotschaft: **Wer am schnellsten durch das Leben rast, steht als Erster vor der Tür des Todes.**

Geschwindigkeit ist etwas Wunderbares, wenn Sie einen Wettlauf machen oder von einem Monster gejagt werden. Aber müssen Sie im Leben unbedingt der Schnellste sein? Für manche Leute ist das Leben ein Wettrennen an die Spitze, ein Konkurrenzkampf um Posten, Geld oder Macht, eine Kampagne, in der es um Erfolg und Effizienz geht. Aber die Engel wissen, dass es am Ende des Lebensrennens keine Trophäen zu gewinnen gibt, denn die Einzigen, gegen die wir antreten können, sind wir selbst. Wenn wir das Leben als Wettlauf empfinden, müssen wir uns fragen, welchen Zweck es hat, allen anderen voraus zu sein. Um die Engel einzuholen, brauchen wir jedenfalls nicht schnell zu sein. Sie sind immer zur richtigen Zeit am richtigen Ort und haben noch nie ein Strafmandat wegen Überschreitung der zulässigen Höchstgeschwindigkeit bekommen. Ein weiser Mensch hat einmal gesagt: »Gott ist langsam, aber nie zu spät.«

Rasen Sie durchs Leben? Müssen Sie schneller und besser als alle anderen sein? Frisst Ihre Arbeit Sie auf, lassen Ihre Termine Ihnen keine Ruhe? Dann könnte es an der Zeit sein, »Stopp!« zu schreien und über Ihre Prioritäten – und Ihr Leben – nachzudenken. Bitten Sie die Engel, Ihnen bei der Suche nach den Gründen für Ihren Wettlauf durchs Leben zu helfen. Und bitten Sie sie darum, Ihnen ein Tempo vorzugeben, das Ihnen ermöglicht, wirklich zu leben.

Engelmeditation: **Ich veranstalte keinen Wettlauf gegen die Zeit. Wenn ich langsam und stetig durchs Leben gehe, bin ich auf der sicheren Seite.**

Aufgeben

Engelbotschaft: **»Mag sein, dass Sie etwas nicht können, aber Gott kann es.«** *Emmet Fox*

Mit dem Begriff *Aufgeben* verbinden wir im Allgemeinen eine Niederlage. Wir sind zu keinem Atemzug oder Schritt mehr fähig. Wir sind mit unserem Latein am Ende, was für die Engel natürlich immer ein Anfang ist. Engel sehen das Aufgeben positiv, nicht negativ. Für sie bedeutet *aufgeben*, dass wir etwas hinauf, nach oben geben. Wir übergeben unsere Sorgen Gott. Wir sind nicht besiegt; wir sind nur bereit, den inneren Antreiber in die Ecke zu stellen und die Engel machen zu lassen, bis wir wieder einsatzfähig sind. Es ist keine Schande, aufzugeben; vielmehr zeigt es wahre Weisheit, die eigenen Grenzen zu kennen und zu wissen, wann man sich weiter ins Zeug legen kann und wann man seine Kräfte schonen sollte. Der große spirituelle Lehrer Emmet Fox führt das Beispiel des Gabelstaplerfahrers an, der nicht seine eigenen Muskeln einsetzt, sondern sich auf eine elektrische Kraft verlässt, um eine Aufgabe zu erledigen, die seine Kräfte übersteigt; ganz ähnlich sollten auch wir wissen, wann es an der Zeit ist, aufzugeben und der göttlichen Kraft unseren Part zu überlassen.

Haben Sie ein Problem, weswegen Sie am liebsten aufgeben würden? Übergeben Sie es den Engeln. Sehen Sie sich, wie Sie einen großen schweren Sack mit sich herumschleppen, in dem Ihr Problem ist. Übergeben Sie den Sack den Engeln, die mit ihm auf und davon fliegen. Atmen Sie dann tief ein und aus und lassen Sie zu, dass die göttliche Macht Ihnen bei der Lösung Ihres Problems hilft.

Engelmeditation: **Wenn ich etwas »aufgebe«, erkenne ich die Quelle meiner wahren Kraft.**

Göttliches Wiegenlied

Engelbotschaft: **Ein Wiegenlied lässt unseren Verstand ausruhen und führt unsere Seele ins Traumland, wo sie mit den Engeln spielen kann.**

Ein Wiegenlied hat etwas Magisches; es lullt Kinder ein und führt sie sanft ins Traumland, wo sie mit ihren guten Freunden spielen können, den Engeln. Wiegenlieder sind Balsam für die Seele. Egal ob wir als Kinder in den Schlaf gesungen wurden oder nicht – es ist nie zu spät, die magischen Eigenschaften eines Wiegenlieds zu entdecken. Als Erwachsene brauchen wir ab und zu eine Auszeit von den vielen schweren Pflichten, die uns nur allzu oft auffressen. Ein Wiegenlied erinnert uns daran, dass wir für Gott und die Engel Kinder sind, die den natürlichen Trost suchen, der ihrer Seele Frieden und ihrem Leben neue Energie gibt. Wir alle haben eine göttliche Mutter, die uns nie verlassen hat; sobald wir ihre sanfte Stimme brauchen, singt sie für uns. Wir brauchen sie nur zu rufen.

Spielen oder singen Sie sich das nächste Mal vor dem Einschlafen ein Wiegenlied vor. Stellen Sie sich vor, dass die Engel mitsingen; wenn Sie sie hören, schließen Sie die Augen, werden Sie still, und lassen Sie sie weitersingen. Werden Sie einen Augenblick lang wieder zu einem Baby, in dessen Seele das reine Wesen des Himmels schwingt. Verbinden Sie sich mit der Liebe, mit der Sie damals eins waren, und erkennen Sie, dass sie Sie nie verlassen hat. Die reinen Klänge des himmlischen Liedes klingen in Ihrer Seele immer wider.

Engelmeditation: **Ich bin nie zu alt, um von den süßen Stimmen der Engel ins Traumland geleitet zu werden.**

Vertrauen

Engelbotschaft: »**Vertrau dir: Jedes Herz spricht auf diese innere Saite an.**« *Ralph Waldo Emerson*

Es ist schwierig, Vertrauen bewusst zu steuern. Wenn wir jemandem vertrauen, verlassen wir uns auf ihn und glauben ihm. Anderen vertrauen ist in der Theorie sehr schön, aber fast unmöglich in der Praxis. Warum? Weil wir Menschen meist nur dann vertrauen, wenn sie genau das machen, was wir wollen. Wenn sie sich anders verhalten, sind wir enttäuscht und denken, dass wir ihnen nicht mehr trauen können. Wahres Vertrauen hat jedoch nichts damit zu tun, dass wir uns darauf verlassen, dass andere unsere Erwartungen erfüllen. Wahres Vertrauen bedeutet, dass wir lernen, uns auf uns selbst zu verlassen; das hilft uns, andere so zu akzeptieren, wie sie sind. Fixieren Sie sich nicht auf ein bestimmtes Ergebnis, wenn Sie sich auf andere verlassen; bleiben Sie zuversichtlich und setzen Sie nie alles auf eine Karte. Vertrauen Sie vor allem sich selbst, denn das ist der Schlüssel zu wahrem Selbstbewusstsein.

Überlegen Sie, wie wichtig Vertrauen in Ihrer Beziehung zu den Engeln ist. Wie sollen wir die Engel ohne Vertrauen überhaupt kennen lernen? Wie oft vertrauen Sie sich und den Engeln, wenn Ihr rationaler Verstand »zweifeln« sagt? Lernen Sie anhand Ihrer Beziehung zu den Engeln etwas über Vertrauen, und anhand Ihrer Beziehung zu anderen Menschen etwas über Liebe, Ehrlichkeit, Wachstum, Integrität und Loslassen. Mit anderen Worten: Reservieren Sie das Thema Vertrauen für Ihre Beziehung zu sich selbst.

Engelmeditation: **Ich kann mich darauf verlassen, dass ich von den Engeln etwas über den wahren Wert des Vertrauens lerne.**

Beobachtungen

Engelbotschaft: **Jeder von uns ist ein einmaliges Observatorium.**

Ohne Beobachtungsgabe wären wir ziemlich in der Bredouille. Wenn wir zum Beispiel nicht sehen würden, wenn die Ampel auf Rot schaltet, würden wir die Straße möglicherweise beim falschen Signal überqueren. Manchmal müssen wir im Leben Dinge beobachten, die uns wehtun oder bei denen uns unbehaglich zu Mute ist. Die Schlagzeilen in den Nachrichten sind selten erfreulich. Wenn liebe Menschen schwierige Zeiten durchmachen, ist das nie leicht. Wenn positive Aspekte der Gesellschaft bröckeln, kann uns das traurig machen. Wir können versuchen, den Kopf in den Sand zu stecken und solche Dinge nicht zu sehen, aber dann würde uns die Chance entgehen, in der Wahrheit zu leben und unseren Teil zur Verbesserung der Situation beizusteuern. Die Engel helfen uns, die Wahrheit mit einer gewissen Distanz zu betrachten. Sie lehren uns, dass alle Beobachtungen vorübergehend sind und das Glück in unserem Leben florieren kann, wenn wir die Dinge im Verhältnis sehen.

Denken Sie bei deprimierenden Beobachtungen daran, dass alles vorübergeht. Was Sie jetzt beobachten, sieht morgen anders aus.

Engelmeditation: **Ich beobachte mein sich änderndes Umfeld mit einer gewissen Distanz. Die Engel lehren mich, das Wahre und Schöne zu sehen, das überall vorhanden ist.**

Bestrebungen

Engelbotschaft: **Geben Sie den Ehrgeiz auf, dann sind Sie voll im Leben.**

Bestrebungen und Ehrgeiz haben eines gemeinsam: den Wunsch, unbedingt etwas zu erreichen. In einem wichtigen Punkt unterscheiden die beiden sich jedoch: der Manipulation. Manipulation bedeutet, dass wir einen Vorgang so beeinflussen, dass er unseren egoistischen Zielen dient. Ehrgeiz bringt die Versuchung zur Manipulation mit sich, weil er mit ungezügeltem Machtstreben oder dem unbedingten Willen zum Erreichen des Ziels einhergeht. Ehrgeizige Menschen denken nicht klar und geben ihr Gewissen an der Garderobe ab, denn sie haben nur ihr Ziel im Sinn und tun alles, was notwendig ist, um es zu erreichen. Für die Engel ist Ehrgeiz nicht etwas, auf das man stolz sein kann. Es ist in Ordnung, wenn Sie nach etwas streben, sich hohe Ziele setzen und Ihr Leben verbessern, solange Sie das Ganze im Blick behalten und Ihr Trachten auch der Welt dient.

Waren Sie schon einmal auf etwas so versessen, dass Sie dafür Ihre Werte und das Wohlergehen anderer aufs Spiel gesetzt hätten? Denkn Sie über das heikle Gleichgewicht nach, das Sie beim Streben nach Größe respektieren müssen. Es ist nichts Großartiges daran, Macht und Geld zu haben, wenn andere Leute dafür leiden mussten. Was wollen Sie? Bitten Sie die Engel um Klärungshilfe und streben Sie, ohne ehrgeizig zu sein.

Engelmeditation: **Ich strebe danach, meinen Ehrgeiz zu verlieren und mein Leben auf redliche Art zu verbessern.**

Geben

Engelbotschaft: **Was wir versagen, wird uns versagt; was wir geben, bekommen wir tausendfach zurück.**

Der interessanteste Aspekt des Gebens ist, dass es uns ziemlich viel einbringt. Wenn wir – aus Egoismus, Gier oder Angst – nichts weggeben, betrügen wir uns selbst, denn wir erzeugen um uns herum eine Atmosphäre, die vom Festhalten geprägt ist. Geiz gefällt weder den Engeln noch irgendjemand anders; wenn wir nichts abgeben, werden andere es sich auch zweimal überlegen, ob sie uns etwas geben. Das Horten macht uns außerdem ärmer; der französische Philosoph Montaigne bemerkte klug: »Wenn Sie beschließen, etwas zu behalten, gehört es Ihnen nicht mehr, denn Sie können es nicht mehr weggeben.« Die Engel erinnern uns daran, dass wir uns dann für den Überfluss öffnen, wenn wir mit dem, was wir haben, großzügig sind und an die Fülle des Universums glauben. Dann erzeugt das Geben bei uns nicht einen Mangel, sondern einen Kreislauf von Wohlstands-Energie, die uns reicher macht, während wir andere reicher machen.

Welche Einstellung haben Sie zum Geben? Schicken Sie alle Schreckgespenste, die das Geben bei Ihnen auf den Plan ruft – Mangel und Not – in die Wüste und seien Sie gewiss, dass Ihnen umso mehr Reichtum zur Verfügung steht, je mehr Sie in Umlauf bringen.

Engelmeditation: **Ich gebe ohne Angst.**

Erbaulich

Engelbotschaft: **Ein erbaulicher Anblick prägt sich Ihrer Seele auf immer ein.**

Die Erbauung gehört zu den erhabenen Engel-Vorstellungen, die in der modernen Gesellschaft kaum noch gefragt sind. Etwas Erbauliches fördert ein moralisches Verhalten und wirkt sich erhebend auf die Stimmung aus. Heute wird die Erbauung jedoch zunehmend übersehen und durch schnelle und mühelose Ablenkungen von der Langeweile und Leere eines wenig erbaulichen Lebens ersetzt. Wie oft empfinden Sie das Zeitunglesen oder Fernsehen als erbaulich? Wo Katastrophen, Banalitäten und Materialismus den Ton angeben, hat die Erbaulichkeit kaum eine Chance. Deshalb ist es so wichtig, dass wir selbst entsprechende Erfahrungen planen. Gute, besinnliche Bücher lesen, gute Musik hören, einen inspirierenden Film ansehen, mit einer Freundin über spirituelle Themen reden, meditieren, schöne Dinge herstellen, anderen bei der Entdeckung der wirklich erbaulichen Aspekte des Lebens helfen – all dies sind Möglichkeiten, die Verbindung zu den Engeln zu verbessern, auf deren moralische und spirituelle Inspiration wir uns immer verlassen können.

Wie trägt Ihre Umgebung zur Erbauung bei? Wie lenkt sie von ihr ab? Wie können Sie Ihr Umfeld verändern oder verbessern – Ihren Bekanntenkreis, Ihre Aktivitäten und Prioritäten? Bitten Sie die Engel, Ihnen zu helfen, mindestens eine Stunde täglich mit etwas Erbaulichem zu verbringen.

Engelmeditation: **Ich kann mich für ein Verhalten entscheiden, das mir und der Welt gut tut.**

Umweltschützer

Engelbotschaft: **Ökologie fängt zu Hause an.**

Ökologie ist die wissenschaftliche Untersuchung lebendiger Dinge in Beziehung zueinander und zur Umwelt. Umweltschützer wollen die Umwelt erhalten oder verbessern. Unter »Umwelt« werden oft Bereiche in der Natur verstanden, die als Wildnis belassen werden, in die der Mensch nicht eingreift. Aber die meisten ökologischen Probleme entstehen nicht in der Wildnis, sondern direkt vor unserer Haustür, da, wo Menschen leben und die Annehmlichkeiten des modernen Lebens nutzen. Wahre Umweltschützer verbessern ihre Beziehung zu ihrer unmittelbaren Umwelt. Die Engel lehren uns, in Harmonie mit der Umwelt zu leben, indem wir bei uns zu Hause harmonisch und friedlich leben.

Weil wir genauso ein Teil der Natur sind wie alle anderen Lebewesen, brauchen wir zum Leben und Atmen eine natürliche, saubere Umgebung. Leben Sie möglichst einfach. Recyceln Sie alles, was wieder verwertbar ist. Überlegen Sie, wie Sie die Lebewesen in Ihrem Umfeld – Kinder, Haustiere, Partner – besser umsorgen und Ihre Beziehungen harmonischer und bewusster machen können. Fragen Sie sich, ob die Engel sich bei Ihnen zu Hause fühlen würden.

Engelmeditation: **Ich weiß, dass ich Teil der unermesslich großen Umwelt bin, die Gottes Absichten dient, und will meine unmittelbare Umgebung verbessern.**

Elementargeister

Engelbotschaft: **Alles ist elementar.**

Zur Engelhierarchie zählen auch die Elementargeister. Diese wichtigen Wesen verkörpern eins der vier zentralen Naturelemente – Erde, Wasser, Feuer, Luft – und existieren in jedem Teil der Natur, auch in uns. Sie sind die primären Energiekräfte, aus denen die gesamte Natur besteht. Wir haben eine besondere Verbindung zu ihnen; sie bringen die Elemente in uns ins Gleichgewicht. Wenn wir lernen, mit ihnen zusammenzuarbeiten, können wir uns besser auf die Natur einstimmen, und im Gegenzug geben wir ihnen die Gelegenheit, in der Engelhierarchie aufzusteigen. Die Art Ihrer Kooperation mit den Elementargeistern hängt von Ihrer Lebensweise und Ihrer Kreativität ab. Eins ist sicher: Wenn wir die Naturelemente besser verstehen, erleben wir das Leben intensiver.

Sie können sich den verschiedenen Elementargeistern in Ihrem Umfeld annähern, wenn Sie auf die Strukturen von Wind, Wasser und Erde achten. Die Eigenschaften des Feuers verstehen Sie besser, wenn Sie sich auf die Feuergeister einstellen. Manche spirituellen Lehrer meinen, dass Sie während eines Flugs die Elementargeister bitten sollten, die durch die hohe Geschwindigkeit des Flugzeugs unterbrochenen Luftströme zu ersetzen und heil zu machen.

Engelmeditation: **Wenn ich das nächste Mal sehe, wie der Wind durch die Blätter fährt, die Wellen gegen das Ufer schlagen oder die Flammen eines Feuers emporzüngeln, halte ich inne und ehre die Elementargeister.**

Spirituelle Krise

Engelbotschaft: **Spirituelle Krisen bedeuten auch spirituelles Wachstum.**

Kennzeichen einer Krise ist eine Schwierigkeit, eine Gefahr oder eine Verknappung, etwa bei einer Energiekrise. Eine Krise verursacht meistens Leid – solange, bis wir sie als spirituelle Herausforderung akzeptieren, als Aufforderung, uns selbst etwas Gutes zu tun, innezuhalten und die Situation und unser Leben zu überdenken. Das Leid vieler Menschen ist durch körperliche oder seelische Schmerzen, unbewusste Verhaltensmuster oder mentale Blockaden bedingt; sie begreifen nicht, dass sie ihre Misere transzendieren können, wenn sie sie als Chance zu spirituellem Wachstum verstehen. Leid soll uns aufwecken, nicht verkrüppeln. Sehen Sie es das nächste Mal als spirituelle Krise, egal wie groß oder klein es ist. Sobald wir uns eingestehen, dass das Leid einen spirituellen Hintergrund hat, fängt die Heilung an, denn wir haben den ersten Schritt zum Verständnis getan. Die Engel sind als spirituelle Helfer immer bei uns und verweisen auf das Licht der Hoffnung am Horizont.

Leiden Sie derzeit an einer Situation? Schreiben Sie sie auf. Notieren Sie dann die Veränderungen, die sie in Ihrem Leben bewirkt hat; hat sie Ihnen vielleicht geholfen, in spiritueller Hinsicht stärker und weiser zu werden? Was haben Sie aus dieser Situation über sich, ihre Bedürfnisse, Einstellungen, Prioritäten und eventuell notwendige Veränderungen gelernt?

Engelmeditation: **Ich gebe das Leiden auf und bin bereit zu wachsen.**

Zeit zu gehen

Engelbotschaft: **Wie die Züge im Italien Mussolinis kommt der Tod immer fahrplanmäßig.**

Wenn Sie schon einmal *The Twilight Zone* gesehen haben, wissen Sie, dass der Tod nicht schrecklich, sondern sanft ist – und immer fahrplanmäßig. Jede Folge dieser bemerkenswerten Serie, die auf der »Unbedingt-Ansehen«-Liste der Engel ganz weit oben steht, beschreibt den Tod entweder als mitleidiges, verständnisvolles Wesen, das uns befreit, oder als hartnäckige Gestalt, deren unvermeidliche Gegenwart wir akzeptieren müssen. In seinem Buch *Ohne Worte – ohne Schweigen* erzählt Paul Reps die Geschichte eines frühreifen kleinen Jungen, der einen der Lieblingsgegenstände seines Meisters zerbrach, eine wertvolle antike Schale. Der Junge, der den Zorn des Lehrers fürchtete, überlegte, was er tun sollte. Als der Lehrer hereinkam, sagte der Junge: »Meister, warum müssen die Menschen sterben?«

»Weil es Teil eines natürlichen Prozesses ist«, antwortete der Lehrer. »Allem Irdischen ist eine bestimmte Zeitspanne zugemessen.«

»Dann«, sagte der Junge und gab seinem Lehrer die Stücke der wertvollen Schale, »war die Zeitspanne für Ihre Schale abgelaufen.«

Wenn in Ihrem Umfeld ein lieber Mensch vor kurzem gestorben ist, war es für ihn vielleicht an der Zeit zu gehen. Der Zeitpunkt war absolut richtig. Sie unterstützen die Weiterentwicklung dieses Menschen, wenn Sie ihn in Frieden und im völligen Vertrauen auf die fachmännische Fürsorge der Engel gehen lassen.

Engelmeditation: **Ich akzeptiere den Zeitplan des Universums für Leben und Tod.**

Reibung

Engelbotschaft: **Reibung ermüdet.**

Reibung entsteht durch den Widerstand, den eine Oberfläche einer anderen Oberfläche entgegensetzt, die sich über sie hinwegbewegt. Werden zwei Holzstücke lange genug aneinander gerieben, entsteht Feuer. Wenn wir etwas anderem Widerstand entgegensetzen, zum Beispiel dem Fluss des Lebens, erzeugen wir eine Reibung, und wenn wir unseren Widerstand nicht aufgeben, verbrennen wir. Natürlich können wir wieder geboren werden, aber es ist vernünftiger, die Reibung zu beenden, bevor die Flammen uns verschlingen. Reibung führt auch zu Erschöpfung. Sie sorgt dafür, dass wir leiden und meinen, uns könnte überhaupt nichts Schönes mehr begegnen. Die Erschöpfung vergeht nicht dadurch, dass wir nachts gut schlafen – ihre Ursache ist ein erschöpfter Geist, der nur wieder auftanken kann, wenn wir den kräftezehrenden Widerstand aufgeben.

Bewegen Sie sich ohne Reibung über die Oberfläche des Lebens? Wenn nicht: Was verursacht die Reibung? Wogegen leisten Sie Widerstand? Die Antwort hat höchstwahrscheinlich mit einer Veränderung zu tun. Der Widerstand gegen eine Veränderung erzeugt Reibung. Achten Sie verstärkt auf Reibungspunkte, und betrachten Sie sie als Warnsignale, die Ihnen eine neue Seinsweise bewusst machen wollen. Suchen Sie bei der nächsten extremen Erschöpfung nach einem Reibungspunkt, und überlegen Sie, wie Sie ihn beseitigen könnten. Erschöpfung bedeutet, dass wir den Kampf mit uns selbst verloren haben; die Lösung heißt daher nicht »Kämpfen«, sondern »Akzeptieren«.

Engelmeditation: **Ich kämpfe nicht mehr gegen das Universum. Ich schließe mich dem natürlichen Strom des Lebens an und beseitige Reibungspunkte.**

Idealismus

Engelbotschaft: **Es gibt keine festen Vorschriften für den Ideal-zustand der Welt.**

Es ist nicht einfach, den Idealismus loszulassen, denn möglicher-weise verwechseln wir ihn mit positivem Denken und lebendiger Hoffnung. Aber Idealismus hat eher mit Unzufriedenheit als mit Hoffnung zu tun. Wir können durchaus »Warum nicht?« fragen, solange wir uns nicht auf unsere idealistischen Antworten fixie-ren. Wir könnten den ganzen Tag damit zubringen, die Welt so zu sehen, wie sie unserer Meinung nach sein sollte. Aber es ist sinn-voller, die Dinge so zu sehen, wie sie sind, und das Ganze mit all seinen Zweideutigkeiten und Ungeheuerlichkeiten zu akzeptie-ren. Wenn wir das tun und die Dinge weder beurteilen noch be-kämpfen, legen wir uns eine spirituelle Sichtweise zu, die uns zur wahren Quelle der Hoffnung führt.

Anfangs ist es Ihnen vielleicht unangenehm, Ihre Ideale auf-zugeben, aber haben Sie keine Angst davor, denn es ist sehr befreiend. Wenn die Welt so wäre, wie sie sein sollte, würden wir vielleicht nie zu den unbegrenzt entwicklungsfähigen Menschen, die wir sein sollen. Ideale existieren nur im Kopf. Unsere Norm für Vollkommenheit ist et-was ganz Persönliches und wird vielleicht nur von ein paar Menschen geteilt. Dass Sie Ihre Ideale auf-geben, bedeutet nicht, dass Sie Ihre Werte aufgeben; ihnen sollten Sie immer treu bleiben. Bitten Sie die Engel um Einsicht.

Engelmeditation: **Ich akzeptiere alles in Bausch und Bogen und suche nach Humor, nicht nach aufgepfropften moralischen Vor-gaben.**

Grenzen

Engelbotschaft: **Grenzen sollen uns definieren, nicht einschränken.**

Oft fällt es uns schwer, anderen und uns selbst Grenzen zu setzen. Wir übernehmen zu viel Arbeit oder zu viel Verantwortung, weil wir unsere Grenzen nicht kennen. Wir lassen uns ausnutzen oder zu Dingen überreden, die wir gar nicht tun wollen, weil wir Bestätigung brauchen oder Angst vor einer Konfrontation haben – Angst davor, der Welt unser wahres, starkes Selbst zu zeigen. Grenzen erkennen ist ein wichtiger Aspekt des Engelbewusstseins. Die Engel zeigen uns, wie wir Grenzen setzen sollen – nicht aggressiv, sondern mit Vertrauen und Liebe. Wenn wir uns mit unseren Grenzen wohler fühlen, werden wir mit uns und anderen ehrlicher. Wir merken, was wir leisten können, ohne unsere emotionale oder körperliche Gesundheit zu gefährden. Wir merken, welches Verhalten wir bei anderen tolerieren und welches nicht. Wenn wir uns so achten, wie die Engel es tun, haben wir keine Angst Grenzen zu setzen – unser liebevolles und liebenswertes Selbst zu schützen und zu respektieren.

Malen Sie sich das Leben aus, in dem Sie sich am wohlsten und friedlichsten fühlen würden. Welche Grenzen müssten Sie setzen, um dieses Leben zu verwirklichen? Müssten Sie Bitten und Situationen, die mit Missempfindungen oder großem Energieeinsatz Ihrerseits einhergehen, öfter ablehnen? Wie sollen andere Sie behandeln?

Engelmeditation: **Ich habe keine Angst, mein Selbstwertgefühl und meine Bedürfnisse zu respektieren.**

Kreative Energie

Engelbotschaft: **Wir alle sind mit einem endlosen Vorrat an kreativer Energie gesegnet.**

Energie will sich bewegen, sich ausdrücken. Kreative Energie sucht sich einen Kanal, durch den sie ungehindert fließen kann. Wir alle können zu einem Kanal für kreative Energie werden; sie gehört zu unserem Organismus genauso wie das Atmen. Weil Kreativität für Menschen etwas Natürliches ist, führt eine Blockade des Kreativitätsstroms zu aufgestauter Energie und Frustration. Die Engel fördern das Fließen der kreativen Energie. Wenn Sie in Ihrem Leben aktiv sind und Sie Ihr Engelbewusstsein erweitern, wird der Drang, etwas Kreatives zu tun, unwiderstehlich. Irgendwann müssen Sie Ihrer einmaligen Kreativität Ausdruck verleihen; darum kümmern sich die Engel.

Was spüren Sie, wenn Sie an Kreativität denken? Welche Gefühle tauchen auf, wenn Sie das Wort Kreativität hören? Ihre Reaktion zeigt, wie es um Ihre kreative Energie bestellt ist. Wenn Sie beim Gedanken an Kreativität eifersüchtig oder unsicher sind, nutzen Sie höchstwahrscheinlich Ihre Talente nicht. Wenn Sie meinen, Sie wären nicht kreativ, spüren Sie vielleicht eine gewisse Sehnsucht. Wenn Sie beim Gedanken an Kreativität vor Freude vibrieren, lassen Sie Kreativität in Ihr Leben strömen. Die kreative Energie kann bei allem, was wir tun, ausgedrückt und eingesetzt werden. Kunst, Musik, Kochen, Nähen, Reden, Einrichten, Kinder bekommen – die Liste ist endlos.

Engelmeditation: **Mit Hilfe der Engel und meiner Kreativität bringe ich immer und allezeit Liebe hervor.**

Menschenfamilie

Engelbotschaft: **Egal welcher Rasse wir angehören, wir sind alle Menschen.**

Was würde passieren, wenn wir eines Morgens ohne Haut wach würden? Wir würden alle gleich aussehen und überhaupt nicht wissen, wer welche Hautfarbe hatte. Der Gedanke, keine Haut zu haben, ist nicht besonders angenehm, aber die Probleme, die die Hautfarbe in den letzten paar tausend Jahren ausgelöst hat, sind mindestens genauso unangenehm. Aus irgendeinem nebulösen, verwirrenden Grund stattet die Menschheit den physischen Körper mit sehr viel Macht aus. Sehr oft werden wir nach unserem Aussehen, nicht nach unserem Wesen beurteilt. Dabei ist die Menschheit eine große Familie, die dieselben Sorgen und Gefühle hat. Diese gigantische Familie braucht, um miteinander auszukommen, vor allem verständnisvollen Respekt. Aber Respekt und Verständnis stellen sich nur ein, wenn wir aufhören, Menschen anhand ihrer Hautfarbe zu etikettieren, und anfangen, sie mit den Augen der Engel zu sehen – sie sehen durch den Körper hindurch in Herz und Seele. Die Menschheit ist ein farbenfroher Strauß von Möglichkeiten; die Engel sehen das farbige Licht, das von uns ausgeht, nicht unsere Hautfarbe.

Unterscheiden andere Menschen sich wirklich von Ihnen? Welche Gemeinsamkeiten haben Sie mit den Menschen, die Ihnen fremd erscheinen? Üben Sie die Engelkunst, jeden Menschen, mit dem Sie in Kontakt kommen, als wichtiges und wertvolles Mitglied Ihrer Familie zu schätzen.

Engelmeditation: **Ich lerne von anderen etwas über sie und ihre Welt.**

Weiß-nicht-Haltung

Engelbotschaft: **Bis wir etwas wissen, wissen wir es nicht.**

Bei dem ziemlich aussichtslosen Versuch, das Unerkennbare zu erkennen, verbringen wir viel Zeit mit Vermutungen. Wir stellen uns vor, was Leute tun oder sagen, wenn wir nicht dabei sind. Wir projizieren unsere Wünsche und Ängste auf andere; wir nehmen vorweg, was sie möglicherweise denken, und passen unsere Sorgen entsprechend an. Solche letztlich unzuverlässigen – weil von Illusionen lebenden – Gedankenspiele machen uns nur noch verwirrter und frustrierter. Wenn wir anfangen, uns verrückt zu machen, weil wir etwas, das wir nicht steuern können und sollen, nicht in den Griff bekommen, ist der Zeitpunkt für die »Weiß-nicht-Haltung« des Zen gekommen. Wenn wir akzeptieren, dass wir das, was andere denken oder tun, und das, was noch nicht passiert ist, weder wissen noch steuern können, haben wir Energien frei für die ausschließliche Konzentration auf den Augenblick, in dem allein wahres Wissen möglich ist.

Gibt es etwas, was Sie wissen wollen, aber nicht wissen können, oder ein Ereignis, das Sie herbeiführen wollen, aber nicht herbeiführen können? Wenn ja, geben Sie sich dem Augenblick hin und gehen Sie in den Modus der »Weiß-nicht-Haltung«. Gestatten Sie sich, das, was Ihnen – wenn überhaupt – zu gegebener Zeit offenbart wird, weder zu wissen, noch wissen zu wollen.

Engelmeditation: **Ich lasse mich von den Engeln zu dem Wissen führen, das für mich wichtig ist.**

Unterscheidungsvermögen

Engelbotschaft: **Der Weg zur Hölle ist mit guten Vorsätzen ge-pflastert, die nicht durch einen gesunden Menschenverstand ausgeglichen wurden.**

Eine Fabel Äsops erzählt von einer Frau, die eine erstarrte Schlange mit zu sich nach Hause nimmt, sie wärmt und gut behandelt, nur um von der Schlange gebissen zu werden, als diese wieder bei Kräften ist. Bevor die Frau an dem Gift stirbt, fragt sie verblüfft die Schlange, wie sie ihr das hat antun können, nachdem sie doch so gut für sie gesorgt hat und so nett zu ihr gewesen ist. Die Schlange erinnert sie daran, dass sie eine Schlange ist und Schlangen eben so sind. Die Schlange in der Fabel ist auf verschiedenen Ebenen eine herrliche Metapher; sie ist nicht nur, wie viele Menschen, von Natur aus gefährlich; ihr Gift spüren wir auch, wenn Menschen, denen wir helfen wollten, uns ausnutzen. Genauso wie Äsop wollen die Engel, dass wir mit Klugheit und Unterscheidungsvermö-gen vorgehen, wenn wir anderen etwas geben und für sie sorgen. Oft handeln wir uns eine Menge Ärger ein, wenn wir Menschen, die uns nie um unsere Hilfe gebeten haben oder erbetene Hilfe aus-nutzen, zu viel geben. Die Engel geben ständig, aber sie bekommen nie Schwierigkeiten, weil sie nur dann geben, wenn sie von Men-schen gefragt wurden, die für ihre Gaben bereit sind.

Haben Sie in letzter Zeit irgendwelche Schlangen an Ihrem Busen genährt? Haben Sie zugelassen, dass jemand Ihre Freundlichkeit oder Ihre Sympathie ausnutzt, oder haben Sie Ihre Seele jemandem geöffnet, den Ihr höchstes Wohl nicht interessiert? Halten Sie im Zweifelsfall inne und bitten Sie die Engel um Einsicht und Hilfe. Sie wollen Sie vor Schlangen schützen, aber das können sie nur, wenn Sie kooperieren und Ihre Talente respektieren und absichern.

Engelmeditation: **Mit Hilfe meines Unterscheidungsvermögens kann ich gefahrlos freundlich und mitleidvoll sein.**

Hoffnung

Engelbotschaft: **Nur die Hoffnung blieb in der Büchse der Pandora; wahrscheinlich haben die Engel sie aus Liebe zur Menschheit gerettet.**

Manche Intellektuellen greifen gern das Prinzip Hoffnung an. Sie machen geltend, dass es dazu führt, dass wir mehr in der Zukunft als in der Gegenwart leben. Ohne Hoffnung können die Zukunft und die Gegenwart farblos und düster erscheinen. Wenn Sie mutlos sind, brauchen Sie Hoffnung. So einfach ist das. Der Himmel ist nicht beeindruckt von Menschen, die beim Versuch, im Jetzt zu leben, auf die Hoffnung verzichten. Das Jetzt ist reine Wahrnehmung, und wenn düstere Gefühle Ihre Wahrnehmung trüben, sind Sie nicht vollkommen in der Gegenwart. Hoffnung ist sehr wichtig für die Menschen, besonders *jetzt*.

Bitten Sie das nächste Mal, wenn Ihr Herz ohne Hoffnung oder Ihr Geist wolkenverhangen ist, die Engel um eine Ladung Hoffnung. Hoffnung hat eine ihr eigene Energie; sie vertreibt den Schmerz aus Ihrem Herzen und hellt Ihren Geist auf. Spüren Sie die Energie der Hoffnung, hegen und pflegen Sie sie in Gedanken und nutzen Sie sie als Instrument auf dem Weg durchs Leben. Legen Sie sich eine kleine Hoffnungskiste zu. Zeichnen Sie sie auf ein Stück Papier und machen Sie dann eine Liste mit den Dingen, die Ihnen Hoffnung geben. Wenn Sie das nächste Mal verzagt sind, öffnen Sie Ihre Hoffnungskiste, und bitten Sie die Engel, ganz altmodisch mit Ihnen ein bisschen zu hoffen.

Engelmeditation: **Wenn ich hoffnungsvoll in die Zukunft sehe, bin ich positiv darauf eingestellt, dass das Leben sich prächtig entwickelt.**

Empathie

Engelbotschaft: **Sympathie fördert Mitleid; Empathie fördert Verständnis.**

Empathie ist etwas anderes als Sympathie. Bei der Empathie hören wir zu; bei der Sympathie reagieren wir. Wenn wir uns in andere Menschen hineinversetzen, verstehen wir ihre Gefühle, ohne uns in sie verstricken zu lassen. Wenn wir mit anderen sympathisieren, identifizieren wir uns mit ihren Gefühlen so stark, dass wir sie übernehmen. Von Empathie bewegte Menschen stellen Fragen; von Sympathie bewegte Menschen bieten Ratschläge und Lösungen an, anstatt dem anderen eigene Schlussfolgerungen zu gestatten. Die Engel wollen uns bewusst machen, dass es nicht unsere Bestimmung ist, mit anderen zu leiden; ihr Schmerz kann ihrem Wachstum dienen. Aber es ist unsere Aufgabe, mit liebevollem Herzen für andere da zu sein und sie zu unterstützen. Das größte Geschenk, das wir anderen in einer schwierigen Situation machen können, ist die Möglichkeit, sich zu äußern und zu eigenen Ergebnissen zu kommen.

Wenn Sie in der Rolle des empathischen Zuhörers sind, sollten Sie dasselbe tun wie die Engel und einfach bedingungslos und liebevoll hinhören; versuchen Sie, die Gefühle des anderen zu verstehen und sie ihm verständlich zu machen. Enthalten Sie sich der Versuchung, zuzustimmen (»Ja, Ralf ist wirklich ein Idiot!«) oder Ratschläge zu erteilen (»Du solltest dir einen guten Anwalt suchen!«), und stellen Sie stattdessen konstruktive Fragen, durch die der andere seine eigene Lösung für das Problem finden kann.

Engelmeditation: **Ich höre anderen so zu, wie ich möchte, dass mir zugehört wird – mit einem Ohr, das auf ihr höchstes Wohl eingestellt ist.**

Wolken

Engelbotschaft: **Mit dem Kopf in den Wolken sind wir den Engeln näher.**

Wolken haben einen starken Einfluss auf uns. In vieler Hinsicht sind sie ein Spiegel des Menschseins; ihre ständig sich ändernden Formen gleichen den vielen Facetten unserer Persönlichkeit, bei denen ein Sturm genauso möglich ist wie eine Windstille. Wolken begleiten die Symphonie der Naturereignisse, sie bringen Regen und Schnee, überziehen den Tagesanbruch mit dem sanften Glühen der Erwartung und den Sonnenuntergang mit den leidenschaftlichen Farben der Erinnerung. Wolken sind Meister der Fiktion; wenn etwa die Sonne durch eine Wolke aus Eiskristallen scheint, sehen wir kleine Regenbogen in Pastellfarben, die von manchen Leuten als Sonnenvögel bezeichnet werden. Die Engel wollen uns daran erinnern, dass auch wir ein Bereich der Natur sind. Unsere wechselnden Stimmungen sind nichts anderes als vorüberziehende Wolken, die beim nächsten Windstoß vergehen. Und wie die Wolken können wir für uns herrliche Sonnenaufgänge, leidenschaftliche Sonnenuntergänge und ein fantasie- und wunderreiches Leben hervorbringen.

Nehmen Sie sich beim nächsten Aufenthalt unter freiem Himmel mindestens fünf Minuten Zeit, um sich die spektakuläre Freiluftschau anzusehen, die andauernd über Ihnen abläuft. Danken Sie den Engeln dafür, dass sie Sie durch die Wolken berühren, durch die Wärme der Sonne, den sanft säuselnden Wind, den frischen Regen und die vielen Bilder des Himmels, die Ihre Seele inspirieren.

Engelmeditation: **Ich achte die Wichtigkeit und die Vergänglichkeit meiner Stimmungen, aber mein Blick richtet sich immer gen Himmel.**

Deprimiert

Engelbotschaft: **Die Engel erlauben uns, deprimiert zu sein, aber sie erlauben uns nicht, deprimiert zu bleiben.**

Wir dürfen deprimiert sein; dieses Sicherheitsventil verhindert, dass wir bis zu völligem Zusammenbruch einfach weitermachen. Schwierig wird es, wenn wir deprimiert bleiben, nachdem die Warnlichter geleuchtet und die Engel uns gesagt haben, dass wir unsere Batterien wieder aufladen sollten. Wenn wir depressiv sind, ziehen wir unsere Energie nach innen und verbarrikadieren sie in den tiefsten Winkeln unseres Wesens. Aber Energie kann nicht ohne Bewegung existieren. Wenn wir sie nicht nach oben und außen steigen lassen, tritt sie wie ein in die Enge getriebenes Fohlen um sich, bis sie entweder die Stalltür völlig demoliert oder mangels Auslauf eingeht. Deshalb ist das beste Mittel gegen Depression Bewegung, das heißt nach außen gerichtete Energie. Das mag paradox scheinen, denn wenn wir depressiv sind, haben wir das Gefühl, für nichts Energie zu haben. Aber die Energie ist da. Wir brauchen sie nur herauszulassen, indem wir uns bewegen – hin zu einer neuen, auch sportlichen Aktivität oder irgendetwas anderem, das den Schwerpunkt von innen nach außen verlagert.

Bitten Sie, wenn Sie in letzter Zeit deprimiert waren, die Engel um mehr Energie und Vitalität. Meditieren Sie über ihre Freude und Begeisterung. Überlegen Sie dann, wie Sie diese Energie in Ihr Leben bringen können.

Engelmeditation: **Ich akzeptiere Niedergeschlagenheit als natürliche Phase, suche aber gleichzeitig nach Möglichkeiten aus ihr herauszukommen.**

Willenskraft

Engelbotschaft: **»Wille ist die Fähigkeit, Ihre Energie dahin zu lenken, wo Sie sie haben wollen.«**

Sanaya Roman, Sich dem Leben öffnen

Im Allgemeinen ist uns die Vorstellung von einer Willenskraft unbehaglich. Wir ziehen sie an wie eine Rüstung, wenn wir gegen schlechte Gewohnheiten und Süchte zu Felde ziehen, und fragen uns verzweifelt, ob wir genug von ihr haben, um diesen Kampf zu gewinnen. Wir erkennen nicht, dass die Willenskraft nicht etwas außerhalb von uns ist, das wir anstreben sollten, sondern eine innere Kraftquelle, die uns immer zur Verfügung steht. Die Engel kehren den negativ gefärbten Begriff Willenskraft lieber in die positive Vorstellung von einer »Kraft des Willens« um. Unser Wille ist keine beschwerliche Rüstung, sondern eine positive Energie. Wie einen Laserstrahl können wir sie in jede Richtung lenken, Probleme durchdringen und Hindernisse beiseite schieben – nicht ängstlich und schlecht gelaunt, sondern zuversichtlich und begeistert.

Schließen Sie die Augen und stellen Sie sich Ihren Willen als eine innere Kraftquelle vor, die ständig die benötigte positive Energie liefert, um Ihre Ziele zu erreichen. Lenken Sie dann Ihren Willen wie einen Laserstrahl auf das, was Sie erreichen wollen, und sehen Sie, wie alle Hindernisse sich auflösen. Malen Sie sich das täglich aus, und beobachten Sie, wie Ihre Ziele sich zu realisieren beginnen.

Engelmeditation: Ich schließe Freundschaft mit meinem Willen und bekomme ständig von ihm Energie.

Zerbrechlichkeit

Engelbotschaft: **Wenn wir aufhören, unsere Fehler und Schwächen abstellen und ausrotten zu wollen, können wir sie positiv in unser Leben integrieren.**

In allem vorgeblich Negativen findet sich etwas Positives. So hat das Thema Co-Abhängigkeit viele Leute alles Mögliche unternehmen lassen, um nicht mehr co-abhängig zu sein. Aber manche Eigenschaften, die mit einer Co-Abhängigkeit einhergehen, sind positiv. Nehmen Sie die emotionale Bedürftigkeit. Es lässt sich nicht leugnen, dass wir einander brauchen. Aber weil emotionale Bedürftigkeit manchmal wehtut und nicht bewundert wird, wollen wir sie loswerden und wie einen faulen Zahn herausreißen. Menschen sind zart und zerbrechen leicht, aber sie werden auch leicht wieder heil, wenn sie ihre Schwäche akzeptieren. Letztlich macht sie uns groß. Statt Ihre Probleme loszuwerden, sollten Sie die Engel bitten, Ihnen die positive Seite menschlicher Fehler zu zeigen.

Negatives gehört zum Menschsein; wir können es nur abstellen, wenn wir aufhören, Mensch zu sein, was nicht unser Ziel sein kann. Wir sind hier, um das Menschsein mit all seinen Fehlern und Schwächen zu erleben. Gerade sie sind der Ursprung von Schönheit, Barmherzigkeit und der Fähigkeit zu tiefen Gefühlen. Machen Sie eine Liste mit Ihren Fehlern und Schwächen. Gehen Sie sie mit den Engeln durch, und erkennen Sie, dass jeder Fehler ein Teil Ihres Menschseins ist. Welche Dinge auf Ihrer Liste würden Sie gerne streichen? Fangen Sie an, sie zu akzeptieren.

Engelmeditation: **Ich lerne, meine Schwächen zu lieben, und verwandle sie dadurch zu Stärken.**

Harfe

Engelbotschaft: **Die Harfe ist ein Instrument für göttliche Musik.**

Auf Gemälden spielen Engel oft Harfe. Die Harfe steht als Symbol für Lieder und Musik zu Ehren des Göttlichen. Ihre Klänge sind weich und melodiös, nicht laut und schrill; ihre Musik spricht nicht nur die Gefühle, sondern auch die Seele an. In der Mythologie war die Harfe das Symbol der Entwaffnung; ihr sanfter Klang besänftigte Wut und neutralisierte Gefahr. Die Engel achten das Göttliche und entwaffnen seine Gegner mit den melodischen Klängen bedingungsloser Liebe. Daher ist es nur natürlich, wenn wir in Verbindung mit den Engeln an eine Harfe denken. Wir können Harfen sein, auf denen die Engel zur Ehre Gottes spielen. Unser Leben kann ein sanftes Lied sein, das Wut in Verständnis und Mitgefühl verwandelt. Statt auf dem Negativen herumzureiten, können wir in unserem Leben die göttliche Musik der Hoffnung und des Lichts spielen.

Hören Sie sich schöne Harfenmusik an. Atmen Sie leise mit, bis die Musik zu einem Teil von Ihnen und Ihren Seelenschwingungen wird. Stellen Sie sich vor, Sie wären die Harfe. Wie können Sie Ihr Leben so verändern, dass die Engel auf Ihren Saiten die Musik Gottes spielen können?

Engelmeditation: **Die Musik des Himmels erklingt in meiner Seele und schallt durch das ganze Universum.**

Betreuer

Engelbotschaft: **Die Engel kümmern sich um die menschliche Seele.**

Unsere Seele ist der Teil von uns, der unsterblich und ständig mit dem Engelreich verbunden ist. Es heißt, dass die Seele das wahre Selbst ist, und dass die Persönlichkeit der sterbliche Teil ist, dem wir hier auf Erden einen Körper geben. Wir fühlen uns am wohlsten, wenn unsere Persönlichkeit sich eng an unserem wahren Selbst – unserer Seele – ausrichtet. Die Seele kennt ihren wahren Auftrag auf Erden und versucht, ihm mit Hilfe der Persönlichkeit Ausdruck zu verleihen. Wenn wir die Impulse unserer Seele ignorieren und ihnen zuwiderhandeln, machen wir uns unglücklich. Die Engel sind die Betreuer unserer Seele. Mit ihrer Hilfe entwickeln wir die Eigenschaften und Tugenden, mit denen die Seele ihren Auftrag erfüllen und den Engeln beim Verteilen ihrer Liebe helfen kann.

Wenn Sie Ihre Seele nähren wollen, müssen Sie sie wahrnehmen, anerkennen und schätzen. Die Engel wissen sehr viel von der Seele und helfen uns, ihre Bedeutung zu erkennen. Die Vorstellungskraft ist das Tor zur Erkenntnis. Bestimmte Dinge sind Nahrung für die Seele; sie sind individuell verschieden, aber immer von göttlicher Qualität. Die Bach-Blütenheilmittel sind eine Methode zur Behandlung der Seele und sehr gut geeignet, um ihre Eigenschaften kennen zu lernen.

Engelmeditation: **Ich weiß, dass die Engel gut für meine Seele sorgen, und ich tue das Meine, damit meine Persönlichkeit den Eigenschaften meiner Seele folgt.**

Rahmen

Engelbotschaft: **Rahmen Sie Ihre Psyche mit Engelbewusstsein ein.**

Manchmal scheint unsere Stimmung in einem bestimmten Rahmen festzukleben. Stimmungen gehen vorüber, aber wenn düstere Schwermut sich auf uns herabsenkt, meinen wir, sie würde nie mehr aufhören. Es ist gut zu erkennen, in welchem Rahmen unsere Psyche steckt. Wenn wir uns wohl fühlen und positiv gestimmt sind, sollten wir diesen Zustand schützen. Wir können unserer Psyche jeden gewünschten Rahmen geben, wenn wir auf unsere Einstellungen achten. Ein Rahmen ist nur eine Struktur, eine Einstellung nur eine Methode, sich dem Leben zu nähern; beides lässt sich austauschen. Wenn Sie Engel in Ihre Psyche hineinlassen, wird Ihre Einstellung automatisch positiver.

Überlegen Sie, was Ihnen hilft, positiv gestimmt zu bleiben. Auf jeden Fall müssen Sie etwas dafür tun und bereit sein, sich anzustrengen. Wenn andere Sie in eine negative Unterhaltung hineinziehen wollen, können Sie ihnen freundlich erklären, dass Sie keine Lust haben, sich etwas anzuhören, das Ihre friedliche Stimmung verdirbt. Fangen Sie an zu registrieren, wann Ihre Stimmung von ausgeglichen zu unausgeglichen kippt. Wenn Sie den Knackpunkt identifizieren, können Sie auch schnell wieder zurückwechseln. Die Engel helfen Ihnen dabei; sie wollen, dass Sie glücklich und im Frieden sind.

Engelmeditation: **Ich lerne meine Psyche auf neue Art gründlich kennen; ich umrahme sie mit Liebe und gehe friedvoll an das Leben heran.**

Verlangen

Engelbotschaft: **Das Verlangen bezähmen bedeutet nicht, Leidenschaft, Persönlichkeit und Begeisterung zu ersticken.**

Oft definiert uns das, wonach wir uns sehnen. Das kann positiv für uns sein oder nicht, je nachdem, welche Wünsche wir nach außen tragen. Wenn wir für alle Wesen ungeachtet ihrer Rasse, ihrer Religion oder ihres Geschlechts den Frieden auf Erden begehren, spricht dieser Wunsch unser höchstes Selbst an. Wenn wir dagegen nur auf Geld und Sex, Essen und Trinken aus sind, werden uns die meisten Leute in einem negativen Licht sehen. Es ist egal, was andere von unseren Wünschen halten, aber wichtig ist, ob wir durch unsere Wünsche leiden. Das ist bei extremen Wünschen der Fall. Wie oft haben wir schon »Ich will …« gesagt oder gedacht, was zu »Wenn nur …« und dann zu »Warum gerade ich« führt. Manchmal verwechseln wir Wünsche mit Leidenschaften und Persönlichkeitsmerkmalen. Manche Dinge im Leben wecken unsere Leidenschaft, und das ist in Ordnung. Verschwenden Sie keine Energie auf den Versuch, Ihre Leidenschaften zu zügeln, Ihr Verlangen zu ersticken oder etwas, das Ihnen Spaß macht, nicht mehr zu genießen. Versuchen Sie zu verstehen. Erkennen Sie, was hinter Ihrem Verlangen steckt. Die Engel wissen, was wir tief in unserem Herzen wirklich begehren.

Im tiefsten Inneren wünschen wir uns den Seelenfrieden; die Engel verhelfen uns dazu, sobald wir ein extremes Verlangen aufgeben. Bitten Sie beim nächsten brennenden Wunsch die Engel um Hilfe, damit sie ihn durch Seelenfrieden ersetzen können. Seelenfrieden hilft uns, unser Verlangen zu entschärfen und unsere Wünsche im Verhältnis zu sehen.

Engelmeditation: **Das Feuer meiner Leidenschaft wärmt mein Herz, aber es verbrennt mir nicht die Flügel.**

Naturgesetze

Engelbotschaft: **Naturgesetze können weder verändert noch abgeschafft, nur befolgt oder nicht befolgt werden.**

Große spirituelle Lehrer haben oft Bilder und Gleichnisse aus der Natur verwendet, um uns elementare spirituelle Grundsätze zu veranschaulichen. Der Fluss etwa lehrt uns, mit und nicht gegen den Strom des Lebens zu schwimmen. Von der im Wind sich wiegenden Weide lernen wir Stärke durch Flexibilität. Die vier Jahreszeiten – Sommer, Herbst, Winter, Frühling – raunen uns etwas über Ernte, Vorbereitung, Tod und Wiedergeburt zu. Naturgesetze können nicht abgeschafft oder modifiziert werden; sie sind unveränderlich. Sie sollen nicht achtlos befolgt, sondern geehrt und respektiert werden. Wenn wir ein Naturgesetz ignorieren, zieht keine kosmische Polizei uns aus dem Verkehr und zitiert uns wegen einer Zuwiderhandlung vor Gericht. Aber wir sind dann unglücklich, und das ist unsere Strafe. Die Engel wirken im Reich der Naturgesetze und können Menschen, die in Übereinstimmung mit den ewigen Grundsätzen des Universums leben wollen, sehr nützlich sein.

Fragen Sie sich beim nächsten Dilemma, ob ein Naturgesetz Ihnen helfen könnte. Bitten Sie die Engel, Sie zu einer Erkenntnis zu führen.

Engelmeditation: **Ich lasse mich von den Naturgesetzen leiten, damit ich in jeder Situation die erhabenste Entscheidung treffe. Ich richte mich nach den höchsten Prinzipien des Universums aus.**

Sorgen

Engelbotschaft: **Sorgen drücken wie ein schlecht sitzender Schuh.**

Sorgen sind etwas Natürliches, aber es ist nicht natürlich, wenn die Sorgen sich in Körper und Seele festsetzen. Haben Sie steife Schultern, Kopf-, Magen- oder Rückenschmerzen? Dann hat vielleicht eine Sorge beschlossen, Ihnen wertvolle Energie zu stibitzen und Sie mit ihr zu malträtieren. Natürlich wäre es, die Sorge kreativ zu durchdenken und eine Lösung zu finden. Wenn Sie nicht sofort eine Lösung parat haben, sollten Sie die Sorgen beiseite schieben oder auf den »Zu-erledigen«-Stapel der Engel legen. Die Engel lieben unsere Sorgen und helfen uns, sie im richtigen Verhältnis zu sehen. Wie die meisten Probleme wachsen auch Sorgen sich nicht zu Nackenschmerzen aus, wenn wir uns um sie kümmern, sobald sie sich bemerkbar machen.

Sorgen ziehen Ihnen Energie ab. Wir könnten diese Energie auch für etwas einsetzen, was die Sorgen verwandelt. Wenn wir uns sorgen, hilft es, etwas in den Händen zu haben, mit dem wir herumspielen können. Basteln Sie sich ein paar Engelsorgen-Puppen oder Engelsorgen-Perlenschnüre. Holen Sie das nächste Mal, wenn Sie sich Sorgen machen, Ihre Perlenschnüre oder Ihre Puppen hervor. Rufen Sie die Engel herbei und erzählen Sie jeder Puppe oder Perle eine Ihrer Sorgen. Bitten Sie dann die Engel, die Sorgen ganz weit weg ins Weltall zu verfrachten, wo sie sich zwischen den Sternen verlieren, und Ihnen nur Lösungen dazulassen.

Engelmeditation: **Wenn ich Sorgen habe, bleibe ich entspannt; ich lasse nicht zu, dass die Sorgen sich als Schmerzen im Körper manifestieren.**

Schrot für die Mühle

Engelbotschaft: »**Wir können unser Leben genau so nehmen, wie es im Augenblick ist; es ist falsch zu denken, wir kämen Gott näher, wenn wir unser Leben ändern würden…**«

Ram Dass

Der Ausdruck *Schrot für die Mühle* bedeutet, dass alles verwertet wird. Schrot ist Getreide, das so aufbereitet ist, dass es in der Mühle zermahlen werden kann. Zu Mehl zermahlenes Getreide hat viele neue Verwendungsmöglichkeiten. Viele Dinge im Leben können Schrot für unsere spirituelle Mühle sein. Alltagsereignisse können zu Hilfsmitteln werden, mit denen wir Gott und den Engeln näher kommen. Wir brauchen nichts Ausgefallenes zu tun oder uns zu kasteien; wir brauchen nicht unsere Religion, unsere Ernährung oder unseren Beruf zu wechseln; wir brauchen nur die Bereitschaft, all das, was wir schon haben, dazu einzusetzen, uns einen Schritt näher zu Gott zu bringen. Mit Hilfe unserer einmaligen kreativen Energie können wir das Schrot erkennen und es dann zermahlen, verfeinern und durchsieben, damit es anders und angenehm verwendet werden kann.

Denken Sie an das Schrot, das Ihr Leben Ihnen derzeit zur Verfügung stellt. Denken Sie an ein Problem, ein Dilemma oder eine Routine, die Sie anödet, und finden Sie eine Möglichkeit, sie zu spirituellem Mehl zu zermahlen, damit sie eine neue spirituelle Verwendung findet. Die Engel können Ihnen helfen, das ganze Leben als spirituellen Weg zur Erleuchtung zu sehen.

Engelmeditation: **Ich erkenne den größeren Zusammenhang irdischer Erlebnisse und verwende Alltagsereignisse, um Gott und den Engeln näher zu kommen.**

Zentrum

Engelbotschaft: **Im Zentrum warten Ruhe und Frieden auf Sie.**

Wir alle haben in uns einen Punkt, den wir als unser (Gravitations-)Zentrum bezeichnen können. Wenn wir uns zentriert fühlen, sind unsere Energien im Gleichgewicht und geerdet. Das Geerdet-Sein lässt sich auch als gute Grundausbildung definieren. Mit den Engeln als Exerziermeistern ist das etwas ganz anderes als beim Militär. Die Engel befehlen uns nicht, eine vorgegebene Struktur zu übernehmen, sondern ermuntern uns dazu, locker und flexibel zu bleiben. Statt uns strapaziöse Übungen aufzubrummen, fördern die Engel die Lebensfreude und die ungehinderte Bewegung im eigenen Rhythmus. Anstatt uns so hinzubiegen, wie andere uns haben wollen, laden die Engel uns ein zu entdecken, wer wir sind, und unserem Wesen treu zu sein. Wenn wir in unserer Mitte sind, sind wir zuversichtlich, flexibel, tolerant gegenüber anderen und im Frieden mit uns selbst, denn wir wissen, dass alles vollkommen im Lot ist, solange die Liebe Gottes unser Leben erwärmt und erhellt.

Überprüfen Sie Ihre momentanen Energien und bekommen Sie ein Gefühl dafür, ob Sie überschüssige Energie haben, die geerdet werden muss. Konzentrieren Sie sich darauf, in Ihrem Körper zu sein, und lassen Sie alle Gedanken und Gefühle los, die nicht zu Ihrem inneren Frieden beitragen. Stellen Sie sich eine Energiebahn vor, die von Ihnen direkt in die Erde geht; sie nimmt Ihre unerwünschten Gedanken und Gefühle auf und verwandelt sie in positive Energie für das Universum.

Engelmeditation: **Ich bin hier, um eine Grundausbildung im Fach »Leben« zu erhalten.**

Partner

Engelbotschaft: **Ein Partner ist eher ein Stimulanz für unser Wachstum als eine Antwort auf unsere Gebete.**

Wer ist eigentlich unser perfekter Partner? Jemand, der uns jederzeit vollkommen glücklich macht? Der sich um all unsere Bedürfnisse kümmert? Erwarten wir, dass er perfekt ist – jedes einzelne unserer Kriterien für ewige Zufriedenheit erfüllt? Wenn wir diese Vorstellung haben, existiert der perfekte Partner nicht. Aber wenn wir unter *perfekt* richtig für unsere Situation und unser Wachstum im gegenwärtigen Augenblick verstehen, ist – zumindest theoretisch – jeder Partner der perfekte Partner. Eine unbefriedigende Beziehung kann uns darauf hinweisen, dass wir entweder unrealistische Erwartungen korrigieren müssen oder aber unsere Bedürfnisse und unseren Selbstwert respektieren und uns eine liebevolle, fürsorgliche und erfüllende Partnerschaft suchen sollen. Die Engel wollen nie, dass wir bei einem Partner bleiben, der uns missbraucht; sie wissen, dass der wirklich perfekte Partner uns bei der Verwirklichung der erhabensten Bestrebungen unserer Seele unterstützt.

Überprüfen Sie Ihre Vorstellungen vom perfekten Partner – Ihre Hoffnungen, Träume und Erwartungen. Wenn Sie den Menschen, den Sie suchen, noch nicht gefunden haben, fragen Sie Ihre Seele, welche Art Partner für ihr Wachstum am besten wäre. Hören Sie dann auf zu suchen, und lassen Sie sich von den Engeln zu diesem Menschen führen.

Engelmeditation: **Ich suche und finde den Menschen, der die Bedürfnisse meiner Seele respektiert.**

Veränderung

Engelbotschaft: **Eine Veränderung ist keine Bedrohung für, sondern eine Einladung an unser Leben.**

Veränderung ist Leben; Leben ist Veränderung. Die Engel helfen uns, Veränderungen als natürlichen Bestandteil des Lebens zu begrüßen und zu genießen. Veränderung bedeutet, dass die Dinge in jedem Augenblick anders und neu werden. Veränderung ist auch Wachstum. Wenn wir spirituell wachsen, verändern wir uns innerlich, und das kann unserem Erwachsenenverstand Schwierigkeiten bereiten. Spirituelles Wachstum ist nicht einfach, weil wir alle einen natürlichen Widerstand gegen das Unbekannte haben. Wir wollen oft, dass die Dinge so bleiben, wie sie sind, und kleben am Vertrauten, auch wenn es alles andere als befriedigend und weit vom Glück entfernt ist. Auch wenn Veränderungen uns oft bedrohlich erscheinen, haben wir nichts zu fürchten und alles zu gewinnen, wenn wir sie akzeptieren. Die Engel ermuntern uns, das Vertraute loszulassen und das Unbekannte zuversichtlich und offen anzunehmen. Dann treffen wir in jedem Augenblick die besten Entscheidungen.

Das Unbekannte ist sehr viel schwieriger zu bewältigen, wenn wir uns viele Sorgen machen. Setzen Sie sich vor der nächsten Veränderung, die bei Ihnen Angst oder Besorgnis auslöst, ruhig hin und entspannen Sie sich; bitten Sie die Engel, Ihnen die Veränderung aus allen möglichen Perspektiven zu zeigen. Schreiben Sie vor einer größeren Veränderung, etwa einem Arbeitsplatzwechsel, einer Scheidung oder einem Umzug, das Für und Wider der Situation auf. Inwiefern macht die Veränderung Ihr Leben schwieriger? Welche neuen und günstigen Gelegenheiten könnte sie Ihnen bringen?

Engelmeditation: **Veränderungen machen Spaß, Veränderungen bringen frischen Wind, Veränderungen sind aufregend, Veränderungen sind Leben.**

Liebeslicht

Engelbotschaft: **Jeder von uns hat eine Starrolle in der göttlichen Komödie, egal ob er es weiß oder nicht.**

Die Theaterbühnen früherer Zeiten wurden mit Kalklicht erhellt. Es entstand durch die Verbrennung von Kalk, war ausgesprochen gleißend und verwandelte die Schauspieler auf der Bühne so, dass das Publikum wusste, dass es etwas Besonderes erlebte. Kalklicht wird heute nicht mehr verwendet, und vielleicht ging deshalb etwas von dem Zauber verloren, den es erzeugte. Die Engel haben ein magisches Licht, mit dem sie unser Leben hell machen, und wenn es auf uns gerichtet ist, wissen andere, dass sie etwas Besonderes erleben. Die Engel nennen es Liebeslicht und beleuchten mit ihm die Bühne des realen Lebens. Es gibt alle möglichen Theater des Lebens, in denen wir auftreten können, und viele verschiedene Stücke und Produktionen. Wenn wir beschließen, im Stück Gottes mitzuspielen, passiert etwas Besonderes.

Denken Sie über die Bühne nach, die Sie sich mit Ihrem Leben geschaffen haben. Bitten Sie das nächste Mal, wenn Sie ein bisschen mehr Licht in Ihrem Leben brauchen, die Engel darum, das Liebeslicht auf Sie zu richten. Welche Rolle spielen Sie in dem göttlichen Stück, das Leben heißt? Stellen Sie sich vor, Ihr Leben wäre ein Theaterstück. Fragen Sie sich: Wer ist der Regisseur meines Lebens? Wer sind die anderen Hauptdarsteller? Wer produziert oder unterstützt die Show?

Engelmeditation: **Ich bin ein wichtiger Schauspieler auf der Bühne des Lebens. Ich habe meine eigene Story und führe meine Figur zu wahrer Größe.**

Einsicht

Engelbotschaft: **Echtes Sehen ist ein Wahrnehmungsprozess, dessen Richtigkeit nicht von einem visuellen Beweis abhängt.**

Einsicht, das heißt in etwas hineinsehen, hängt im Grunde davon ab, dass wir mit den inneren Augen sehen, den »Augen der Erkenntnis«, wie die Bibel sagt. Einsicht ist nicht immer leicht. Es kann sein, dass der äußere Anschein uns ablenkt und täuscht. Es kann sein, dass wir andere vorschnell beurteilen oder zu defensiv reagieren. Richtiges Sehen verlangt, dass wir hinter der Tat das Motiv und hinter dem Motiv die Seele sehen. Die Engel bitten uns, mit den Augen der Erkenntnis zu sehen. Sie fordern uns auf, nicht nur den Frust, den Ärger oder die Enttäuschung zu sehen, die momentan vorhanden sind, sondern auch die Ursachen hinter den Verhaltensweisen oder Ereignissen. Die Engel bitten uns auch, in unser Inneres zu sehen – unsere Reaktionen zu beobachten, zu überlegen, warum wir bestimmte Situationen heraufbeschwören, um scheinbares Unglück in eine Gelegenheit zu Wachstum und Glück zu verwandeln.

In welchen Bereichen Ihres Lebens könnten Sie mehr Einsicht brauchen? Könnte dies bestimmte Beziehungen verbessern? Karriereschritte klarer machen? In welche Ihrer eigenen Verhaltensweisen hätten Sie gern mehr Einsicht? Wenn Sie nicht urteilen, sondern überlegt reagieren, öffnen Ihre Augen des Verständnisses sich Schritt für Schritt.

Engelmeditation: **Für die Augen des Herzens und der Seele ist der richtige Weg immer sichtbar, auch wenn die Nacht dunkel ist.**

Bereicherung

Engelbotschaft: **Wir alle haben die Mittel, unser Leben zu bereichern.**

Wir können die Qualität unseres Lebens verbessern und bereichern, wenn wir jeden Tag etwas Neues ausprobieren. Es muss nicht viel Geld kosten, nur persönlichen Einsatz. Reisen sind eine gute Möglichkeit, das Leben zu bereichern; auch wenn Sie neue Orte in Ihrer Umgebung besuchen, etwas essen, was Sie bislang noch nicht kannten, oder die Natur erforschen, bereichern Sie Ihr Leben und erweitern Ihren Horizont. Wenn wir die Engel in unseren Alltag holen, macht uns das um einiges reicher als ein dickes Bankkonto. Reiche Erfahrungen warten überall darauf, von unternehmungslustigen Menschen entdeckt zu werden. Und wenn wir Engel in der Nähe haben, sind wir reich an Liebe.

Überlegen Sie, inwiefern Sie reich sind. Denken Sie dann über Ihre aktuelle Situation nach, und suchen Sie nach neuen Wegen, Ihr Leben zu bereichern. Die Engel unterhalten eine Bereicherungsagentur. Wenn Ihnen nichts einfällt, können Sie sie bitten, Sie auf eine Bereicherungsreise zu führen. Seien Sie für die reichen Belohnungen eines intensiven Lebens offen, dann finden Sie verborgene Schätze direkt vor Ihren Augen.

Engelmeditation: **Ich mache für mich und nahe stehende Menschen das Leben reicher, wenn ich mich von den Engeln führen lasse.**

Ätherisch

Engelbotschaft: **Das Universum reagiert auf die leichte, zarte Berührung der Engel.**

Der Äther ist der klare Luftraum, die höheren Regionen über den Wolken und der Erdatmosphäre. Er ist die Substanz, aus der der Himmel ist – leicht, zart, extrem fein. Die Engel und etwas Engelhaftes werden oft als *ätherisch* beschrieben. Die Engel existieren nicht nur jenseits des Materiellen, jenseits von Zeit und Raum, sie kommunizieren auch über den Äther mit uns. Früher hielt man den Äther für ein unsichtbares Medium zur Weiterleitung der Wellen im Raum, und genauso transportiert er auch die Engelbotschaften. Die Engel ermuntern uns, die ätherische Seite unseres Charakters zu entwickeln. Dadurch werden wir unbeschwerter; es befreit uns von den Sorgen und Belastungen des Irdischen, sodass unsere Seele und unser Geist mit den Engeln davonfliegen können. Allerdings müssen die Mysterien des Ätherreiches respektiert werden. Weil die Erde ein so dichter Ort ist, kann es bei zu viel Leichtigkeit und Zartheit dazu kommen, dass wir uns vom irdischen Leben lösen. Solange wir auf der Erde sind, müssen wir lernen, auf ihr zu leben, und Physisches und Ätherisches ins Gleichgewicht bringen. Die Engel können uns helfen, damit wir mit dem Kopf in den Wolken und mit den Füßen auf dem Boden bleiben.

Sehen Sie vor Ihrem inneren Auge, wie Sie ein Teil des Ätherreiches werden – Sie legen Ihr dichtes physisches Selbst ab, durchbrechen eingebildete Begrenzungen und fliegen mit den Engeln davon. Sehen Sie dann, wie Sie auf die Erde zurückkommen und das Gefühl haben, fest auf dem Boden zu stehen, aber auch frei zu sein.

Engelmeditation: **Wenn ich Ätherisches und Physisches ins Gleichgewicht bringe, habe ich von beiden Welten das Beste.**

Neuer Tag

Engelbotschaft: **Der Himmel steht auf Neues.**

An jedem neuen Tag haben wir die Chance, etwas Neues zu lernen, zu sehen oder zu tun, und deshalb sind neue Tage für Neuanfänge günstig. Sogar direkt vor unserer eigenen Haustür können wir Neues entdecken; wir müssen nicht die ganze Welt bereisen. Wir können sogar neu *sein*. Menschen blühen auf, wenn Neues in ihr Leben tritt. Denken Sie daran, wie fasziniert wir von Neuigkeiten sind. Wenn wir Freunde begrüßen, fragen wir »Was gibt's Neues?« Neuigkeiten sind Informationen, und Menschen lieben es, Informationen zu sammeln. Eines ist sicher: Es wird immer etwas Neues geben. Immer wieder fängt ein neuer Mondzyklus an, immer wieder werden Babys geboren, und jeden Morgen erwachen wir als neuer Mensch, wenn die Engel in unserem Leben sind.

Was gibt es bei Ihnen Neues? Interessieren Sie sich für das Leben? Begegnen Ihnen genug neue Informationen, dass Ihr Verstand nicht einrostet? Wenn Sie in Ihrem Leben etwas Neues brauchen, sollten Sie überlegen, was Sie wollen. Denken Sie mit den Engeln über das Neue nach. Überlegen Sie, was Sie tun könnten, um sich wieder für die einfachen, wunderschönen Lebensvorgänge zu interessieren, die um Sie herum stattfinden.

Engelmeditation: **Jeden Morgen wache ich mit den Engeln auf und bin ein neuer, besserer Mensch.**

Krisenmentalität

Engelbotschaft: **Es gibt mehr befriedigende Möglichkeiten, sich zu amüsieren, als Krisen zu produzieren.**

Manche Leute wüssten ohne Krise gar nicht, was sie machen sollten. Also stehen sie mit dem Fernglas in der Hand auf der Kommandobrücke und halten nach dem nächsten großen Desaster Ausschau. Wenn der Horizont keine Krise hergibt, blähen sie Mücken zu Elefanten auf. Wenn das Meer momentan ruhig ist und nicht die kleinste Schwierigkeit ein bisschen Leben in die Bude bringt, richten sie ihr Fernglas einfach auf etwas Schreckliches, das noch nicht passiert ist, aber jederzeit passieren könnte, und machen sich deshalb Sorgen. Sie haben auch ein besonderes Talent dafür, sich in die Krisen anderer Leute einzumischen; sie bombardieren sie mit Ratschlägen und tragen die Last, als wäre es ihre eigene. In Wirklichkeit leiden sie natürlich nur unter einer einzigen Krise, der Langeweile. Sie brauchen Aufregung und Dramatik, damit sie das Gefühl haben, wichtig zu sein und die Dinge im Griff zu haben. Krisen geben ihnen den Kick, den sie im normalen Alltag nicht finden. Die Engel amüsieren sich über Menschen mit einer Krisenmentalität und sind immer bereit, ihnen zu zeigen, dass die Ausrichtung auf Freude, Humor und Gelassenheit echt aufregend ist.

Wenn Krisen oder Menschen, die ständig in sie verwickelt sind, einen Großteil Ihrer Zeit beanspruchen, können Sie sich fragen, was Sie davon haben und ob andere, positivere Erfahrungen Ihnen nicht dasselbe geben würden.

Engelmeditation: **Auch ohne Krise fühle ich mich lebendig und wichtig.**

Spirituell

Engelbotschaft: **Wir sind spirituelle Wesen mit menschlicher Erfahrung.**

Spirituell leben bedeutet, dass wir in der Welt sind, uns aber nicht von ihr und ihren vielen Problemen – Konkurrenzdenken, Schicksalsprüfungen, Profitstreben – vereinnahmen lassen. Denken Sie über irdische und himmlische Werte nach. Auf der Erde werden wir mit Geld belohnt, im Himmel mit Manna, spiritueller Nahrung und reiner Freude. Unsere irdische Motivation ist das Streben nach Anerkennung; unsere himmlische Motivation ist die Erfüllung unseres Lebenssinns. Auf der Erde sind uns materieller Besitz, finanzielle Investitionen und Sicherheit wichtig; für den Himmel zählen persönliche Integrität und Tugend. Die irdischen Methoden des Stressabbaus verwenden chemische Substanzen und technische Hilfsmittel; zur himmlischen Methode gehören Gebet, Meditation und die Verbindung mit dem Frieden des Gottes in uns. Wir können Teil der Welt und spirituell sein. Wenn unsere Wahrnehmung scharf ist, lassen wir die Dualität hinter uns.

Spirituell sein bedeutet, sich mit dem Geist und der Seele genauso zu beschäftigen wie mit der materiellen Welt oder dem Körper. Spirituell sein bedeutet nicht, die Welt oder den Körper zu vernachlässigen; es bedeutet eher, dass wir besser für sie sorgen. Überlegen Sie, wie Sie den Geist vermehren können, und tun Sie es auf himmlische Art.

Engelmeditation: **Ich löse meine Probleme nach Art des Himmels.**

Nervosität

Engelbotschaft: »Jede Zelle, jedes Gewebe im Nervensystem ist ein lebendiges, intelligentes Gebilde. Die Lebensenergie kann es jederzeit erneuern.« *Paramahansa Yogananda*

Das Nervensystem kennt keinen Unterschied zwischen Gedanken und Realität. Wenn bestimmte Gedanken uns verwirren, reagiert unser Körper, als ob er körperlich bedroht wäre; er aktiviert Nerven zur Weiterleitung von Informationen und Impulsen und schüttet Adrenalin aus, was unsere Energievorräte erschöpft. Dieser missliche Zustand scheint die unvermeidliche Folge unserer hektischen, stressigen Lebensweise zu sein, aber er ist nicht natürlich. Die Engel wollen, dass wir gelassen und zentriert bleiben. Sie wollen uns klar machen, dass wir unseren Verstand so trainieren können, dass er Angst durch positive, aufbauende Gedanken ersetzt. Wenn das intelligente Nervensystem diese neue Information verarbeitet, schickt es Lebensenergie in alle Zellen, und Freude und innerer Friede ersetzen die Unruhe.

Unser Nervensystem braucht spezielle Pflege. Machen Sie sich klar, wie viele negative, Stress erzeugende Aktivitäten Ihr Leben aufweist, und versuchen Sie, sie zu reduzieren, indem Sie Ihren Tagesablauf anders planen und neue Prioritäten setzen. Reservieren Sie vor allem jeden Tag bestimmte Zeit dafür, absolut nichts zu tun, außer Ihre Nervenfasern mit göttlicher Lebensenergie zu erneuern; konzentrieren Sie sich dazu auf die Engel, die Vorbilder für ein entspanntes Leben sind.

Engelmeditation: Ich finde jeden Tag Möglichkeiten, meinen Stress zu vermindern und meine Gelassenheit zu vermehren.

Heilung

Engelbotschaft: **Heilung bedeutet, mit dem Leben Frieden zu schließen.**

Heilung ist eine persönliche Reise, zu der jeder auf seine Weise aufbricht. Wenn Sie von einer Krankheit geheilt werden, bedeutet das weder, dass Sie nicht irgendwann sterben werden, noch dass Sie bestimmte magische Verhaltensvorschriften missachtet haben. Eine Krankheit ist keine Strafe; vielleicht ist sie für den Gesamtplan Ihres Lebens ein Geschenk. Die folgenden Worte von Anthony Perkins, die er vor seinem Aids-Tod äußerte, geben wieder, was Heilung wirklich ist: »Viele glauben, dass diese Krankheit eine Rache Gottes ist, aber ich glaube, dass sie geschickt worden ist, damit die Menschen Mitgefühl lernen. Ich habe von den Menschen, denen ich bei diesem großen Abenteuer [Aids] begegnet bin, mehr über Liebe, Selbstlosigkeit und Verständnis gelernt, als in dem gnadenlos konkurrierenden Umfeld, in dem ich mein Leben verbracht habe.«

Heilung bedeutet nicht unbedingt körperlich gesund machen; geheilt sein bedeutet, ganz und verständig zu sein. Wir sind ganz und verständig, wenn wir das Leben als Geschenk akzeptieren. Haben Sie Frieden mit dem Leben geschlossen? Wenn nicht, fangen Sie jetzt damit an, und bitten Sie die Engel, Ihnen zu helfen.

Engelmeditation: **Die Engel leiten mich dazu an, Frieden mit meinem Leben zu schließen, damit ich mehr über die Liebe lernen kann, egal was mir hier auf Erden widerfährt.**

Kontemplation

Engelbotschaft: **»Die Kontemplation ist die einzige bewiesene Methode, um menschliches Verhalten radikal und dauerhaft zu verändern.«** *Aldous Huxley*

Kontemplieren bedeutet nachsinnen, erwägen und überlegen. Wenn wir uns mit den Engeln in einem kontemplativen Leben üben, erneuern wir unsere Beziehung zum Göttlichen. Obwohl Kontemplation und Meditation in dieselbe Richtung gehen, sind sie verschieden. Die Meditation will vom Denken wegkommen und so die göttliche Wahrheit berühren, während die Kontemplation uns gerade durch das – in eine bestimmte Richtung gelenkte – Denken näher zu Gott bringen will. Das Kontemplieren ist etwas Produktives; wir wissen von großen Genies, die stundenlang dasaßen, in den Raum starrten und auf die Frage, was sie tun würden, antworteten: »Denken«. Das Kontemplieren ist für den Menschen auch etwas Natürliches; wenn Kinder die Gelegenheit dazu bekommen, kontemplieren sie instinktiv, denken über sämtliche Wunder der Natur nach. Wir alle sollten uns die Zeit nehmen zu kontemplieren, unter der Oberfläche der Gedanken weiterzuforschen, tief in unsere Seele hineinzugehen und auf unsere innere Weisheit zu hören.

Wie oft sitzen Sie einfach da und sinnen über Dinge nach? Nehmen Sie sich die Zeit, jeden Tag zehn oder fünfzehn Minuten zu kontemplieren. Fangen Sie mit den Engeln an. Welche Fragen haben Sie zu ihnen? Versuchen Sie nicht, Ihre Gedanken zu steuern oder ein bestimmtes Ergebnis zu erzielen. Lassen Sie sich einfach vom kontemplativen Prozess mitreißen. Es kann sein, dass sich Ihnen am Schluss bestimmte Gedanken aufdrängen und zu weiterem Nachdenken einladen.

Engelmeditation: **Mein Innenleben wird reicher, wenn ich kontempliere.**

Eigenschaften

Engelbotschaft: **Das Leben der Engel hat Qualität.**

Die Engel haben nur positive Eigenschaften, die das Bewusstsein heller und nicht dunkler machen. Die Liste der für Engel interessanten Eigenschaften ist ziemlich lang und enthält vielleicht auch ein paar, an die Sie noch nicht gedacht haben. Typische Engel-Eigenschaften, die einem sofort einfallen, sind natürlich Liebe, Hoffnung, Glaube, Mitleid, Frieden und Dankbarkeit. Andere, für die Engel genauso wichtige Eigenschaften sind Fröhlichkeit, Freude, Offenheit, Fantasie, Humor, Entzücken, Unbeschwertheit und Verspieltheit. Denn wozu wäre Glaube ohne Freude, Liebe ohne Verspieltheit gut? Wie sollen wir ohne Offenheit zu innerem Frieden kommen? Und können wir Dankbarkeit von Entzücken trennen? Die Anwesenheit der Engel in Ihrem Leben merken Sie an so untrüglichen Zeichen wie Seelenfrieden, Hoffnung, glücklichen Zufällen, günstigen Begegnungen und einer unbezähmbaren Lebensfreude. Sie werden dann selbst zu einem Engelboten, denn Sie strahlen diese positiven Eigenschaften aus.

Welche Ihrer Charakteristika ziehen die Engel besonders an? Machen Sie eine Liste mit Eigenschaften, die Sie gerne hätten und die die Engel anziehen würden. Die Engel stehen auch für die Qualitätskontrolle zur Verfügung; sie helfen uns, erhabene Eigenschaften in Reinform zu entwickeln.

Engelmeditation: **Wenn die Engel in meinem Leben sind, entdecke ich das Geheimnis bedingungsloser Freude.**

Face-Lifting

Engelbotschaft: **Die einzige Richtung, in die wir unser Gesicht liften müssen, ist nach oben.**

Die westliche Gesellschaft schaut mit amüsierter Ungläubigkeit auf so genannte primitive Kulturen herab, die bei der Behandlung von Krankheiten an die übernatürliche Kraft von Heilern und Schamanen oder an Volksheilmittel und Rituale glauben. Aber wir haben auch ein paar merkwürdige Ansichten. Wir glauben zum Beispiel, dass es ein Mittel gegen das Altern gibt. Eine magische Operation, die als Face-Lifting bekannt ist, soll uns unsere verlorene Jugend und Schönheit zurückgeben. Diese Vorstellung würde unseren angeblich primitiven Miterdbewohnern ziemlich absurd erscheinen. Sie würden nie daran denken, die notwendigen Phasen des Lebens zu vermeiden, denn für sie bringt das Alter nicht weniger Schönheit und Kraft, sondern mehr Weisheit. Auch die Engel lassen sich von einer makellosen Haut nicht beeindrucken. Sie wissen, dass ein Gesicht, das den Stempel der Zeit mit Anmut und Würde trägt, genauso schön ist wie ein faltenloses, wenn nicht schöner. Und weil die Engel nur die Seele sehen, brauchen wir uns nicht hinter einer jugendlichen Miene zu verstecken, um sie anzuziehen. Wir brauchen unser Gesicht nur nach oben, Richtung Himmel, zu liften.

Haben Sie Angst vor dem Altwerden? Oder akzeptieren Sie begeistert, dankbar und humorvoll den natürlichen Verlauf des Lebens? Denken Sie an ältere Menschen in Ihrem Bekanntenkreis, die auch ohne Face-Lifting als schön gelten. Welche wunderbar alterslosen Eigenschaften haben sie?

Engelmeditation: **Das Alter, das Freude, Mitgefühl und Weisheit spiegelt, gibt meinem Gesicht eine ganz neue Dimension der Schönheit.**

Widerstand

Engelbotschaft: **Widerstand ist keine Mauer, die wir niederreißen, sondern eine Tür, die wir durchschreiten müssen.**

Wäre es nicht wunderbar, wenn wir reibungslos durchs Leben gleiten würden, nie irgendwelchen Widerständen begegneten und alles so liefe, wie wir wollen? Nein, denn ein Widerstand ist eine Herausforderung, ohne die wir unsere wahre Größe nie kennen lernten. Wenn wir fantasievoll mit Widerstand umgehen, werden wir weise. Das hört sich ziemlich schwierig an, ist aber für jeden von uns machbar, vor allem wenn die Engel ihn beraten. Denken Sie in jeder Situation, in der Sie auf einen Widerstand stoßen, zunächst gründlich nach, und hören Sie auf Ihre innere Stimme, bevor Sie irgendetwas tun. Machen Sie sich Ihre Vorzüge und Talente klar; lernen Sie sich kennen. Schätzen Sie dann die Situation ein. Welche Aktion wäre am vorteilhaftesten? Weitermachen? Den Rückzug antreten? Geduldig auf den richtigen Augenblick warten? Seien Sie erfinderisch, statt sich auf einen Wettkampf einzulassen. Wie können Sie den Widerstand von einer negativen in eine positive Erfahrung verwandeln? Die Engel erinnern uns daran, dass die Überwindung von Widerständen uns mit unserer Kreativität in Kontakt bringt.

Wo stoßen Sie auf Widerstand? Schreiben Sie ein paar Strategien auf, mit denen Sie den Widerstand verstehen und überwinden können. Welche Engel-Eigenschaften wären jetzt besonders nützlich?

Engelmeditation: **Ich gehe kreativ mit Widerstand um und überrasche mich mit meinem Ideenreichtum.**

Perlen

Engelbotschaft: »Gebt das Heilige nicht den Hunden und werft eure Perlen nicht vor die Schweine. Sonst zerbrechen sie sie mit ihren Füßen und machen dann kehrt und zerreißen euch.«

Matthäus, 7; 6

Traditionell liegt die Betonung bei dieser bekannten biblischen Passage auf den Schweinen – Menschen, die das, was wir zu bieten haben, nicht zu schätzen wissen. Die Engel dagegen richten ihr Augenmerk lieber auf die Perlen – die Schätze in uns, die unsere einmalige, unendlich wertvolle spirituelle Energie bergen. Die Engel erinnern uns daran, dass wir zwar Freunde klug auswählen und unsere Talente und Gaben nicht an Menschen verschwenden sollen, die sie missbrauchen oder ablehnen, dass wir vor allem aber auch selbst unsere inneren Perlen wahrnehmen sollen. Die meisten von uns sind weder in Kontakt mit ihrem herrlichen Strahlen, noch mit der erstaunlichen transformierenden Energie, die oft im Stumpf ihres Unbewussten verschüttet liegt. Die Engel wollen, dass wir als Erste unsere wunderbaren Eigenschaften schätzen, und auch die Ersten sind, denen wir unsere Perlen hinwerfen. Erst dann können wir sie klug mit anderen teilen.

Machen Sie eine Liste mit all Ihren einmaligen, wertvollen Eigenschaften. Legen Sie dann für jede aufgeführte Qualität eine (echte oder unechte) Perle in ein spezielles Behältnis. Fangen Sie an, Ihre Qualitäten zu schätzen und sie für die Menschen zu bewahren, die ihren Wert respektieren.

Engelmeditation: Ich nehme meine vielen wunderbaren Eigenschaften zur Kenntnis und bin dankbar für sie; ich weiß, dass ich aus der Sicht des Universums etwas Kostbares bin.

Spirituelle Führer

Engelbotschaft: **Hören Sie genau auf das leise Pochen an der Tür zu Ihrer Seele.**

Wir alle haben spirituelle Führer, Engel, die uns zu höheren Bewusstseins- und Wissensebenen führen. Wir spüren ihren Einfluss und ihre Gegenwart, wenn wir uns unsere inneren Sehnsüchte bewusst machen. Wenn wir plötzlich meinen, wir müssten unbedingt etwas über eine bestimmte Religion erfahren, oder wenn eine metaphysische oder spirituelle Richtung uns unerklärlich anzieht, kann es sein, dass unsere Engelführer Kontakt zu uns aufnehmen. Im Traum oder in der Meditation können sie eine physische Gestalt annehmen, oder sie treten in Form eines spirituellen Beraters oder Lehrers unerwartet und ganz real in unser Leben. Vielleicht machen auch neue Interessen oder Ideen auf sie aufmerksam. Aber egal wie unsere spirituellen Führer uns erreichen – sie bringen uns immer in engeren Kontakt mit unseren inneren Zielen und unserem höheren Selbst.

Hatten Sie die Sehnsucht oder den Wunsch, eine neue spirituelle Richtung zu erkunden? Was oder wer hat das Interesse ausgelöst? Können Sie sich an Vorfälle in Ihrem Leben erinnern, in denen Ihre spirituellen Führer möglicherweise versucht haben, Sie zu erreichen?

Engelmeditation: **Ich bin offen für meine spirituellen Führer und grüße sie mit aufgeregtem Respekt und verwunderter Liebe.**

Produzenten

Engelbotschaft: **Die Flops und Tops unseres Lebens produzieren wir selbst.**

Was produzieren Sie? Was bringen Sie durch geistige oder körperliche Arbeit hervor? Wenn Sie sagen »Nicht viel«, hemmt vielleicht irgendein alter Schutt Ihre Produktivität und muss weggeschaufelt werden. Faulheit und Neid sind die zwei wichtigsten Bremser, die wir vermeiden sollten. Faulheit ist Trägheit – Sie wissen, was zu tun ist, und lassen dann Tag um Tag verstreichen. Neid entsteht durch nicht befriedigte Wünsche und wird von der irrigen Annahme gespeist, dass andere etwas Wertvolleres haben als Sie. Neid ist eine riesige Falle, und wir sollten geschickt vermeiden, in sie hineinzutappen. Gegen Faulheit und Neid hilft nur eines: Die eigene Lebensaufgabe anpacken – nicht nur über sie nachdenken, sondern sie ausführen. Es macht nichts, wenn Sie sie noch nicht kennen. Tun Sie einfach weiter das, was sinnvoll und produktiv ist, dann entdecken Sie eines Tages das, was Ihr Leben witzig, angenehm und produktiv macht. Die Engel wissen, was Sie hier auf Erden produzieren sollen, und führen Sie behutsam an es heran, sobald Sie bereit dafür sind.

Wenn Ihr Leben ein Film wäre, was sollte er dann aussagen oder behandeln? Was würden Sie gern zu Stande bringen? Wofür soll man Sie in Erinnerung behalten? Fangen Sie an, sich als Produzenten und die Engel als Co-Produzenten Ihres Lebens zu sehen.

Engelmeditation: **Ich mache aus meinem Leben eine gelungene Produktion.**

Albern sein

Engelbotschaft: **Manchmal ist Albernheit der Frömmigkeit ziemlich nah.**

Albernheit kann ein sehr lohnender Zeitvertreib sein. Wenn wir wirklich albern sind, lassen wir uns von der fröhlichen, ungehemmten Seite unseres Charakters mitreißen. Dann finden wir einfach alles zum Lachen; wir können gar nicht mehr entscheiden, ob wir über etwas lachen sollen oder nicht, oder ob wir das Leben ein bisschen ernster nehmen sollten. Wir lachen einfach, und der tiefste, hilfloseste, lächerlichste Teil von uns bricht sich Bahn. Die Engel sind nicht darüber erhaben, von Zeit zu Zeit albern zu sein, und laden uns zum Mitmachen ein, wenn uns danach zu Mute ist. Denn Albernheit baut sehr viel Spannung ab, reinigt den Organismus und stellt die psychische Gesundheit wieder her.

Welches Gefühl löst Albernheit bei Ihnen aus? Ist sie Ihnen peinlich? Halten Sie sie für kindisch oder dumm? Oder gefällt Ihnen die Vorstellung eher? Wie könnte ein bisschen mehr Albernheit Ihr Leben verbessern?

Engelmeditation: **Ich habe keine Angst, mich aus ganzem Herzen zu freuen.**

Nein ist eine Antwort

Engelbotschaft: **Nein heißt Nein.**

Wenn Menschen Nein sagen, meinen sie wahrscheinlich auch Nein; warum sollten sie sonst Nein sagen? Aber in unserer Gesellschaft verstehen wir ein Nein, das uns ungelegen kommt, oft als Aufforderung, den anderen mit Engelszungen doch noch zu einem Ja zu überreden. Eine Formulierung, die dann fast jedem leicht über die Lippen geht, lautet: »Nein ist für mich keine Antwort.« Aber wenn Sie jemand zu etwas überreden, das er gar nicht will, ist das Ende vom Lied nur, dass Sie sich durchgesetzt und die Wünsche des anderen nicht respektiert haben. Darunter wird sowohl das leiden, was Sie wollten, als auch der, den Sie überredet haben. Das ist nicht im Sinn des Engelbewusstseins.

Wenn Sie das nächste Mal ein Nein zu hören bekommen, akzeptieren Sie es und haken Sie die Sache ab. Fangen Sie nicht an, den anderen zu überreden, seine Meinung zu ändern. Respektieren Sie seine Wünsche; wenn er seine Meinung von sich aus ändert, können Sie neu verhandeln. Wenn Sie das Nein akzeptieren und darauf vertrauen, dass alles sich zu Ihrem höchsten Wohl wendet, finden Ihre Ziele und Wünsche erhabene Methoden, sich zu verwirklichen. Die Engel haben ein Geheimnis für uns: Wenn wir eine Antwort akzeptieren, ist unser Gegenüber so verblüfft und an uns interessiert, dass er mehr über uns herausfinden will. Vielleicht inspiriert es ihn sogar dazu, seine Antwort von sich aus zu überdenken.

Engelmeditation: **Ich respektiere die Antworten, die ich bekomme, und lerne, ein Nein zu akzeptieren.**

Feste

Engelbotschaft: »**Durch die rechte Feststimmung verbinden wir das menschliche und göttliche Sein.**« *Rudolf Steiner*

An einem Festtag, etwa einem religiösen Feiertag, besteht besonderer Anlass zur Freude, und es finden bestimmte Rituale statt. Gemeinschaften oder Familien kommen zusammen, um dankbar einen Aspekt des Lebens zu feiern. Die vier Jahreszeiten beeinflussen unser spirituelles Wachstum auf ihre Weise, deshalb finden viele traditionelle Feste beim Wechsel der Jahreszeiten oder an ihrem Höhepunkt statt. Die Engel wollen, dass wir öfter in Feststimmung sind, mit anderen zusammenkommen und unser göttliches Erbe feiern. Die festliche Interaktion mit dem Umfeld bringt uns der fröhlichen Energie der Engel näher. Für sie ist das Frohlocken nicht auf bestimmte Tage beschränkt, sondern es ist ein Lebensstil.

Überlegen Sie, wie Sie eigene Feste veranstalten oder die traditionellen auf neue Art unterstützen können. Sehen Sie sich Ihre Familiengeschichte an, und entdecken Sie Feste und Traditionen, die Sie vielleicht wieder beleben wollen. Oder denken Sie sich ein Fest zu einem Thema aus, das für Ihr Leben wichtig ist. Lassen Sie Freunde und Familienangehörige mitplanen und genießen Sie die Freude über diesen Schöpfungsprozess.

Engelmeditation: **Meine Seele und mein Geist wurden geschaffen, um die Kunst des Feierns zu meistern.**

Verjüngung

Engelbotschaft: **Energie geht nie verloren, sie wird höchstens falsch eingesetzt.**

Jedes Lebewesen altert, reift und wird irgendwann wieder geboren. Die Babys, die wir einmal waren, haben sich wieder und wieder zu den Erwachsenen entwickelt, die wir jetzt sind. Unser Körper mag altern, aber unser Geist und unsere Seele bleiben jung und angefüllt mit reiner Energie. Manchmal werden wir im Verlauf des natürlichen Alterungsprozesses müde und überdrüssig und vergessen, dass wir in uns eine nie versiegende Quelle der Jugend haben. Wir halten es für natürlich, wenn wir langsamer und schwächer werden; in Wirklichkeit ist der natürlichste Teil von uns der nie versiegende innere Brunnen der Begeisterung und Hoffnung. Die Engel sind Experten für natürliche Verjüngung. Wenn wir sie bitten, uns bei der Wiederherstellung unserer ursprünglichen Vitalität zu helfen, fühlen wir uns jünger, und wir sehen jünger aus. Und wir verstehen das Prinzip, nach der die jugendliche Energie funktioniert: Je mehr wir sie verbrauchen, desto mehr haben wir.

Chi *ist das chinesische Wort für Energie. Leute, die regelmäßig Tai-Chi praktizieren – ihre spirituelle und körperliche Energie aktivieren und vereinigen – erreichen ihre Höchstform erst mit fünfundsechzig Jahren, und viele Tai-Chi-Meister lehren bis weit über neunzig. Sie wissen, dass die Energie mit dem Alter nicht abnimmt, solange sie benutzt wird und durch den Körper fließen kann. Denken Sie an Ihr Alter, und überlegen Sie dann, wie alt Sie sich fühlen. Fließt die Energie bei Ihnen ungehindert durch Körper, Seele und Geist?*

Engelmeditation: **Ich weiß, dass die Engel Hoffnung, Freude und jugendlichen Enthusiasmus haben. Wenn ich zulasse, dass diese Energien meinen Geist und meinen Körper erneuern, lebe ich in jedem Alter intensiv.**

Entscheidungen

Engelbotschaft: **Entscheidungen und persönliche Wahrheit gehen Hand in Hand.**

Manchmal ist es schwer, sich zu entscheiden. Sowohl die eine als auch die andere Möglichkeit macht uns Angst; wir klammern uns solange an das Bekannte, bis es uns an den Rand des Abgrunds treibt. Die Engel können uns bei wichtigen und schwierigen Entscheidungen gute Dienste leisten, denn sie helfen uns, die Situation zu klären und mit unserer persönlichen Integrität in Kontakt zu kommen; sie ist die Basis, von der aus alle Entscheidungen getroffen werden müssen. Wir können die Engel bitten, uns in punkto Selbstwahrnehmung und Selbstachtung anzuleiten, damit unsere Entscheidungen nicht auf Angst oder Ignoranz, sondern einer realistischen Einschätzung dessen beruhen, was wir sind, was wir brauchen, was unsere Lebensziele unterstützt und was mit unserem höchsten Selbst und unserem höchsten Wohl in Einklang ist.

Überlegen Sie vor wichtigen Entscheidungen, was Sie wirklich erreichen wollen. Macht Ihre Entscheidung Sie glücklicher und produktiver? Trägt sie zum Wachstum und Wohlergehen anderer bei? Wenn Sie eine schmerzliche, aber notwendige Entscheidung treffen müssen, bitten Sie die Engel um die dazu erforderliche Kraft, und vertrauen Sie in diesem kritischen Moment Ihres Lebenswegs auf ihre liebevolle Unterstützung.

Engelmeditation: **Wenn meine Entscheidungen auf Integrität und innerer Weisheit beruhen, bin ich mit ihnen und mir selbst im Frieden.**

Ishi

Engelbotschaft: »**Er war freundlich; er hatte Mut und Selbstbeherrschung, und obwohl ihm alles genommen worden war, war sein Herz nicht verbittert.**«   *Dr. Saxton Pope, über Ishi*

Eine der inspirierendsten Geschichten über den Sieg des Guten im Menschen erzählt von Ishi, »dem letzten wilden Indianer Nordamerikas«. Ishis Volk, die Yahi, wurden Ende des 19. und Anfang des 20. Jahrhunderts vom weißen Mann systematisch ausgerottet. Ishi entkam als Einziger dem letzten Massaker; 1911 sah man ihn verwirrt und grambgebeugt in Oroville / Kalifornien. Schließlich wurde er Bewohner des Museums für Anthropologie (U. C. Berkeley), wo er das Herz aller gewann, die mit ihm in Kontakt kamen. Es war die Freundlichkeit und Vornehmheit selbst. Er war fröhlich, fleißig, gastfreundlich und großzügig. Eine seiner Lieblings-Freizeitbeschäftigungen war der Besuch des nahe gelegenen Hospitals, wo er als selbst ernannter Heiler seine Visiten machte und zur Freude der überraschten Patienten Yahi-Heilungslieder sang. Ishi sprach nie von sich oder den Gräueln, die er erlebt hatte. Ansonsten gab er anderen alles. Als er starb, war das für alle, die ihn gekannt hatten, ein großer Verlust, aber sie waren auch sehr dankbar, denn Ishi hatte ihnen gezeigt, was ein Engel ist.

Sind Sie in Ihrem Leben irgendwelchen Ishis begegnet? Wenn ja: Welche Wirkung hatten sie auf Sie? Welche Eigenschaften Ishis würden Sie in Ihrem Leben gern entwickeln?

Engelmeditation: **Menschen, die trotz großen Leids ihre Fröhlichkeit und ihre Freundlichkeit bewahren, inspirieren mich.**

Knöpfe

Engelbotschaft: **Roboter brauchen Knöpfe; Menschen nicht.**

Im Atomzeitalter kann das Drücken eines Knopfs eine Angelegenheit von Leben und Tod sein. Wenn derjenige, der »den Finger am Knopf« hat, diesen tatsächlich drückt, ist es mit der Menschheit vorbei. Deshalb sind Knöpfe für unsere Gesundheit ausgesprochen gefährlich. Wenn wir zulassen, dass andere Menschen unsere Knöpfe drücken, gehen wir in den Reaktions-Modus. Das ist ein irrationales Verhalten, das defensiv oder offensiv sein kann. In beiden Fällen verlieren wir die Kontrolle über uns und unser Selbstgefühl. Die Engel wollen, dass wir den Unterschied zwischen einem Reflex und einer Reaktion verstehen. Ein Reflex ist ein gedankenloses, automatisches Verhalten; eine Reaktion nutzt Wahrnehmungs- und Entscheidungsprozesse. Wenn wir uns unserer Knöpfe bewusst werden und anfangen, sie zu deaktivieren, erhöhen wir unsere Chancen auf ein harmonisches, verständnisvolles Leben enorm.

Kennen Sie Ihre Knöpfe? Wessen Finger liegen auf ihnen? Überlegen Sie, warum Sie bestimmten Menschen die Macht gegeben haben, Ihre Knöpfe zu drücken. Achten Sie von jetzt an darauf, in welchen Situationen Ihre Reflexe das Geschehen bestimmen. Eine solche Bewusstmachung kann sie deaktivieren.

Engelmeditation: **Ich lebe weder offensiv noch defensiv, sondern im Geist des Friedens.**

Spiel

Engelbotschaft: **Die Welt ist der Spielplatz der Engel.**

Haben Sie schon einmal kleine Katzen beim Spielen beobachtet? Für Sie ist das eine ziemlich ernste Angelegenheit. Es ist Bewegung und Körpertraining, es kräftigt die Muskeln und baut Fertigkeiten auf. Es führt zu einem gesunden Appetit und zu einem tiefen, erholsamen Schlaf. Vor allem aber ist es das Tor zu Freude, zur Verwunderung und zur Wertschätzung all der kleinen Geheimnisse und Überraschungen, die sich am Ende des Tages zu dem addieren, was wir Leben nennen. Die meisten Erwachsenen arbeiten und ängstigen sich leider so viel, dass sie sich etwas so »Unproduktives« wie Spielen nicht gönnen. Das bekümmert die Engel, denn sie sind Meister im Spielen. Engelarbeit ist Spiel; Spiel ist freie Bewegung, die niemand einschränkt oder kontrolliert. Die Engel geben uns Bewegungs- und Entscheidungsfreiheit, machen uns mit dem Unerwarteten bekannt, ermutigen uns zu mehr Spontaneität und erinnern uns daran, dass wir genauso fliegen können wie sie – solange wir uns leicht nehmen.

Wann haben Sie das letzte Mal wirklich relaxt und sich gut amüsiert? Wenn Sie diese Seite lesen, wollen die Engel Ihnen wahrscheinlich nahe legen, dass Sie sich regelmäßig Zeit zum Spielen nehmen sollen. Planen Sie mindestens einmal wöchentlich Zeit ein, in der Sie Ihren Lieblingsaktivitäten nachgehen und sich ganz simple Freuden gönnen. Beobachten Sie dann, ob Ihre Arbeit und Ihre Beziehungen sich verändern.

Engelmeditation: **Spielen ist ein Geschenk, wodurch ich mit meiner grenzenlosen Lebensfreude in Kontakt komme.**

Optionen

Engelbotschaft: **Wir haben immer mehrere Optionen.**

Wenn wir Entscheidungen treffen oder Probleme lösen müssen, sollten wir nie das Gefühl haben, mit dem Rücken zur Wand zu stehen. Wir haben immer mehrere Möglichkeiten, egal ob wir sie sofort sehen oder nicht. Alternative Denk- und Handlungsstrategien finden sich immer. Wir sehen vielleicht nur einen Ausweg, aber die Engel haben alle möglichen Kombinationen und Weiterungen unserer Überzeugungen und Handlungen im Blick. Wenn wir wütend, ängstlich oder blockiert sind, müssen wir innehalten, die Situation überdenken und uns der Hilfe der Engel versichern, um die Dinge mit mehr Abstand zu sehen. Wir müssen uns fragen, was wir wirklich wollen, und was wir, um unser Ziel zu erreichen, aufgeben können und was nicht. Wir müssen unsere Motive aufrichtig sehen und beurteilen, ob unsere Wünsche unseren wahren Bedürfnissen entsprechen oder nicht. Dann können wir notwendige Optionen finden oder entwickeln und das Richtige tun – nicht verzweifelt, sondern inspiriert.

Wenn Sie für ein Problem nur eine Lösung sehen, können Sie darüber nachdenken, warum das so ist. An welche Überzeugungen oder Meinungen klammern Sie sich, die verändert werden könnten, sodass Sie mehr Optionen haben? Überlegen Sie, was Sie warum erreichen wollen, und entwerfen Sie alternative Szenarien, um an Ihr Ziel zu gelangen.

Engelmeditation: **Wenn ich Situationen klären und Probleme lösen will, kann ich frei entscheiden.**

Furchtlosigkeit

Engelbotschaft: »**Der Shambhala-Überlieferung zufolge entdecken wir die Furchtlosigkeit, wenn wir mit der Sanftheit des Herzens arbeiten.**«

Chögyam Trungpa, Shambhala: The Sacred Path of the Warrior

In der westlichen Gesellschaft verwechseln wir Furchtlosigkeit oft mit körperlicher Kraft, denn wir glauben an den zweifelhaften Grundsatz, auf dem unsere Zivilisation zu beruhen scheint: Gewalt schafft Recht. Im Engelreich hat Furchtlosigkeit nichts mit dem Aufbau von Muskeln im Körper, sondern mit Kraft im Verstand und im Herzen zu tun. Für die Engel bedeutet Furchtlosigkeit, dass jemand die Stärke so gut in sein Wesen integriert hat, dass sie nicht zu sehen ist. Wenn Sie furchtlos sind, haben Sie den Mut, weich zu sein, und die innere Kraft, allen Umständen standzuhalten. Gemäß den tibetischen Prinzipien für ein erleuchtetes Kriegertum haben wirklich furchtlose Menschen die Angst vor Ablehnung und Enttäuschung überwunden, die der Grund für das Verlangen körperlicher Kraft ist. Deshalb fürchten wahre Krieger sich nicht davor, weich zu sein, denn sie sind im Frieden mit ihrer inneren Natur.

Stellen Sie sich vor, wie Ihr Herz stark, unbesiegbar und vollkommen offen ist. Spüren Sie Ihr starkes Interesse, Ihr Mitgefühl und Ihre Begeisterung für das Leben. Sehen Sie diese Kraft als ein starkes Licht, das vom Zentrum Ihres Herzens nach außen strahlt, andere berührt und ihr Herz öffnet; so schmelzen die Mauern aus Angst dahin, die uns voneinander trennen und uns an einem intensiven Leben hindern.

Engelmeditation: **Wenn ich den Panzer meiner Unverwundbarkeit ablege, bin ich frei von Angst.**

Winter

Engelbotschaft: **Ohne Winter würden wir den Frühling weniger schätzen.**

Der Winter ist die Jahreszeit, in der die Nachdenklichkeit und Herausforderungen im Vordergrund stehen. In der Abfolge natürlicher Zyklen entspricht er dem Teil von uns, der seine Ressourcen wahren, den Rückzug nach innen antreten und Ideen und Situationen einen Winterschlaf zugestehen muss. Kennzeichnend für den Winter sind auch Gegensätze, die uns zum Beispiel lehren, dass Schönheit aus Unwirtlichkeit entstehen kann. Wir frieren vor Kälte, aber gerade das macht uns stärker. Schnee und Eis können grimmig, aber auch atemberaubend schön sein. Weil es so lange dunkel ist, sehnen wir uns nach dem Tag, aber wir schätzen auch die Stille der Nacht und die Wärme des abendlichen Kaminfeuers. Der Winter lehrt uns Geduld und die freudige Entdeckung neuer innerer Stärken, während wir darauf warten, dass das neue Wachstum sichtbar wird.

Lebensphasen, in denen Sie die Kälte des Winters erleben – auf Eis liegende Aktivitäten, die Härte schmerzlicher Erfahrungen, die Verzweiflung anhaltender Dunkelheit –, sind möglicherweise eine Aufforderung des Universums, nach innen zu gehen, dort nach Einsicht und Lösungen zu suchen und das Alte loszulassen, damit der Boden für das Neue vorbereitet ist.

Engelmeditation: **Ich ruhe des Nachts, um am Tag bereit zu sein.**

Mut

Engelbotschaft: »**Genauso wie das Herz das Blut in Arme, Beine und Gehirn pumpt und dadurch die Voraussetzungen dafür schafft, dass alle anderen Körperorgane funktionieren, ermöglicht Mut alle anderen seelischen Tugenden.**« *Rollo May*

Das Wort Mut weckt Bilder von Tapferkeit, Kraft und kriegerischer Zuversicht angesichts der Gefahr. Aber Mut ist sehr viel mehr, als gefährlichen Situationen heldenhaft entgegenzutreten; wenn wir ihn entwickeln, können wir unsere Angst positiv steuern oder verwenden. Das Wort *Courage* für Mut stammt von dem lateinischen *cor*, das »Herz« bedeutet. Um die Angst zu lenken, müssen wir unser Herz leichter machen und uns über das deprimierende Gefühl erheben, das die Angst begleitet. Die Engel helfen uns dabei auf ihre Art. Sie sind leicht und geben Auftrieb; wenn Sie also Mut brauchen, können Sie die Engel bitten, Ihr Herz leichter zu machen und dem Leben voller Schwung entgegenzusehen. Im Innersten Ihrer Seele haben Sie alle Tapferkeit und Unterstützung der Engel, die Sie brauchen, um beängstigende Situationen zu meistern.

Mut ist eine Energie, die uns ermöglicht, unsere Grenzen zu überschreiten. Wir sind nicht vollkommen, und es ist nicht immer einfach, mutig zu sein. Wir brauchen Geduld, Vertrauen und die Bereitschaft, uns von den Engeln durch beängstigende Situationen lotsen zu lassen. Sie flößen uns den Mut zu allem ein, was wir in diesem Leben verwirklichen wollen.

Engelmeditation: **Mein Herz pumpt Mut durch mein Wesen, sodass beängstigende Situationen mich nicht mehr schrecken.**

Fortschritt

Engelbotschaft: **Der Fortschritt ist nicht immer sichtbar, aber immer im Gang.**

Manchmal ist der Fortschritt so subtil, dass wir nicht wissen, ob er stattfindet. Oberflächlich scheint sich nichts zu ändern, sodass wir anfangen zu zweifeln oder frustriert sind. Aber die Engel erinnern uns daran, dass der Fortschritt langsam, aber sicher vorwärtsschreitet. Er zeigt sich nicht im Handumdrehen; er kündigt sich nicht mit Pauken und Trompeten an. Aber jeder kleine Schritt, den wir in Richtung Ziel tun, ist wie ein weiterer Stein, den wir sorgfältig auf den vorigen setzen; so bauen wir langsam und stetig weiter, bis wir eines Tages zurücktreten und erkennen, dass das Haus fertig ist.

Wenn Sie stetig auf ein Ziel hingearbeitet haben, aber gern schneller vorankommen würden, sollten Sie daran denken, wie weit Sie schon gekommen sind, und dann dem Prozess vertrauen.

Engelmeditation: **Auch wenn es nicht immer so aussieht, mache ich ständig Fortschritte.**

Burn-out

Engelbotschaft: **Wir helfen niemandem, am wenigsten uns selbst, wenn wir den Burn-out hofieren.**

Der Burn-out, jene unvergessliche Erfahrung, bei der wir körperlich, emotional und geistig vollkommen ausgepowert sind, ist vielen wahrscheinlich nicht unbekannt. Zu dieser Verausgabung aller Kräfte kommt es, wenn wir uns vernachlässigt haben. Stress und die Ansprüche anderer an uns sind uns über den Kopf gewachsen und haben uns jegliche Energie genommen. Egal ob bei der Arbeit oder zu Hause, wir sind zu nichts mehr fähig, weil wir nichts mehr zuzusetzen haben. Ein Burn-out ist nicht notwendig oder unvermeidlich; wenn wir die Warnsignale beachten, die schon weit im Vorfeld aufleuchten, können wir ihm vorbeugen. Wenn wir immer wieder krank werden, depressiv, ängstlich und im Arbeits- und Beziehungsbereich unglücklich sind, weil wir in einem Bereich unseres Lebens unter Druck stehen, sollten wir auf das hören, was unser Körper und unsere Seele uns zu sagen versuchen: dass wir uns von der Stress auslösenden Situation entfernen und unser höchstpersönliches Wohlbefinden zur neuen Priorität machen sollen. Die Engel erinnern uns daran, dass wir der Welt nicht dann am meisten helfen, wenn wir uns verausgaben, sondern wenn wir unsere emotionale und körperliche Gesundheit erhalten und wissen, wie und wann wir unsere Energien schonen müssen.

Haben Sie schon einmal einen Burn-out erlebt? Wenn ja, überlegen Sie, warum Sie es soweit haben kommen lassen. Wie müssten Sie Ihre Einstellung und Ihre Lebensweise verändern, damit Ihre Energie und Ihre Vitalität wieder hergestellt werden und der Burn-out in Zukunft verhindert wird?

Engelmeditation: **Ich schütze, respektiere und verteidige mein Recht auf körperliches und seelisches Wohlbefinden.**

Anerkennung

Engelbotschaft: **»Wenn Sie Menschen beurteilen, haben Sie keine Zeit, sie zu lieben.«** *Mutter Teresa*

Menschen wollen anerkannt, bemerkt und geachtet werden. Anerkennung stärkt die Persönlichkeit. Nicht jeder von uns bekommt die Anerkennung, die er zu verdienen meint, und deshalb sucht er sie auf eine Art, die ihn letztlich frustriert. Oft erkennen wir bei anderen negative Aspekte, die wir bei uns ignorieren oder nicht akzeptieren wollen. Wir können nur das anerkennen, was wir kennen; schon das Wort weist darauf hin. Wenn wir statt negativer Eigenschaften den Gott im anderen erkennen, preisen wir ihn und stärken ihn spirituell. Das wiederum stärkt uns, und andere erkennen den Gott in uns.

Tun Sie einen Tag lang nichts anderes, als Gott und die in jedem Menschen vorhandene Liebe anzuerkennen. Fragen Sie sich nach diesem Tag, ob Ihnen nach Weitermachen zu Mute ist. Achten Sie darauf, was Sie in den verschiedenen Menschen anerkennen. Sie können daraus einiges lernen.

Engelmeditation: **Ich nehme mir die Zeit, den Gott im anderen anzuerkennen, und weiß wieder, dass die Liebe der Grund für mein Hiersein ist.**

Tiere

Engelbotschaft: **Tiere haben einen Adel, von dem wir etwas lernen können.**

Grausame Menschen bezeichnen wir oft verächtlich als »Tiere« – für unsere vierbeinigen Freunde ist das eine Beleidigung. Ein Tier würde die raffinierten, scheußlichen Verbrechen, die Menschen erfunden haben, nie begehen. Tiere sind weder habgierig noch geizig. Sie sind dankbar für Nahrung, Wasser, Unterkunft und Liebe. Sie kennen keine Eitelkeit, aber sie wissen viel über Loyalität gegenüber ihrer Nachkommenschaft, ihren Betreuern und oft auch anderen Tieren. Sie nehmen ständig mit allen Sinnen wahr und nutzen ihren Instinkt und ihre Intuition – ihre wertvollsten und zuverlässigsten Hilfsmittel – intensiv. Sie leben gemäß den Naturgesetzen, entweihen nicht ihre Umwelt, beklagen sich nicht über Krankheiten und stehlen sich still davon, wenn ihre Zeit zum Sterben gekommen ist. Viele Kulturen verehren Tiere als übernatürliche Wesen mit besonderer Weisheit. Die Engel meinen, dass wir auf Tiere und das, was wir von ihnen lernen können, mehr achten sollten. Vielleicht macht es uns im besten Sinn des Wortes menschlicher.

Wenn Sie mit Tieren zusammenleben, ist Ihnen sicher schon aufgefallen, dass jedes eine eigene Persönlichkeit hat. Überlegen Sie, was Sie von ihnen lernen können. Schreiben Sie auf, welche Tier-Eigenschaften Sie lieben. Psychologen meinen, dass Sie Tiere so sehen, wie Sie sich sehen.

Engelmeditation: **Der stillen Weisheit meiner tiergestalteten Freunde höre ich genau zu.**

Schluss mit dem Leugnen

Engelbotschaft: **Wir können unsere Fehler erst korrigieren, wenn wir sie zugeben.**

Es ist nicht immer einfach, die Verantwortung für etwas zu übernehmen, auf das wir nicht stolz sind. Aber langfristig kostet es uns sehr viel weniger Energie, den Schwarzen Peter der Leugnung zu behalten, als ihn weiterzugeben. Wenn wir mit dem Leugnen aufhören, stoppen wir die bislang entstandene negative Energie, sodass der Reparatur- und Heilungsprozess beginnen kann. Wir kommen wieder mit der Realität und unserem Gefühl für Integrität in Kontakt, das als Kraftzentrum sehr viel stärker ist als Leugnung und Unehrlichkeit. Wenn wir unsere Fehlurteile und unsere Verletzlichkeit zugeben, kann das bei anderen sogar Respekt und Bewunderung auslösen. Die Engel jedenfalls kennen kaum jemand, der noch nie Angst hatte, sich zu einem Fehler zu bekennen. Wenn wir aufhören zu leugnen, rennen wir nicht mehr davon – und fangen an zu leben.

Haben Sie es vermieden, die berechtigte Verantwortung für Fehler zu übernehmen? Haben Sie stattdessen versucht, den Schwarzen Peter weiterzugeben? Wenn ja, was hat es Sie gekostet? Wenn Sie die Schuld nicht mehr auf andere abschieben wollen, helfen die Engel Ihnen, die Ängste und das Missgefühl auszuhalten. Sie können sicher sein, dass es Sie nicht umbringen wird.

Engelmeditation: **Ich übernehme die Verantwortung für das, was ich tue, und lebe mit einer befreienden Integrität.**

Rechtes Reden

Engelbotschaft: **Unsere Worte sind Instrumente der Heilung.**

Dem buddhistischen Grundsatz vom rechten Reden zufolge sollten wir immer wissen, wann es angebracht ist, die Wahrheit zu sagen, und wann wir sie besser für uns behalten, damit jemand anders nicht unnötig verletzt wird. Dieser Grundsatz soll sicherstellen, dass wir nur Hilfreiches und nichts Schädliches aussprechen, was bedeutet, dass Takt und Mitgefühl unsere Äußerungen bestimmen. Das ist nicht einfach, wenn wir wie die meisten Menschen gern tratschen, urteilen, analysieren und Ratschläge geben. Das rechte Reden ist auch eine Herausforderung für uns, wenn wir überzeugt sind, dass unser Wissen und unsere Ansichten die Welt in Ordnung bringen werden. Rechtes Reden bedeutet also, dass wir uns zurücknehmen. Wenn uns bewusst wird, wie und wann wir Worte benutzen und welche Wirkung sie auf andere haben, müssen wir unsere Aufmerksamkeit statt nach außen nach innen richten – wir müssen uns für unser Verhalten und unsere Motive interessieren und an der schwierigen Kunst arbeiten, genau hinzusehen, bevor wir den Mund aufmachen.

Werden Sie sich bewusst, wie Sie Worte benutzen. Versuchen Sie, nur einen Tag lang die Kunst des rechten Redens zu praktizieren, das heißt: Reden Sie nicht über andere, beurteilen Sie sie nicht und sagen Sie nichts, was sie unnötig verletzen könnte. Achten Sie darauf, ob Sie besser denken und zuhören können, wenn Sie Ihre verbalen Aktivitäten drosseln.

Engelmeditation: **Ich wähle meine Worte mit Bedacht, denn ich weiß, dass sie im Herzen und im Verstand meines Gegenübers Wurzeln schlagen.**

Ganzheit

Engelbotschaft: **Wir suchen vor allem nach Ganzheit.**

Unser gesamtes Streben und Trachten lässt sich letztlich auf die Suche nach Einheit mit uns und dem Göttlichen zurückführen. Die Engel ermuntern uns, unsere Wünsche genau anzusehen und sie zu verwirklichen, wenn sie die Bedürfnisse unseres höheren Selbst erfüllen. Wenn wir nach jemandem oder etwas außerhalb von uns suchen, das uns ganz machen soll, werden wir unweigerlich enttäuscht, denn Ganzheit können wir nur *in* uns erleben. Um wirklich ganz zu werden, müssen wir unser inneres Wesen kennenlernen und integrieren. Wir müssen zulassen, dass das Verborgene sich ohne Angst zeigt; wir müssen versuchen, die Essenz unseres Lebens zu finden – seinen reinen Geist, den oft die dichten Schichten der Persönlichkeit verdecken – und sie in der Welt äußern. Dann entsteht die Ganzheit von Selbst und Seele, Seele und Göttlichem.

Wenn Teile von Ihnen sich unvollständig anfühlen, können Sie ihnen Liebe schicken und überlegen, wo das Gefühl von Unvollständigkeit herkommt. Was können Sie tun, welche Einstellungen können Sie ändern, um sich innerlich ganz zu fühlen?

Engelmeditation: **Das Licht der Ganzheit erfüllt und heilt mein ganzes Wesen.**

Ermutigung

Engelbotschaft: **Von den Engeln kommt immer nur Ermutigung; sie entmutigen nie.**

Ein junger Mann, der in einer Gang gewesen war, Drogen genommen hatte und eine Strafe wegen Raubs absaß, meinte, sein Leben wäre vorbei, ohne überhaupt je begonnen zu haben. Im Gefängnis erlebte er eine spirituelle Verwandlung und erkannte, dass nur er selbst sein Schicksal verändern konnte. Bei seiner Entlassung beschloss er, einen speziellen Förderkurs an der Highschool zu besuchen. Der bloße Gedanke daran machte ihm Angst, denn bisher war er von der Schule nur Verachtung und Entmutigung gewöhnt. Aber er besuchte den Unterricht, war fleißig und bekam seine erste Eins. Das war der zweite wichtige Wendepunkt in seinem Leben. Ermutigt von seinem Lehrer und seinen eigenen neuentdeckten Fähigkeiten, schloss er die Highschool ab und schrieb sich an einer angesehenen Universität ein; in seiner Freizeit entwickelte er ein Programm, das verzweifelte Jugendliche dazu ermutigte, Sinn und Ziel im Leben zu finden.

Welche Rolle haben Er- oder Entmutigung in Ihrem Leben gespielt? Sind Sie eher jemand, der sich und andere ermutigt? Wenn nicht, versuchen Sie, sich die Ängste bewusst zu machen, die Sie blockieren; bitten Sie die Engel, Ihnen zu helfen, diese Ängste loszulassen, und Ihnen Mut einzuflößen.

Engelmeditation: **Ich erfülle mich und andere mit dem Mut, das Beste zu erkennen, das in uns ist.**

Ernst

Engelbotschaft: »**Engel können fliegen, weil sie sich leicht nehmen.**« *G. K. Chesterton*

Ernsthaftigkeit ist eine Illusion, in die Menschen gern investieren.
Denn wäre es nicht schnell mit uns vorbei, wenn wir die Probleme in der Welt nicht ernst nehmen würden? Keinesfalls. Wir
nehmen die Probleme in der Welt schon viel zu lange viel zu
ernst. Politiker und Medien reden uns ein, man dürfte gar nicht
anders als ernst sein. Aber vielleicht ist es Zeit für ein bisschen un-
beschwerten Spaß. Das ist nicht einfach, wenn wir jeden Tag ums
Überleben kämpfen müssen, aber mit Hilfe der Engel lernen wir,
mehr zu vertrauen und uns weniger Sorgen zu machen. Dann
nehmen wir nicht mehr alles so ernst, vor allem nicht uns selbst
und unsere scheinbar gigantischen Probleme. Ist es im Gesamtplan des Universums wirklich so wichtig und gravierend, dass
man Sie bei einer Verabredung versetzt hat? Ist wirklich
Ihr ganzes Leben zerstört, wenn Sie Ihren Arbeitsplatz verlieren? Nur, wenn Sie es zulassen!

*Machen Sie eine Liste mit Ihren ernsten Prob-
lemen und ordnen Sie ihre Schwere einer Skala
von eins bis zehn zu. Fragen Sie sich dann, was
die Engel von jedem einzelnen Problem denken
würden. Machen Sie sich klar, wie amüsant wir Menschen
den Engeln erscheinen, wenn wir Kleinigkeiten zu ernst
nehmen.*

Engelmeditation: **Wenn ich mich leicht nehme, fliegen meine Gedanken mit den Engeln davon.**

Dank

Die Autorinnen danken ihrem Verleger Tom Grady für seine Engelvision und seine himmlische Fähigkeit, in aller Stille Wunderbares zu bewirken; ihrer Herausgeberin und verwandten Seele Barbara Moulton für ihre Engel-Weisheit, ihre Unterstützung und ihre Begeisterung für dieses Projekt; Lisa Bach und Priscilla Stuckey für die hervorragende Redaktion und ihre Anregungen, und ihrer erstklassigen Produzentin Mimi Kusch. Schließlich danken wir einander – und den Engeln. Die wunderbare Erfahrung, ein Engelbuch zu schreiben, hat dazu geführt, dass wir die Engel in unserem Leben noch mehr schätzen. Ein herzliches Dankeschön geht an:

Meinen Mann Adam Shields für seine Liebe, seine Unterstützung, seinen köstlichen Humor, seinen Stolz auf meine Arbeit und seine heilige Geduld, wenn ich manchmal tagelang in meinem Büro verschwand;

meinen Zwillingsbruder David Gersten, der mich zu verschiedenen Meditationen inspirierte und stets an seine nicht immer vernünftige Schwester glaubte;

meine Mutter Hazel Gersten, die mich bei all ihren Freundinnen über den grünen Klee lobt, obwohl sie die halbe Zeit gar nicht weiß, an welchem Projekt ich arbeite;

meine liebe Freundin Deborah Tracy dafür, dass sie immer für mich da war;

meine Schwägerin Christine Shields für ihre Liebe, ihre Freundlichkeit und ihre Großzügigkeit;

meine Kusine Claire Bucalos für ihre Begeisterung für alles Metaphysische;

John Spalding für seine Unterstützung, seine Ermutigung und generell für seine gute Freundschaft;

meine vier Katzen Rhonda, Petie, White Sox und natürlich Angel, die mich so oft zum Lachen gebracht haben und immer dann, wenn ich es am meisten zu brauchen schien, besonders herzig waren;

und schließlich jeden, der mir wissentlich oder unwissentlich beigestanden hat.

MARY BETH CRAIN

Den folgenden Menschen danke ich dafür, dass sie mir während meiner langen Rückzugsphasen nach innen den Alltag erleichtert haben:

Allen Mitgliedern meiner engeren Familie danke ich noch einmal für ihre Liebe, ihre Unterstützung und ihr Verständnis. Ich danke Tim Gunns dafür, dass er mir geholfen hat, meine kreativen Höhenflüge in den Griff zu bekommen, ohne mein Wesen zu zerbrechen; auch seine Liebe und seine Geduld habe ich sehr geschätzt. Ich hätte dieses Buch nicht schreiben und daneben meinen anderen Aufgaben nachkommen können, wenn Ellen Rayme mit ihrer Unterstützung, ihrer Integrität und ihrer Bodenhaftung nicht da gewesen wäre. Ich bin sehr dankbar dafür, dass sie in mein Leben getreten ist. Auch Shannon Melikan danke ich für ihre Geduld, ihre Loyalität und ihr Verständnis; sie hat mir geholfen, bestimmte Ideen zu formulieren und zu entwickeln, bevor ich über sie schrieb. Linda Kramer danke ich dafür, dass sie meine kreative Energie auf einmalige Weise unterstützt hat und immer da war, wenn ich eine Portion Zuversicht brauchte. Ich danke auch Sally Allen, die ihr Engelbewusstsein lebt und mir ihre Einsichten in das derzeitige Engelinteresse mitgeteilt hat, sodass ich über Dinge lachen konnte, die mich sonst traurig gemacht hätten. Auch Karyn Martin-Kuri bin ich dankbar dafür, dass sie ihr Wissen und ihre Weisheit mit mir geteilt hat.

TERRY LYNN TAYLOR

Index nach Titeln